POWER TRAINING für den Kopf

Harald Havas
Belen-Mercedes Mündemann

Compact Verlag

Text: Harald Havas; Belen-Mercedes Mündemann
Chefredaktion: Evelyn Boos
Redaktion: Dr. Matthias Feldbaum
Produktion: Wolfram Friedrich
Abbildungen: Lidman Production, Stockholm; Nina Ruzicka; Gabi Spiegl; Bernd Wiedemann
Gestaltung: Axel Ganguin
Umschlaggestaltung: Inga Koch

ISBN 3-8174-5775-8
5457753

Mehr Infos im Internet unter www.compactverlag.de

Inhalt

Das Gehirn

Wir bedienen komplexe Geräte, fahren schnelle Autos im dichten Verkehr, müssen immer wieder schnelle Entscheidungen treffen, haben wenige Arbeitspausen und müssen oder wollen immer wieder Neues lernen. Wir wollen Prüfungen bestehen und blicken im Allgemeinen auf eine lange Zeit der Erwerbstätigkeit bis ins hohe Alter voraus. Kurz: Unsere Welt ist geprägt von der Vielfalt und Dichte von Informationen, die aufgenommen, bewertet, gesichtet, geschätzt oder fallen gelassen werden müssen. Doch wer macht all diese Arbeit für uns? Oder genauer gesagt: in uns? Unser Gehirn.

Unser Gehirn: Ein kurzes Kennenlernen

Dem Aspekt der geistigen Verarbeitung von Alltagsvorgängen kommt heute eine große Bedeutung zu. Dafür benötigen wir ein für uns gut funktionierendes Gehirn und einen leistungsfähigen Körper, der es dem Gehirn ermöglicht, gut zu arbeiten. Unser Gehirn gilt als Sitz des Verstandes, des Geistes und der Intelligenz. Durch sog. Bild gebende Verfahren, wie z. B. durch die Kernspintomographie, kann man dem Hirn sogar beim „Denken" zuschauen. So wurden erstmals die direkten Kommunikationsbereiche innerhalb des Gehirns und die Schaltwege des Gehirns zum Körper deutlich. Emotionen spielen bei der geistigen Verarbeitung von Informationen eine große Rolle und Körperfunktionen werden gestört, wenn im Gehirn fehlerhafte „Verschaltungen" vorkommen.

Inzwischen weiß die Gehirnforschung, dass das Gehirn ein meisterhaft konstruierter menschlicher Computer ist, der weit mehr steuert und in sich vereint als wir ihm zutrauen.

Der Neurocomputer Gehirn ist für fast alle Lebens- und Steuerungsfunktionen im Körper zuständig. Wahrnehmungen aus der Umwelt führen zudem zu Wechselwirkungen. Wir können dadurch das, was außerhalb der eigenen Körperhülle stattfindet, als Information aufnehmen, verarbeiten und daraus Schlüsse ziehen. Indem wir das Aufgenommene speichern und uns später daran erinnern, können wir

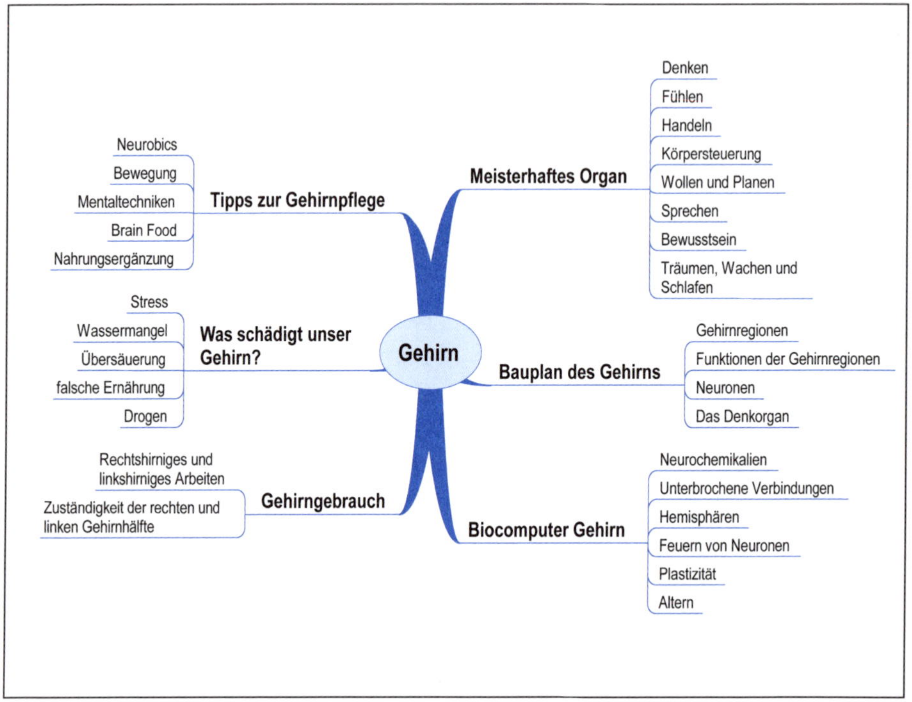

es auf Neues anwenden und somit auch Neues entwickeln. Diese Assoziationsfähigkeit, also das größtenteils unbewusste Schaffen von Verknüpfungen zwischen bereits Wahrgenommenem und Neuem, hilft uns bei der Reduzierung von Informationen, die ständig auf uns einströmen.

Lernen und Denken haben so begonnen. Es wäre jedoch verfehlt, nur die geistige Tätigkeit, die einen zum Lernen befähigt, mit dem Kopf in Verbindung zu bringen. Vielmehr lohnt es sich, die Leistungen zu schätzen, die unser Gehirn für die Bewältigung unseres Alltags aufbringt. Das Gehirn steuert den Körper so, dass dieser das Gehirn am Leben erhalten kann. Krankheiten, wie z. B. die Parkinson'sche Schüttellähmung, die Alzheimer Krankheit oder die Demenz, entstehen durch eine Störung der motorischen Steuerung oder durch das Absterben von Gehirnzellen in wichtigen Hirnbereichen.

Schon die Römer wussten: „Mens sana in corpore sano" – „Ein gesunder Geist lebt in einem gesunden Körper". Gehirnpflege ist daher nicht nur sinnvoll, um bessere geistige Leistungen zu vollbringen, sondern auch sinnvoll, um dem Körper die Chance zu geben, zusammen mit dem Gehirn längerfristig gut zu funktionieren.

Meisterhaftes Organ Gehirn

Bei der Verarbeitung von Informationen ist das Gehirn unglaublich schnell. Wir können z. B. ein Gesicht in Bruchteilen einer Sekunde erfassen, Details in einer Viertelsekunde aufnehmen und die verschiedenen Informationen zusammenfassen. Wir erzeugen uns ein dreidimensionales und farbiges Bild und vergleichen es mit weiteren, bereits im Gedächtnis gespeicherten Bildern. Wir können damit Personen wiedererkennen, auch wenn die Bedingungen, unter denen wir sie zum ersten Mal sahen, unzulänglich waren. Hinzu kommen Assoziationen, Ideen und Emotionen, die durch die Erinnerung oder durch die Interpretation eines Gesichtsausdrucks hervorgerufen werden. Gleichzeitig wird über eigenes Handeln entschieden und z. B. ein Begrüßungsverhalten mit allen dazugehörigen Ritualen ausgelöst. Wir sprechen und zeigen dabei unsere Stimmung. Im gleichen Augenblick werden weitere Eindrücke der Sinnesorgane verarbeitet und gedeutet. Laute oder Düfte werden ausgewertet und der eigene Körper wird in Bezug auf die passende Körperhaltung, auf Gleichgewicht, Steuerung der Arme und Beine, Blutdruck, Herzschlag, Temperatur und chemische Beschaffenheit des Blutes entsprechend gesteuert. Alle Normabweichungen werden ausgeglichen, um die optimale Funktionsbreite für die gegebene Situation zu gewährleisten.

Das gut drei bis vier Pfund schwere Organ Gehirn vollbringt Leistungen wie

- Denken
- Fühlen und Gefühle
- Handeln und Körpersteuerung im Raum
- Wollen und Planen
- Sprechen
- Träumen, Wachen und Schlafen
- Bewusstsein

All diese Leistungen entstanden während einer langen Evolutionsphase des Menschen. Erst mit der Entwicklung des willentlichen Handelns und der Sprache konnte der Mensch mit seinem Gehirn zu einer sog. Ich-Funktion kommen, einer Bewusstheit von sich selbst, die die

Identität, den Geist und das Bewusstsein des Menschen ausmacht.

Regie im Gehirn

Über eine fortwährende Weiterentwicklung und Entfaltung von Nervenzellen, die auch Neuronen genannt werden, entwickelte sich im Laufe der Evolution der Menschen das uns heute bekannte menschliche Gehirn.

Die Neuronen sind in einem komplexen Netzwerk miteinander verbunden. Man nimmt an, dass jede Nervenzelle im Gehirn mit ca. 1000 anderen Nervenzellen in Verbindung steht. Ungefähr die Hälfte aller Nervenzellen ist in den Fältelungen der Großhirnrinde, dem Cortex, zu finden.

Die Neuronen sind also die eigentlichen Arbeiter im Gehirn. Damit sie stets optimal funktionieren können, werden sie durch sog. Gliazellen, die im Nervenzellgewebe eingebettet sind, gestützt und ernährt.

Ein Neuron besteht aus einem Zellkörper mit einem Durchmesser von ca. 5 bis 100/1000stel Millimeter. Von ihm gehen die Nervenfasern aus, die Axone und Dendrite genannt werden. Das Axon leitet dabei Signale von der Nervenzelle weg zu anderen Nervenzellen. Die Dendriten nehmen Signale von anderen Nervenzellen auf. Der Zellkörper ist die eigentliche Verarbeitungsstation. Hier werden die Signale, die von anderen Nervenzellen kommen, verarbeitet. Das geht eigentlich recht einfach: Alle über die Dendriten ankommenden Signale werden addiert, und wenn das Ergebnis größer ist als ein bestimmter Wert, der sog. Schwellwert, sendet das Neuron über sein Axon einen Impuls aus. Man sagt, das Neuron „feuert".

Innerhalb der Axone und Dendriten pflanzen sich die Signale elektrisch fort. Beide Arten von Nervenfasern verästeln sich und verbinden sich mit anderen Neuronenfasern. Diese Verbindungen enden an kleinen Spalten, den Synapsen. Es gibt vermutlich ca. 20 bis 200 Billionen Synapsen im Gehirn. Über die Synapsen werden die Signale dann durch chemische Überträgersubstanzen, die sog. Neurotransmitter, übertragen. Übrigens ist es genau hier, an den synaptischen Spalten, auch möglich, den Signaltransport zeitweilig zu unterbrechen, etwa um starke Schmerzen mit Medikamenten zu bekämpfen.

Bauplan des Gehirns

Jetzt wird es etwas wissenschaftlich: Das Gehirn wird grob in Großhirn, Mittelhirn und Kleinhirn sowie in den Hirnstamm mit Anschluss zum Rückenmark unterteilt. Das Großhirn ist dabei das, was wir gemeinhin als Gehirn erkennen können, etwa, wenn es auf Fotos abgebildet wird. Das Mittelhirn, das auch Zwischenhirn genannt wird, und das Kleinhirn liegen darunter versteckt und betten den Hirnstamm ein, an den sich das Rückenmark in Richtung Wirbelsäule anschließt. Gehirn und Rückenmark bilden zusammen das Zentralnervensystem des Menschen. Dies alles ähnelt einer Schichten-Architektur, wie etwa bei einem Haus, das auch einen Keller, ein Erdgeschoss, weitere Stockwerke und ein Dach hat. Jeder dieser Schichten sind spezielle Aufgaben zugeordnet.

Das Rückenmark erstreckt sich vom Genick aus durch die Wirbelsäule bis zum Rückenende. Daran entlang verläuft ein Hohlraum, der

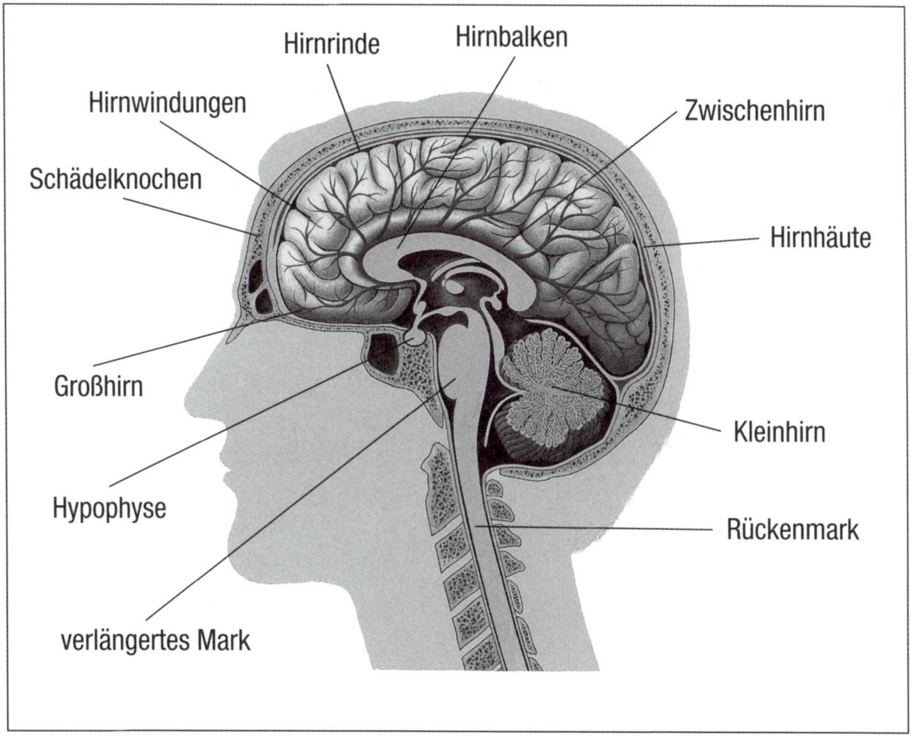

mit einer Gehirnflüssigkeit, dem sog. Liquor gefüllt ist. Das Rückenmark dient als:

- Kommunikationskanal zwischen Kopf und Körper.

  Also zur Körpersteuerung, zur Leitung von Wahrnehmungen zum Gehirn und zur Ansteuerung von Körperreflexen. Es sorgt für die „schwebende Lage“ des Gehirns, schützt vor Druckschwankungen im Gehirn und transportiert chemische Substanzen.

Auf dem Rückenmark sitzt der Hirnstamm auf. Er könnte wegen seiner Hohlraumstruktur auch als Verlängerung dessen angesehen werden. Verborgen darin ist ein kleines Netzwerk von Nerven. Sie gehen aus allen Gehirnfeldern ein und auch wieder hinaus. Diese netzförmige Zellformation, die sog. Retikulärformation, dient:

- der Überwachung und dem Filtern von Informationen aus den Sinnesorganen.

  Sie steuert also das Wachbleiben und das Verfolgen von Sinnesreizen über die Wahrnehmungsschwelle hinaus.

Oben auf dem Hirnstamm, zwischen den Großhirnhälften, befindet sich der Bereich des Zwischenhirns, der den Thalamus, den Hypothalamus sowie das Limbische System umfasst.

Der Thalamus ist ein Feld von nussähnlich aussehenden Kernen und dient:

- der Übertragung von Informationen von den Sinnesorganen zur Hirnrinde. Eine Ausnahme davon ist der Geruch. Dieser geht unmittelbar zum Limbischen System über.
- den Wechselbeziehungen zwischen der Retikulärformation, also dem Hirnstamm, und dem Limbischen System.
- als Schaltstelle für ankommende Sinnesinformationen und ausgesandte motorische Signale.

Der Hypothalamus besteht aus Feldern und Kernen. Er liegt in der Mitte der Gehirnunterseite und ist sehr bedeutsam für den Körper. Er steuert:

- die Aufrechterhaltung der Gleichgewichte im Körper (Homöostase genannt) zum Zwecke des Überlebens.

  Dazu zählen: Blutüberwachung (Blutzucker, Kohlendioxid, Blutsalze), Atmungsregelung, Hungergefühl, Körpertemperaturregelung, Durst, Steuerung des Schlafes, Sexualverhalten und Emotionen sowie die Tätigkeit der inneren Organe.

Das Limbische System ist eine Zusammenfassung funktionell eng verknüpfter Kerne und Rindenbezirke, die an Teilen des Riechhirns, des Mandelkerns (Amygdala), dem Hippocampus und dem Thalamus beteiligt sind. Es dient:

- der emotionalen und motivationalen Steuerung des Körpers.

  Dazu zählen: Speicherung von Erlebnissen, Abgleich von Erfahrungen, Ausdruck von Emotionen, Motivationsverhalten, instinktive Reaktionen, Aggression, Angst und Fürsorge.

Der Hippocampus wird als das wichtigste Element im Limbischen System angesehen. Ihm werden die folgenden Funktionen zugeschrieben:

- die Integration von endokrinen, visceralen und emotionalen Vorgängen. „Endokrin" bedeutet dabei die innere Absonderung biologisch wichtiger Stoffe in den Blutkreislauf. „Visceral" bedeutet die Eingeweide betreffend.

  Dazu zählen: Neue kurzzeitige Gedächtnisinhalte, Langzeitgedächtnis, Selbstbild, Werte, Wortgedächtnis und Wortfindung, Lernen, Absenzen und Déjà-vu, räumliche Orientierung, teilweise auch das Riechzentrum sowie Verstimmungen.

Angeschlossen an den Hirnstamm ist das Kleinhirn. Es liegt im hinteren Teil des Schädels am Großhirn und gehört zu den entwicklungsälteren Teilen des Gehirns. Die neuronale Struktur ist ähnlich aufgebaut wie die der Hirnrinde. Das Kleinhirn regelt:

- die Koordination der Bewegungen.

  Dazu zählen: Unbewusste Aufrechterhaltung des Gleichgewichts, Bewegungskoordination, willentliche Muskelanspannung und motorische Tätigkeiten.

Das Denkorgan

Die Hirnrinde, die auch Neocortex oder Cortex genannt wird, umgibt das Gehirn als äußere, vielfach gefältelte Schicht. Sie ähnelt in ihrem Erscheinungsbild einer Walnuss und auf Abbildungen eines Gehirns sehen wir sie als Erstes. Sie wird auch als graue Substanz bezeichnet. In der Hirnrinde sind ca. 75 % der Neuronen enthalten. Unterteilt wird die Hirnrinde in verschiedene Bereiche wie Frontallappen, Hinterhauptlappen und Scheitellappen, die durch bestimmte Furchen unterscheidbar sind.

Die Großhirnrinde ist den sensorischen Aktivitäten zugeordnet. Weiterhin gibt es sog. Assoziationsfelder, die die sensorischen Informationen verarbeiten. Die Großhirnrinde dient:

- höheren menschlichen Hirnleistungen wie der Sprache, dem planerischen Denken, Selbstbewusstsein, Entscheiden und Handeln.

Die Hirnrinde ist außerdem in verschiedene funktionale Zentren eingeteilt. So gibt es Bereiche wie das Hörzentrum, das Sprachzentrum, das Sehzentrum und das Motorische Willenszentrum. Der Rückenteil der Hirnrinde ist zuständig für die Verarbeitung visueller Informationen. Ein Streifen von der Mitte oben nach beiden Seiten abwärts dient dem Tastsinn und der Muskelsteuerung.

Biocomputer Gehirn

Die Hirnhaut ist eine Schicht mit Membranen, die einerseits zum Schutz und andererseits zur Versorgung mit Blut und Sauerstoff dienen. Das Gehirn, das nur rund 3 % des Körpergewichtes ausmacht, verbraucht ca. 25 % der gesamten Sauerstoffzufuhr im Körper. Eine wenige Minuten andauernde Unterbrechung dieser Sauerstoffzufuhr genügt, um das Gehirn nachhaltig zu schädigen. Interessanterweise nimmt die Gehirntätigkeit mit sinkender Temperatur ab, sodass das Gehirn bei Unterkühlung mit weniger Sauerstoff auskommt, ohne geschädigt zu werden.

Im Vergleich zum Körper findet die höchste Umsetzung von Chemikalien im Gehirn statt. Je höher die geistige Aktivität eines Menschen ist, umso schneller findet die Synthese von Proteinen (Erzeugung von Eiweißbausteinen) statt. Daher verfügt das Gehirn über eine ausgefeilte Blutversorgung über Millionen kleiner und kleinster Blutgefäße. Wird das Blut im Körper aber zu dickflüssig, etwa weil die Wasserversorgung des Körpers gestört ist, so kann es diese kleinsten Blutgefäße nicht mehr durchlaufen. Das Gehirn wird dann unterversorgt und es können Kopfschmerzen entstehen. Einen ähnlichen Einfluss kann der Blutdruck haben. Zu geringer Blutdruck kann zur Unterversorgung führen, es wird einem „schwarz vor Augen“ und Ohnmacht kann eintreten. Zu hoher Blutdruck erzeugt nicht nur Stress für die Blutgefäße und das Herz, sondern auch für den Kopf. Das Blut staut sich gewissermaßen und auch dies kann sich in Wahrnehmungsstörungen wie „tanzenden Sternen vor den Augen“ oder „Rauschen in den Ohren“ äußern. Zudem leidet in solchen Fällen lang-

Wie kommt es zum Feuern von Neuronen?

Wir sehen ein rotes Auto. Wir ertasten die Seiten eines Buches. Unsere Wahrnehmungsorgane registrieren diese Ereignisse. Die Farbwahrnehmung im Auge funktioniert folgendermaßen: mithilfe von drei Rezeptorenarten, die als Signalempfänger für Rot, Grün und Blau empfindlich sind, sorgen chemische Umwandlungsprozesse für die Erzeugung elektrischer Impulse, und zwar genau in dem Verhältnis, wie die drei Rezeptorarten gereizt wurden. Ähnlich ist es mit der Krafteinwirkung beim Ertasten. Die Sinneszellen der Hautoberfläche reagieren durch das Aussenden elektrischer Impulse in genau der Art und Weise, wie der ausgeübte Druck von Intensität und Dauer her vorgibt. Diese Impulsfolgen werden über die Nervenbahnen elektrisch zum Gehirn geleitet. Dort werden sie von Neuron zu Neuron weitergereicht oder auch nicht. Dies hängt davon ab, ob die Summe der an einer Nervenzelle ankommenden Impulse pro Zeiteinheit einen festen Schwellwert übersteigt oder nicht.

Die neuronalen Signale erreichen letztlich wieder Muskelzellen, was dann beispielsweise zu einem Augenlidzucken oder zu einer Fingerbewegung führt, sie erreichen Drüsen und lösen dort eine Körpertemperaturänderung oder etwa eine Speichelansammlung im Mund aus. Begleitet werden diese Impulstransporte und -verarbeitungen oft durch Durchblutungsänderungen der betroffenen Organe.

fristig auch die Denkfähigkeit. Unser Blutdruck hängt aber auch von den äußeren Wetterbedingungen ab, z. B. weil unser Körper den Blutdruck im Verhältnis zum Luftdruck regelt. So kann auch eine Fehlsteuerung dieser Druckanpassung zu Krankheitsbildern wie z. B. Migräne führen. Durch ausreichend Wasserzufuhr lässt sich aber in vielen Fällen Linderung schaffen.

Das Zusammenspiel zwischen Neuronen und Hirnarealen sowie zwischen den beiden Hirnhälften hat praktische Auswirkungen im Leben. Elektrische Signalimpulse gelangen über die Hirnnerven und das Rückenmark, chemische über die Hormone und die Blutbahnen zu den Organen, Muskeln und Drüsenzellen. Rückkopplungsprozesse werden zum Zwecke der Feinabstimmung an das Hirn zurückgemeldet. Die elektrischen und magnetischen Vorgänge im Gehirn lassen sich an der Körperoberfläche mithilfe der Elektro- oder Magnet-Enzephalografie (EEG/MEG) nachweisen.

Die Neuronen wandeln an den Kontaktstellen, den Synapsen, elektrische Signale in chemische Signale um und sog. Neurotransmitter (chemische Überträgersubstanzen) werden ausgesandt. Diese erzeugen in der empfangenden Nachbarzelle ein elektrisches Signal. Dadurch werden Signale fortwährend weitergeleitet. Neurotransmitter sind z. B.: Glutamat, Gamma-AminoButtersäure (Beruhigung, Ausgeglichenheit, tiefer Schlaf), Glycin, Acetylcholin (Lernen und Konzentrieren, Gedächtnis), Dopamin (Munterkeit, Kreativität, Energie, Muskelspannung), Serotonin (Wohlbefinden und Entspannung, Schlaf, Angstminderung und Schmerzlinderung) sowie Noradrenalin und Adrenalin (Power durch Glukose, Durchsetzung, Energie, Höchstleistungen) und viele weitere.

Die Fähigkeit der Synapsen, Signale weiterzugeben, ist steigerungsfähig: Umgekehrt werden sie aber träge oder verschwinden, wenn sie nicht genutzt werden. Ebenso werden häufig genutzte Synapsen und Neuronen-Schaltkreise bei starker Nutzung weiter ausgebaut. Diese sog. Plastizität des Gehirns, d. h. seine Formbarkeit, wirkt sich folgendermaßen aus:

1. Tätigkeiten oder Verhaltensweisen, die schon früh erfolgreich waren, werden immer weiter trainiert, weil sie bestätigt werden. Umgekehrt werden solche als nicht erfolgreich erlebte Tätigkeiten immer weniger ausgeübt, bis sie schließlich verloren gehen. Das wirkt sich z. B. auch auf bestimmte Formen der Intelligenz aus.
2. Bisher ungeübte Gehirnbetätigungen sensorischer oder motorischer Art sind aber wiederbelebbar. Es geht nichts verloren, es kann nur sein, dass der Zugang oder das Abrufen erschwert ist.

Ältere Menschen haben ebenso erweiterbare geistige Funktionen wie jüngere. Es wäre allenfalls eine allgemeine Verlangsamung der psychomotorischen Reaktionen, d. h. der geistig-körperlichen Bewegungsabläufe, festzustellen, die in physiologischen Fehlfunktionen oder Folgen von Erkrankungen begründet sind, jedoch nicht als geistiger Verfall betrachtet werden dürfen. Dieser tritt nur ein, wenn das Gehirn nicht mehr ausreichend mit Blut und Sauerstoff versorgt wird, was bei einigen Krankheiten unserer Zivilisation die Folge ist.

Gehirngebrauch

Indem wir Dinge, Ereignisse, Bewegungen und Personen wahrnehmen, sammelt das Gehirn Erfahrungen. Diese werden von uns individuell mit Bedeutungen versehen. Mit diesen Codes von Bedeutungen kann planerisches Handeln und Selbstkontrolle bzw. -steuerung erst beginnen.

So kontrollieren wir ständig sowohl unser Verhalten als auch die Reaktionen anderer darauf. Ebenso unterliegen alle automatischen Reaktionen, wie z. B. das Wippen mit dem Fuß oder das Kratzen am Ohr, der ständigen unbewussten Überwachung im Hinblick darauf, ob sie zu unseren Absichten passen. So verhalten wir uns z. B. in beruflichen Situationen ganz anders als abends vor dem Fernseher. Gesteuert wird in diesem Fall beispielsweise unser motorisches System, unsere Sprache, die Aufmerksamkeit usw.

Betrachtet man das Gehirn von oben, etwa durch die geöffnete Schädeldecke, so ist auch mit bloßem Auge die Aufteilung des Gehirns in zwei Hälften sichtbar: in eine linke und eine rechte Gehirnhälfte. Verbunden sind diese beiden Gehirnhälften, die auch Hemisphären genannt werden, durch einen Strang aus Nervenfasern, dem Ge-

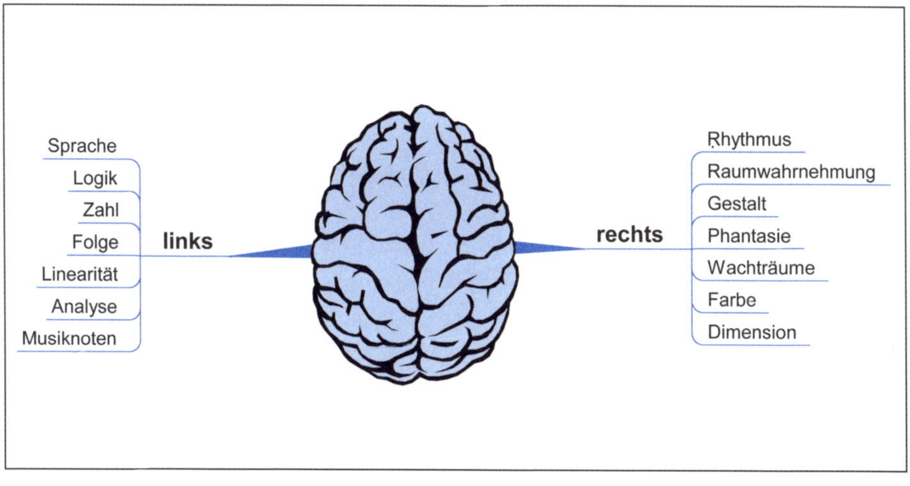

hirnbalken, durch den wichtige Informationen zwischen den beiden Hirnhälften ausgetauscht werden. Verletzungen in einer Hälfte des Gehirns haben Beeinträchtigungen von Funktionen der anderen Körperseite zur Folge, da die linke Hälfte für wesentliche Funktionen der rechten Körperseite zuständig ist und umgekehrt.

Die rechte Hemisphäre ist für die visuellen und räumlichen Aspekte der Informationswahrnehmung und Erkennung sowie für die Ausführung von körperlichen Aktionen verantwortlich. Die linke Hemisphäre dagegen ist für Aspekte wie Sprechen und Lesen und die Ausführung des logischen Denkens verantwortlich. Diese Erkenntnis führte lange Zeit zu dem Irrtum, die sog. linke Hirnhälfte für die dominantere zu halten. Allerdings stellte man bald fest, dass beide Hirnhälften zumindest graduell an den gleichen Funktionen teilnehmen und außerdem auch die rechte Hirnhälfte sehr aktiv und wichtig ist. Die Erforschung der linkshirnigen und rechtshirnigen Tätigkeiten machte folgende Schwerpunkte der beiden Hemisphären deutlich:

- Linkshirnig:
  Serielle Verarbeitung, die sich auf eine Stück-für-Stück-Analyse bezieht. Die Informationen werden der Reihenfolge nach analysiert und benannt, also quasi eine „digitale Verarbeitung" von Informationen.
- Rechtshirnig:
  Paralleles Verarbeiten von Sinneseindrücken. Verarbeiten von Informationspuzzles, Wiedererkennen von Bekanntem, Zuordnen und Durchführen einer Syn-

Ein Beispiel:

Die Unterteilung eines Textes in Kapitel, Unterkapitel und Sätze sowie in Wörter und Buchstabenfolgen entspricht einem seriellen Vorgehen, erfolgt also linkshirnig.
Das Aufnehmen eines Gesichtes erfolgt nicht als digitales Aufnehmen von einer Richtung zur anderen durch das Zusammensetzen von „Gesichtspixeln". Es geschieht vielmehr sprunghaft durch das Zusammensetzen von einzelnen Merkmalen, die wir sehen, vergleichen und zu einem Gesamtbild ergänzen. Die entspricht also einem synthetischen Vorgehen und erfolgt demnach rechtshirnig.

these und musikalisches Empfinden, also quasi eine „analoge Verarbeitung" von Informationen.

Beide Hirnhälften sind also gewissermaßen spezialisiert, wenngleich jede von ihnen durchaus auf beide beschriebene Arten funktionieren kann. Auf diese Weise lassen sich zwei Informationsströme gleichzeitig verarbeiten und die Verarbeitungslast wird auf beide Hemisphären aufgeteilt. Damit erweitern wir effektiv unsere geistige Kapazität.

In unserer westlichen Welt und im Alltag von Schule und Ausbildung scheinen die linkshirnigen Aspekte zu dominieren. Rationelles Denken, verbale Ausdrucksfähigkeit, gute Lesefähigkeit und analytisches Denken scheinen Erfolg zu versprechen. Für Künstler, Musiker und Dichter, die eher rechtshirnig arbeiten und daher ihre linkshirnigen Eigenschaften weniger pflegen, ist der Weg zum Erfolg in einer eher linkshirnig ausgerichteten Welt mit mehr Dornen versehen.

Eine Links- oder Beidhändigkeit hat nicht unbedingt zur Folge, dass die Hemisphären in ihren Funktionen umgekehrt sind oder dass eine Dominanz einer Hinhälfte vorliegt. Es stimmt allerdings, dass die spezialisierten Verarbeitungsfunktionen im Gehirn bei Männern und Frauen unterschiedlich stark ausgeprägt sind. Frauen wird eher eine Fähigkeit zum Umgang mit Sprache, Männern eher eine Fähigkeit zum räumlichen Vorstellungsvermögen zugesprochen. Umgekehrt ist es aber mit dem logisch-analytischen Denken und mit dem ganzheitlichen Aufnehmen von visuellen Eindrücken.

Was schädigt unser Gehirn?

Die größten Krankheitsgefahren sind durch ungesunde Lebensweise, Stress und Hektik gegeben. Dadurch entstehen auch Risiken für die geistige Frische.

Ungesunde Lebensgewohnheiten erzeugen „Zivilisationskrankheiten" wie z. B. erhöhten Blutdruck, Übergewicht, Nierenschäden, Diabetes, Arteriosklerose, Rückenleiden, Rheuma, Herz-Kreislauf-Schäden, Burn-out-Syndrom und mehr. Bewegungsmangel, der durch sitzende Tätigkeiten am PC, durch langes Autofahren und durch endlose Fernsehsitzungen hervorgerufen wird, führt zur Überforderung des Organismus. Fettsäuren werden nicht mehr abgebaut und nicht abgebaute und unverbrauchte Fettsäuren lagern sich als Cholesterin in den Blutgefäßen ab. Diese verstopfen und können den Bluttransport nicht mehr sichern. Das Gehirn wird unzureichend mit Sauerstoff versorgt und kann Schlackenstoffe nicht abtransportieren. Die geistige Leistungsfähigkeit lässt mit der Zeit nach.

Die geistige Leistungsfähigkeit wird durch die Versorgung des Gehirns mit Phosphaten, Kohlenhydraten und Sauerstoff beeinflusst. Da diese, abgesehen von den Phosphaten, nicht speicherbar sind, müssen sie ständig neu zugeführt werden. Eine Verengung von Blutgefäßen erzeugt also eine Mangelversorgung im Hirn.

Mit Ausnahme von Mineralwasser enthalten alle kohlensäurehaltigen Getränke und Fastfood-Speisen mehr Zucker und Fett als notwendig wäre. Zusammen mit dem Konsum von zu viel Fleisch und Genussmitteln wie Kaffee, Tee, Zigaretten und Alkohol ergibt das eine Übersäuerung im Körper, die nicht mehr abgebaut werden kann. Dies führt zu einer beschleunigten Zerstörung der Regulationskraft der Zellen, aber auch zur Entgleisung der Regulation zwischen dem Gehirn und einzelnen Organen. Kopfschmerzen, Beeinträchtigung der Sehkraft sowie weniger Konzentrationskraft bei psychischer Belastung sind Schäden, die zwar eher als geringwertig eingeschätzt werden, die sich aber langfristig auf die geistige Leistung auswirken.

Alkohol ist beispielsweise ein Nervenzellen- und Langzeitgift, das die Neuronenfunktion beeinträchtigt. Alkohol und Drogen verfälschen die chemischen Botenstoffe. Sie beeinflussen die Gehirnzentren, die das Bewusstsein und die Gefühle steuern; die optische Wahrnehmungsfähigkeit sowie Konzentrationsfähigkeit und Bewegungskoordination lassen nach, das Sprachvermögen und das Gleichgewicht sind beeinträchtigt. Langfristig werden das Gedächtnis, die Urteilsfähigkeit und das Sprachvermögen gestört. Demenz ist bei langfristigem Missbrauch die Folge. Dies kann schon bei mehr als einem halben bis einem Liter Bier pro Tag eintreten.

Psychischer Stress, schwierige Umfeldbedingungen oder unmäßige Ernährung erschöpfen den Körper und dehydrieren die Zellen. Wasser wird aber für die Abfuhr von Schlacken- und Giftstoffen aus dem Körper benötigt. Daher ist darauf zu achten, dass neben der Zufuhr von Wasser auch durch die Beigabe von basisch wirkenden Mineralien die Übersäuerung im Körper abgebaut wird. In der Apotheke gibt es Teststreifen, die helfen, die Übersäuerung festzustellen. Sie bestimmen den pH-Wert des Urins durch Ablesen an einer Farbskala. Wenn Sie Ihrem Körper Wasser zuführen, dann sollten Sie immer klares Wasser ohne Kohlensäure nehmen, denn Kohlensäure macht den Körper sauer.

Die folgende Tabelle stellt verschiedene Risiken für Ihren Körper und damit auch für Ihr Gehirn dar. Sie beschreibt ihre Wirkungen auf den Körper und gibt Hinweise, wie und auf welche Art eine Vorbeugung gegen die genannten Risiken möglich ist.

Tipp: Wassertrinken macht helle!

Optimal ist 1 l Wasser pro 30 kg Körpergewicht am Tag!

In Stresssituationen sollten Sie die Menge eher erhöhen. Halten Sie besonders bei Prüfungen und Stress genügend Wasser bereit.

Wasser verbessert die Nachrichtenübermittlung zwischen den Organen und dem Gehirn, es verbessert die geistige Konzentration und die körperliche Koordination und erhöht so den Energiefluss im Körper.

Stimulanzien:

Stimulanzien sind anregende Substanzen wie energiesteigernde Getränke, die die geistige Leistung steigern sollten, oder Medikamente, die Gedächtnisstörungen und depressive Verstimmungen bessern sollen. Das kann sich jedoch schnell als Bumerang auswirken, da sie in aller Regel die Erregungsschwelle beeinflussen und zu einer allgemeinen Überreizung der Sinne führen können. Dies geht in vielen Fällen mit einer Erhöhung des Aggressionspotentials einher. Die Medikamente sollten unbedingt nur in begründeten Fällen wie Demenz oder bei neurophysiologisch diagnostizierten Hirnfunktionsstörungen eingenommen werden.

Psychopharmaka:

Psychopharmaka sind Medikamente, die auf die Psyche des Menschen einwirken und zu einem geringeren Stressempfinden führen sollen. Sie beeinträchtigen ebenfalls die Konzentrations- und Kritikfähigkeit und können letztlich zu einer körperlichen und geistig-seelischen Verelendung führen.

Risiken	**Wirkung auf Körper und Gehirn**	**Vorbeugung zur Unterstützung für das Funktionieren des Gehirns**
Bewegungsmangel	Erstarrung der Gelenke, Rückenbeschwerden, Unterversorgung des Gehirns mit Sauerstoff	Mäßiger Sport, Unterhaltung, erfüllte soziale Kontakte
Fehlernährung	Verfettung, Übergewicht, Diabetes, Bluthochdruck	Vitaminreiche, enzymreiche Ernährung
Genussmittelmissbrauch	Blutgefäße, Herzfunktion und Gerinnungsfähigkeit des Blutes werden beeinflusst	Genügend Schlaf und Erholung
Medikamenten- und Drogenmissbrauch	Vernichtung der Zellen, Wahrnehmungsbeeinträchtigung, mangelnde Konzentration, Empfindungslosigkeit	Überlegter Umgang mit Stressfaktoren
Reizüberflutung, psychischer Stress	Kreislaufbelastung, mangelnde Erholung	Mäßigung der Eindrücke auf das Individuum, Meditation, Entspannung
Wassermangel	Blut wird dicker und träge, ungenügender Abfluss von Abbaustoffen aus dem Körper, das Denken wird träge, Energie im Körper verliert sich	Trinken von klarem Wasser ohne Kohlensäure, mind. 1,5 l pro Tag

Gehirnpflege

Mithilfe von einfachen Maßnahmen kann man eine Stärkung der geistigen Frische, das Weiterentwickeln von polarisierten, also nicht im Gleichgewicht befindlichen, Hirnfunktionen zum Zweck der Nutzung beider Gehirnhälften sowie den Abbau von Dominanzen der einzelnen Sinne und ihrer Funktionen anregen. Dazu gehört die gezielte Bewegung der Gliedmaßen oder z. B. die gezielte Nutzung von Massagepunkten und vieles andere.

Bewegung

Es gibt einen Zusammenhang zwischen geistiger Leistungsfähigkeit und körperlicher Bewegung. Durch regelmäßige Bewegung wird körperliche und geistige Fitness erhalten. Es braucht keine teuren oder aufwändigen Fitnessprogramme oder gar Hochleistungssport. Couch-Potatoes würden sich da schnell wieder zurückziehen. Einfache Bewegungsformen wie Schnelles Gehen (Walking), Jogging, Radfahren oder Skilaufen führen zur Verbesserung des Wohlbefindens und steigern die körperliche und geistige Fitness. Naturverbundene Vereine, wie z. B. der Kneippverein, führen regelmäßige Wandertage durch, aber auch Ihr Hund freut sich über ein beschleunigtes Gassi-Gehen.

Ebenso ist Bewegung für den Abbau von Stresshormonen notwendig. Diese führen nämlich zur Herabsetzung der Gehirntätigkeit, da der Körper im Alarmzustand auf Überlebensfunktionen zurückschaltet. Man hat auch festgestellt, dass Bewegung die Durchblutung der linken Hirnhemisphäre fördert. Die Koordination beider Hirnhälften wird durch kreuzweise und laterale (gleichseitige) Bewegung angeregt. Das Sehen und die Orientierung im Raum, die Wahrnehmung allgemein und das zielgerichtete Handeln und Umsetzen des Willens in motorische Abfolgen können so vom Körper neu erfahren werden. Durch das Ansteigen der Körpertemperatur, den Energieumsatz und die elektrische Aktivität des Gehirns sowie durch die Spannung der Skelettmuskulatur wird das Aktivierungsniveau und damit die Fähigkeit des Gehirns zu geistiger Betätigung gesteigert.

Übungen zur Aktivierung

Die folgenden Übungen dienen der Stärkung des Zusammenspiels beider Gehirnhälften, der Raumorientierung, des Sehens und der geistigen Differenzierungsfähigkeit.

Übung 1

Bauchatmen:

Legen Sie beide Hände vor den Bauch. Achten Sie dabei darauf, dass die linke Hand auf der rechten liegt. Atmen Sie jetzt aus, als ob Sie eine Kerze ausblasen wollten. (1 Min.)

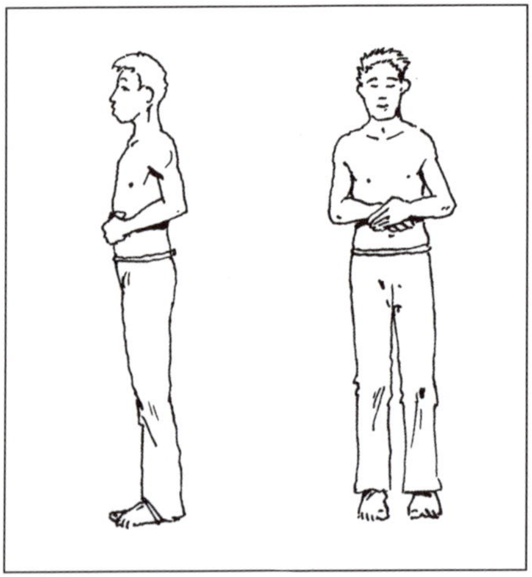

Übung 2

Rückenmarkpumpe:

Setzen Sie sich bequem auf einen Stuhl an einem Tisch. Legen Sie die Ellenbogen parallel zueinander auf den Tisch. Lehnen Sie sich dann nach vorne, sodass Ihr Kreuzbein nach vorne fällt. Beim Einatmen heben Sie nun Ihren Kopf bis in den Nacken. Halten Sie diese Position kurz. Lassen Sie dann langsam mit dem Ausatmen den Kopf wieder nach vorne bis auf die Tischplatte sinken. Ihre Stirn berührt nun die Tischplatte.

Machen Sie diese Bewegung ein paar Mal und achten Sie dabei auf den Rhythmus von Ein- und Ausatmen.

Übungen zur Integration beider Gehirnhälften

Wichtig ist hier, dass Sie mit den Bewegungen über Ihre Körpermitte hinaus nach links und rechts gehen. Das hat eine wichtige Funktion für die motorische und feinmotorische Koordination, die Augenkoordination und die Orientierung im Raum sowie für die räumliche Feinorientierung. Hier werden nun beide Hirnhälften angeregt, aktiv zu werden.

Übung 3

Überkreuz im Stehen:

1. Führen Sie abwechselnd den linken bzw. den rechten Arm und

das gegenüberliegende Knie zusammen. Ihre Hand berührt dabei kurz Ihr leicht angehobenes Knie. (1 Min.)

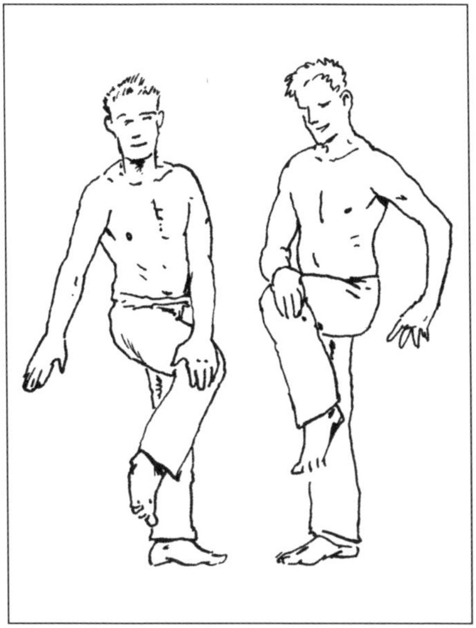

2. Strecken Sie abwechselnd den linken Arm nach vorne und das rechte Bein nach hinten und umgekehrt (siehe Abb. links oben) den rechten Arm nach vorne und das linke Bein nach hinten. (1 Min.)
3. Ziehen Sie abwechselnd mal Ihr linkes oder rechtes Bein nach hinten hoch (siehe Abb. links unten). Berühren Sie dabei mit der rechten bzw. mit linken Hand Ihre gegenüberliegende Ferse. (1 Min.)

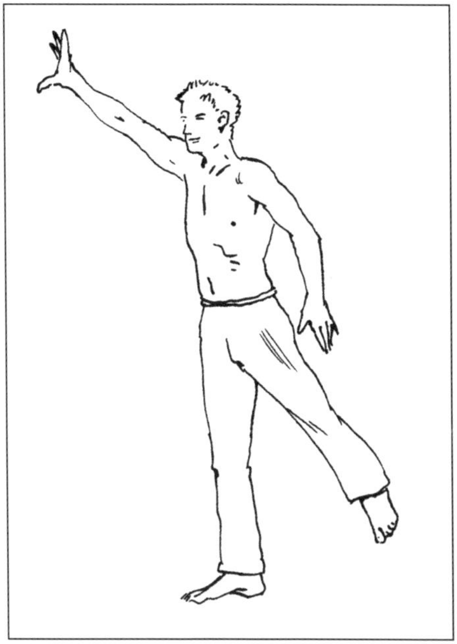

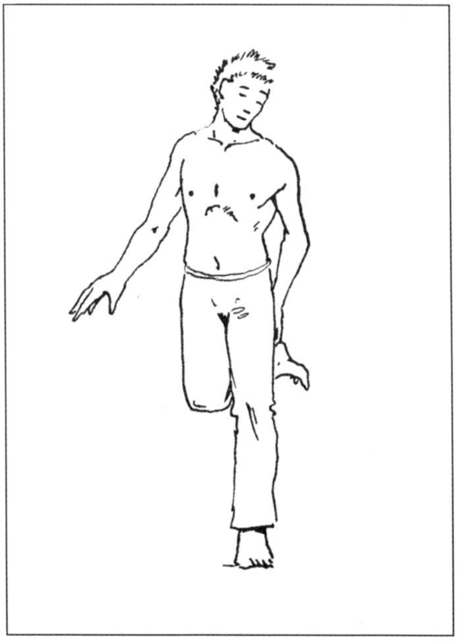

Übung 4

Liegende Acht:

Diese Übung können Sie im Sitzen oder Stehen ausführen.

Malen Sie mit zwei Fingern am ausgestreckten Arm eine liegende Acht in die Luft. Malen Sie abwechselnd mit der anderen Hand ebenfalls eine Acht. Dabei sollten Sie darauf achten, dass jeweils von innen nach außen oben gemalt wird. Folgen Sie der Bewegung mit den Augen, aber halten Sie den Kopf dabei ruhig.

Einseitige Bewegungen

Nun probieren wir aus, wie gut Sie es verstehen, einseitig zu sein, d. h. zugleich den Arm und das Bein einer Seite zu betätigen. Sie betätigen sich dabei sozusagen digital und haben wahrscheinlich die Schwierigkeit zu balancieren.

Übung 5

Äpfelpflücken:

Gehen Sie auf der Stelle und heben Sie dabei den Arm, als ob Sie Äpfel pflücken wollten. Das gleichseitige Bein heben Sie dabei mit vom Boden. Wechseln Sie die Seite. (2 Min.)

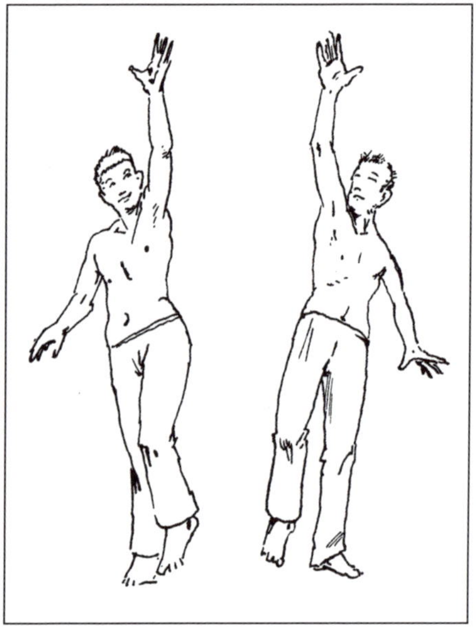

Übung 6

Umschauen:

Gehen Sie auf der Stelle und strecken Sie dabei zusammen mit dem hinten befindlichen Bein auch immer den gleichseitigen Arm nach hinten aus. Blicken Sie dabei nach hinten. (2 Min.)

Integrationsprobe

Kommen wir zur Kür. Erproben Sie, wie gut Sie die linke und die rechte Gehirnhälfte bereits koordinieren können, um sie für Ihre Absichten einzusetzen.

Übung 7

Bälle werfen:

Für diese Übung benötigen sie Jonglierbälle, Tennisbälle oder andere geeignete Gegenstände, die sich leicht mit einer Hand umgreifen lassen und die auch leicht in die Luft zu werfen sind.

1. Werfen Sie 2–3 Bälle mit einer Hand in die Luft und fangen Sie sie mit der gleichen Hand auf. Dann werfen Sie aus jeder Hand gleichzeitig je einen Ball in die Luft und fangen ihn mit der gleichen Hand auf. (2 Min.)

2. Werfen Sie 2 Bälle kreuzweise in die Luft und fangen Sie sie mit der anderen Hand auf. Wiederholen Sie diese Aufgabe so lange, bis eine flüssige Abfolge entsteht.
3. Werfen Sie nun 3 Bälle kreuzweise nacheinander mit einer Hand in die Luft und fangen Sie diese mit beiden Händen auf. Wiederholen Sie die Übung mehrmals.

Nach und nach können nun mehr Bälle hinzugenommen werden.

Gehirn

Sie können diese Übung auch variieren, indem Sie Tücher in der Größe von ca. 40–60 cm Seitenlänge aus Seide oder Chiffon verwenden. Sie müssen sehr leicht in die Luft zu werfen sein und langsam herunterschweben. Manch einer empfindet diese Art der Jonglage als leichter.

Dem Gehirn wieder „Luft" verschaffen

Hierbei sorgen Sie dafür, dass sich Verspannungen am Kopf, im Gesicht und an Schultern und Nacken auflösen. Sehr häufig setzen sich die Spannung und der Stress aus dem Alltag in diesen Bereichen fest und behindern letztlich das entspannte Denken.

Übung 8

Wach-Gähnen:

Halten Sie beide Hände nach vorne und spreizen Sie den Daumen so ab, dass ein „L" aus Daumen und Zeigefinger sichtbar wird. Führen Sie die Hände mit der Innenseite des „L" an Ihr Kinn, sodass sich die Daumen leicht berühren können und die Zeigefinger in Richtung Ohren zeigen. Die Zeigefinger legen Sie an das Schläfenbein. Öffnen Sie nun den Mund wie zu einem Gähnen. Gähnen Sie ausgiebig und geben Sie dabei einen Laut des Vergnügens und der Entspannung von sich.

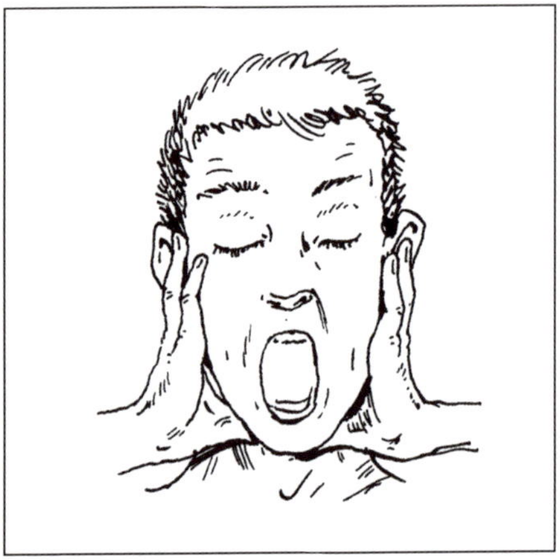

Übung 9

Nacken rollen:

Nehmen Sie Ihr Kinn bis fast an die Brust. Ziehen Sie den Kopf mit vorsichtigen Seitenbewegungen nach links und nach rechts. Heben Sie dabei den Kopf Stück für Stück. Sehen Sie dabei die Gegenstände an, die an Ihrem Auge vorüberziehen. Achten Sie unbedingt darauf, dass Sie die Übung langsam durchführen. (2 Min.)

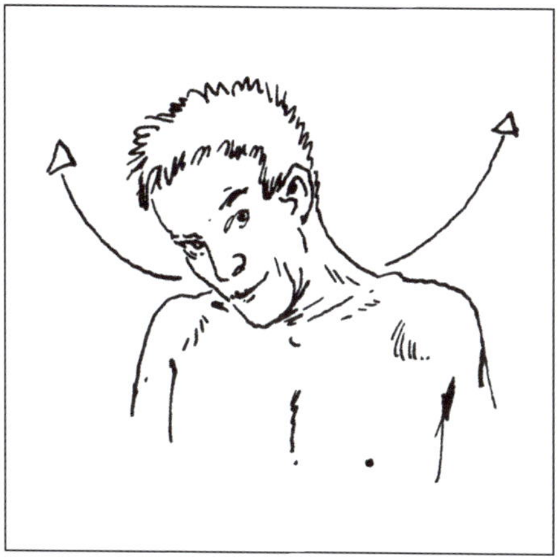

Übung 10

Schulter entspannen:

Legen Sie die rechte Hand auf die linke Schulter und umfassen Sie den Schultermuskel. Der Kopf wird dabei ganz nach links gezogen. Verweilen Sie dort kurz und drücken Sie dabei den Muskel in der Schulter. Legen Sie umgekehrt die linke Hand auf die rechte Schulter, drehen Sie den Kopf nach rechts und drücken Sie kurz. Achten Sie darauf, die Bewegung langsam auszuführen. (2 Min.)

Übung 11

Kopf kraulen:

Setzen Sie mit dem Handansatz am Ohr an und legen Sie die Finger so nach oben auf den Kopf, dass sich die Fingerspitzen oben über der Fontanelle berühren. Von dort aus krümmen Sie die Finger leicht und massieren mit den Fingerspitzen die Kopfhaut. Üben Sie dabei möglichst wenig Druck aus.

Neurobics

Neurobics sind Übungsprogramme für das Hirn, die dazu verhelfen, in die Routine übergegangene Programme und Erfahrungen neu zu entdecken. Sehen, Riechen, Tasten, Schmecken und Hören sowie der emotionale Sinn werden neu kombiniert. Dadurch werden Nervenaktivitäten stimuliert, es werden neue Verbindungen zwischen verschiedenen Gehirnbereichen geschaffen und die Gliazellen werden angeregt Nährstoffe zu bilden. Dadurch werden auch umgebende Zellen gestärkt und resistent gegen Anfechtungen durch den Zellabbau. Die Gehirnstärkung erfolgt durch die gezielte Entwicklung von Assoziationen, neuen Erfahrungen und neuen Wahrnehmungen.

Alte Dinge neu tun

Machen Sie mal etwas anders! Welche Erfahrungen tun sich da auf! Welche Ungeschicklichkeiten! Nun, es geht nicht nur darum, etwas anders zu tun als sonst, sondern die Erfahrungen, die daraus neu entstehen, für neue Wahrnehmungen und Erkenntnisse zu nutzen.

Übung 12

Morgenritual:

Stehen Sie z. B. mal mit dem anderen Bein auf oder putzen Sie die Zähne mit der anderen Hand. Trinken Sie statt Kaffee ein anderes Getränk, essen Sie statt eines Brötchens ein Brot oder Müsli usw.

Sie können aber auch einfach die Reihenfolge Ihrer morgendlichen Aktivitäten umstellen. Oder versuchen Sie für alle Tätigkeiten am Morgen, wie z. B. Anziehen oder Schuhebinden, nur eine Hand zu nehmen.

Übung 13

Die Welt anders erfahren:

Für dieses Experiment benötigen Sie einen vertrauenswürdigen Begleiter. Mit verbundenen Augen lassen Sie sich einen Tag oder einige Stunden lang führen.

Versuchen Sie dabei, die Dinge, Menschen und Bewegungen um Sie herum neu zu erspüren und wahrzunehmen. Versuchen Sie, die verschiedenen Materialien, Menschen, Farben und deren Ausstrahlung kennen zu lernen.

Wie erleben Sie Ihre Unsicherheit?

Wann schalten Sie auf andere Sinne um?

Was hören Sie? Welche Geräusche sind vertrauenserweckend, welche beängstigend?

Übung 14

Die Sinne neu erfahren:

Sie können die Chance nutzen, Ihre Wahrnehmung mit den Sinnen neu kennen zu lernen. Es ergeben sich vielleicht ganz neue Perspektiven.

1. Hören: Lassen Sie sich z. B. einmal nur vorlesen oder hören Sie nur zu und reden Sie nicht selbst. Überlegen Sie dabei, was Sie hören können. Was können Sie unterscheiden? Was sagen die Menschen? Wie hören sich Flüssigkeiten an?
2. Riechen: Machen Sie einen Tag lang Riecherfahrungen. Wie riecht Kaffee, Limonade, Coca Cola oder Pepsi Cola? Wie riechen die Dinge auf dem Schreibtisch? Riecht sauberes Geschirr?
3. Tasten: Sammeln Sie z. B. Münzen aus verschiedenen Ländern, ertasten Sie diese und erspüren Sie die Unterschiede. Fühlt sich unterschiedliches Metall anders an? Oder laden Sie Ihre Bekannten zu einem Spiel ein. Stecken Sie viele verschiedene Dinge in einen großen Behälter und ertasten Sie dann die Gegenstände.
4. Schmecken: Versuchen Sie mal mit geschlossenen Augen zu essen und zu trinken. Wie schmeckt es? Ist die Empfindung jetzt deutlicher?

Finger-Yoga und Akupressur

Über fernöstliche Einflüsse gibt es Kenntnisse über die Möglichkeiten zur Anregung von Geisteskraft, Konzentration und Denkfähigkeit. Ausgehend von dem fernöstlichen Gedanken, dass Energie aus dem Universum durch uns hindurchfließt, können wir diese Energie, das Chi, für gute Hirntätigkeit nutzen. Verschiedene Aktivierungs- und Beruhigungstechniken vom Tai Chi bis zum Yoga helfen, das Chi nutzbar zu machen. Jeder kann hierfür selbst bestimmte „Fingerhaltetechniken", auch Mudras oder Finger-Yoga genannt, gezielt einsetzen. Das Stimulieren diverser Meridianpunkte durch Akupressur führt zur Anregung von Organtätigkeiten und zum Gleichgewicht des Meridianflusses. Klares Denken wird so möglich.

Diese Techniken sind nahezu 4.000 Jahre alt und Ergebnisse sorgfältiger Beobachtungen und Schlussfolgerungen. Der Vorteil dieser Beeinflussung unserer Gehirnfähigkeiten besteht vor allem darin, dass sie chemisch nebenwirkungsfrei sind.

Yoga mit den Fingern

Diese Technik stammt aus dem indischen Raum; ist jahrhundertelang erprobt und ist auch unter dem Begriff „Mudra" bekannt. Die Finger werden in bestimmter Weise gehalten, was bestimmte Bereiche unseres Gehirns anspricht und einen entsprechenden Einfluss ausübt. Wir wissen heute, dass den Fingerkuppen auch elektrische Spannungen zuzuordnen sind. Beispielsweise ist der Daumen neutral, Zeigefinger und Ringfinger der rechten Hand sind mit Plus-Spannung versehen, Mittelfinger und kleiner Finger dieser Hand mit Minus-Spannung und in umgekehrter Weise an der anderen Hand. Da nun die Fingerkuppen durch die Haltetechnik jeweils teilweise zugewandt oder abgewandt sind, können wir vermuten, dass das Halten aus diesem Grund funktioniert. Das Halten sollte stets mehrere Minuten stattfinden, mindestens einmal am Tag. Finger-Yoga ist, kombiniert mit Atemübungen und Affirmationen, sehr wirksam. Darüber hinaus ist es wirklich stets anwendbar. Wartezeiten, Zeiten der Anspannung oder viele andere Momente lassen sich für Finger-Yoga nutzen.

Übung 15

<u>Gehirn wecken:</u>

Die Fingerspitzen der beiden Hände berühren sich. Atmen Sie bewusst ein und aus. Halten Sie die Hände einige Minuten lang so.

Interessant ist vielleicht in diesem Zusammenhang, dass man bei vielen Menschen diese Handhaltung beobachten kann, wenn sie gerade dabei sind, wichtige Dinge zu erklären.

Übung 16

Gehirnintegration:

Legen Sie den Daumen auf die Fingernägel des gebeugten Ringfingers und des kleinen Fingers an beiden Händen. Dies ca. 3 Minuten lang halten, ein paar Mal täglich.

Akupressur

In der chinesischen Medizin wird das Herz als Sitz des Geistes aufgefasst und entsprechend eng mit der Denktätigkeit verbunden. Daher sind auch einige mit der Denktätigkeit verbundenen Punkte auf dem Herzmeridian zu finden. Der Vorstellung nach wird die betreffende Energie durch die Stimulation des Punktes angeregt oder beruhigt.

Übung 17

Vitalisierung:

Etwa zwei Fingerbreit unter dem Nabel finden Sie den betreffenden Meridianpunkt. Beklopfen Sie diesen leicht mit der Fingerkuppe oder drücken Sie den Punkt einige Minuten lang.

Übung 18

Aktivierung der Energiereserve:

Halten Sie die Hand mit dem Daumen nach oben. 3–4 Finger unter dem Daumenansatz, etwa bei den Handgelenkfalten, gibt es eine leichte Vertiefung. Einige Minuten einen Finger daraufhalten oder leicht mit der Fingerkuppe klopfen.

Übung 19

Beruhigung des Geistes:

Der Punkt liegt am Handgelenk vor dem Kleinfingerballen neben dem tastbaren Handwurzelknochen. Halten Sie auf diesen Punkt einige Minuten lang einen Finger.

Reflexzonen

Reflexzonen sind am ganzen Körper zu finden. Besonders bekannt sind die Fußreflexzonen sowie die Reflexzonen an den Händen. Der Vorstellung nach finden Körperteile sowie Organzonen und -funktionen in verschiedenen Bereichen des Körpers eine Entsprechung oder reagieren miteinander. Organrelationen finden sich z. B. an den Ohren, an der Zunge, im Gesicht, am Schädel, an den Füßen sowie an den Händen. Zur Eigenanwendung sind v. a. die Zonen der Hände, Füße und Ohren geeignet.

Übung 20

<u>Ohren ausfalten:</u>

Am Ohr ist die Ohrmuschel mit der Gehirnregion verbunden. Ein Massieren der Ohren an diesen Stellen ist daher sehr wirksam, um wieder Energie zu entfalten.

Greifen Sie mit beiden Händen an die Ohrmuscheln. Falten Sie diese sanft aus und reiben Sie sie leicht zwischen den Fingerspitzen. Ziehen Sie leicht und spüren Sie, wie sich die Kopfhaut etwas vom Schädel abziehen lässt.

Übung 21

<u>Füße massieren:</u>

Gehirnregionen befinden sich auch an den Zehen. Dabei repräsentiert das jeweilige Zehengelenk, insbesondere das Großzehengelenk, den Hals mit seinen Halswirbeln. Dann geht es hinauf in den Kopf, sodass die Gehirnregion eigentlich in den Zehenkuppen und den Zehenspitzen vertreten ist.

Sanftes Massieren und Bewegen der Zehengelenke lockert und wirkt entspannend im Nackenbereich.

Übung 22

<u>Hände klopfen:</u>

Am einfachsten ist die Gehirnregion an den Händen zu handhaben. Hier wird das Gehirn in den Fingerkuppen repräsentiert. Es kann nun drückend, klopfend und massierend aktiviert werden.

Schnell geht es, wenn Sie die Fingerkuppen jeder Hand auf die der anderen Hand klopfen.

Brain Food

Wenn der Mensch Höchstleistungen vollbringen muss, dann braucht sein Gehirn „Doping“. Dazu sind die sog. Aminosäuren (Eiweißbausteine) nötig, damit Neuropeptide und Neurotransmitter produziert werden können. Verschiedene Hormone, wie z. B. das Insulin, werden im Hirn als Neuropeptide (Nerveneiweiße aus der Verknüpfung mehrerer Aminosäuren) gelagert und produziert. Über die Neuropeptide werden z. B. Emotionen erzeugt oder verstärkt, es wird Durst empfunden usw.

Einige dieser für das Gehirn notwendigen Bausteine kann der Körper selbst herstellen, andere müssen über die Nahrung hinzukommen. Die Blut-Hirn-Schranke, ein feinmaschiges Blutgefäßnetz zwischen Blutkreislauf und Gehirn, sorgt dabei generell dafür, dass Krankheitskeime und Schadstoffe nicht unmittelbar ins Gehirn eindringen können.

In der folgenden Tabelle sind die besonderen Merkmale bzw. Symptome sowie die Auswirkungen verschiedener Lebensmittel bzw. chemischer Substanzen eingetragen, die als Gehirnnahrung infrage kommen können. Eine eventuelle Nahrungsergänzung sollte in kleinen Dosierungen beginnen, um unerwünschte Wirkungen gering zu halten. In manchen Fällen ist auch eine Blutuntersuchung auf im Körper vorhandene Speicher von Mineralien und Spurenelementen angebracht. Eine ärztliche Konsultation ist sinnvoll.

Symptom	**Wirkungen**	**Chemische Substanz**	**Enthalten in: Lebensmittel**
Macht wach und aktiv	Ein Botenstoff, der das Hungergefühl drosselt, die Hypophyse (Hirnanhangdrüse) regelt und die Schilddrüse anregt. Er putscht gegen Erschöpfung und Konzentrationsmangel auf und drosselt Depressionen und Angstzustände.	**Tyrosin bzw. Phenylalanin**	Milch, Fisch, Käse, Weizen, Mais, Hafer
Gute Laune, Erholung, Schlaf und Regeneration	Für gute Laune, Gelassenheit, Konzentration und Schlaf. Weil dieses Eiweiß nicht ohne weiteres die Blut-Hirn-Schranke passieren kann, muss es durch Kohlenhydratkonsum über eine Trägersubstanz ins Hirn gelangen, wo es Serotonin und Melatonin bildet.Damit kann das Hirn Erholung und Regeneration finden.	**Tryptophan**	Getreide, Nüsse, Schokolade, Bananen, Reis, Milch, Fisch, Fleisch

➜

Symptom	Wirkungen	Chemische Substanz	Enthalten in: Lebensmittel
Verbesserung des Nervensignaltransportes	Regelt die schnelle Weiterleitung von Signalen im Gehirn. Mangel führt zu Gedächtnisverlust, verminderter Lernfähigkeit und Intelligenz. Durch den Basisstoff Cholin wird die Blut-Hirn-Schranke schnell passiert. Mit Lecithin wird Cholin und eine Vorstufe dessen, das Serin, aufgenommen. Damit wird ein Schutz vor Erstarrung der Nervenzellen erzeugt. Cholin ist auch ein B-Vitamin.	**Acetylcholin**	Eigelb, Bierhefe, Weizenkeime, Tofu, Sojalecithin, Butter
Depression, Heißhunger	Ein Mangel führt zu Verhaltensstörungen, Depressionen, Heißhunger-Attacken und Chaos im Hirn.	**Glutaminsäure**	Weizen
Ernährung der Nervenzellen	Zucker (Kohlenhydrat!) ist auch eine Nervennahrung und regt das Gehirn zu höherer Leistung an. Um nicht in die „Zuckerfalle“ (durch unerwünschte Über-Anregung) zu laufen, ist es notwendig, sog. langsame Kohlenhydrate zu sich zu nehmen. Diese haben einen sog. niedrigen Glyx-Faktor.	**Fruchtzucker in verschiedenen Formen**	Gemüsesäfte, Fruchtsaft, Nüsse, Linsen, Joghurt, Kirschenhafer, Roggen

→

Symptom	Wirkungen	Chemische Substanz	Enthalten in: Lebensmittel
Katalysatoren für die Hirntätigkeit	Diese Vitamine wirken wie „Zündkerzen" für die Gehirntätigkeit. Allerdings funktionieren sie nur in Kombination miteinander. Sie sorgen auch für die Produktion der Gehirnhormone. Die B-Vitamine sind: B1 – Thiamin B2 – Riboflavin B3 – Niacin B5 – Pantothensäure B6 – Pyridoxin B9 – Folsäure B12 – Cobalamin	**B-Vitamine**	Vollkorn, Schweinefleisch, Erbsen, Weizenkeime/-kleie, Eigelb, Milch, Bierhefe, Mandeln, Erdnüsse, Walnüsse, Sojabohnen, Thunfisch, Lachs, Geflügel, Hering, Camembert, Blattgemüse, Schweineleber
Lernfähigkeit, Gedächtnis, Stressbewältigung	Ist beteiligt an der Herstellung von Neurotransmittern. Es wirkt direkt auf die Lernfähigkeit und das Gedächtnis sowie auf die Stressbewältigung und könnte auch als „Anti-Ager" (Jung-Erhalter) für das Gehirn aufgefasst werden. Die Gruppe der Phospholipide ist auch unter dem Begriff Lipamin auffindbar. Omega-3-Fettsäuren sind das prominenteste Mitglied dieser Gruppe und dienen als Nervennahrung. Fischöle, die langkettig sind, sorgen für die Gehirndurchblutung.	**Phosphatidylserin**	Lein- oder Rapsöl, Nahrungsergänzungsmittel

→

Symptom	Wirkungen	Chemische Substanz	Enthalten in: Lebensmittel
Zellernährung, Zellschutz	Hirn- und nervenwirksam sind: Calcium, Magnesium, Zink, Chrom	**Mineralien und Spurenelemente**	Nüsse, Hülsenfrüchte, grüne Gemüse, Weizenkeime, Mineralhaltiges Wasser, Austern, Getreide, Pflaumen, Brokkoli, Bierhefe, Käse
Schutz und Entgiftung	Vitamin C – Bei Stress hilft Vitamin C, Dopamin in Adrenalin zu wandeln und Serotonin zu produzieren. Vitamin E – Es schützt Nervenzellen vor oxidativem Stress. Vitamin A – In Kombination mit Vitamin C schützt es vor Zelltod im Hirn. Selen – wird zur Entsorgung von Giften und Schlacken benötigt.	**Antioxidantien**	Alle Zitrusfrüchte, Nahrungsergänzungsmittel

Zusätzlich zu den oben genannten Lebensmitteln und Substanzen gibt es bekannte, natürlich gewonnene Nahrungsergänzungsmittel. Diese sollen neben einem weiteren Wirkungsspektrum auch die Gehirntätigkeit anregen oder unterstützen. Zu den Nahrungsergänzungsmitteln zählen etwa Ginseng, Gelée royal, Guarana, Kava-Kava oder Noni (Saft).

Die Intelligenz

Viele Mythen ranken sich um das Thema „Intelligenz". Einer der hartnäckigsten davon besagt, dass Intelligenz unveränderlich und angeboren, also eine Gnade der Geburt ist. Allerdings ist es damit wie mit vielen Mythen und Legenden. Es ist nämlich einfach nicht wahr!

Ein Beispiel: Bestimmt ist Ihnen schon einmal der Name eines bekannten Künstlers, Sportlers oder Politikers, ein Ortsname oder die Bezeichnung eines Gegenstandes „auf der Zunge gelegen". Sie wissen ganz genau, wen oder was Sie meinen. Nur der Name, der fällt Ihnen partout nicht ein. Das ist eine ganz alltägliche Situation. Psychologen sprechen dabei von einer „lingualen Hemmung", die absolut nichts mit Intelligenz zu tun hat. Stellen Sie sich aber vor, so eine linguale Hemmung tritt auf, während Sie den sprachlichen Teil eines Intelligenztests bestehen müssen. Wie würde da wohl Ihr Testergebnis aussehen? Bestimmt hatten Sie auch schon mal einen wirklich miesen Tag. Vielleicht waren Sie verkatert oder einfach schlapp und denkfaul, weil das Wetter trübe, schwül oder zu heiß war. Ein Intelligenztest an einem solchen Tag brächte zweifellos ähnlich verheerende Ergebnisse.

Intelligenz ist also keine fixe Größe, sie variiert von Tag zu Tag, ja sogar von Minute zu Minute. Natürlich könnten Sie jetzt einwenden, dass es sicher schlechter, aber doch nicht besser werden kann, aber das ist ein Irrtum.

Der Beweis ist denkbar einfach: Sprachgebundenes Denken ist eine zentrale Dimension der Intelligenz. Was nun, wenn Ihre sprachgebundenen Fähigkeiten z. B. mit einem Intelligenztest in japanischer Sprache getestet würden? Wahrscheinlich lägen Ihre Intelligenzwerte hier in der Gegend von Null-Komma-Irgendwas. Wenn Sie sich aber zu einem Japanisch-Kurs aufraffen und den gleichen Test nach ein paar Monaten erneut durchführen, sieht es schon ganz anders aus.

Zugegeben, ein zu simples Beispiel. Dennoch illustriert es deutlich, dass Intelligenz zum Teil auch auf Erfahrung und Vorwissen beruht.

Denn Intelligenz ist schlicht die Fähigkeit, Probleme schnell und effektiv zu lösen. Wenn Sie beispielsweise noch nie zuvor einen Dosenöffner gesehen haben, würden Sie dann auf die Idee kommen, dieses merkwürdige Stück Metall einzusetzen, um an die Sardinen zu kommen? Weil Sie aber wissen, wie das Werkzeug Dosenöffner einzusetzen ist, ist die Situation „Sardinen in der Dose" kein Problem für Sie.

Dieses Kapitel vermittelt systematisch Wissen und Hilfsmittel zu allen Bereichen des Themas „Intelligenz". Es liefert Tipps und Tricks zur Erweiterung Ihres Wissens und zum Lösen von Aufgaben, aber auch eine Art Leitfaden, um Probleme, wie sie typischerweise in Intelligenztestaufgaben vorkommen, schnell und effektiv zu lösen. Dabei handelt es sich zugleich um grundlegende Denkstrategien, die auch Ihren Alltag bereichern werden. Und Sie werden sehen: Es macht Spaß, immer noch intelligenter zu werden und verzwickte Probleme in immer kürzerer Zeit zu lösen.

Intelligenz: Was ist das eigentlich?

Vielleicht haben Sie ja schon einmal einen Intelligenztest mitgemacht und wissen daher recht genau, wie es um Ihre Intelligenz bestellt ist. Aber auch wenn Sie noch nie einen solchen Test absolviert haben, haben Sie sicherlich einen Eindruck von Ihrer Intelligenz. Denn wir stoßen ununterbrochen auf ganz alltägliche Probleme. Und wir nehmen wahr, dass manche Personen die gleichen Probleme in wesentlich kürzerer Zeit erledigen als andere. Personen, die Probleme besonders schnell und gründlich lösen, bezeichnen wir als intelligent. Aber wir beobachten nicht nur die anderen, wir schätzen uns auch selbst ein. Die Leistungen der anderen dienen uns dabei beständig als Maßstab. So kommt es, dass jeder von uns einen Eindruck oder vielmehr eine Einschätzung seiner eigenen Intelligenz mit sich trägt und einschätzen kann, ob er sehr, mittelmäßig oder nur wenig intelligent ist.

Was misst der Intelligenzquotient?

Eine pauschale Einschätzung der Intelligenz bietet auch der sog. Intelligenzquotient oder kurz IQ. Jeder klassische Intelligenztest liefert als Resultat eine Maßzahl für die Intelligenz. Ein Intelligenzquotient von 100 gilt als Durchschnitt. Wer einen höheren IQ hat, darf sich freuen, denn das bedeutet überdurchschnittliche Intelligenz. Je höher der

Intelligenzquotient ist, desto besser ist es natürlich. Wer weniger als 100 hat, muss aber auch nicht unglücklich sein. Denn diese simple Intelligenzmaßzahl ist keineswegs unproblematisch.

Schließlich zeigt schon unsere persönliche Erfahrung, dass wir ein und derselben Person mal überlegen, mal unterlegen sein können. Meist ist die Art der zu bewältigenden Aufgabe dafür ausschlaggebend. Manche von uns rechnen beispielsweise deutlich langsamer als andere, sind ihnen aber auf der sprachlichen Ebene oder in Hinblick auf das räumliche Denken weit überlegen oder umgekehrt.

Intelligenz ist eben keine einheitliche Größe, sondern umfasst eine Vielzahl unterschiedlicher Fähigkeiten und Denkleistungen. Ein IQ unter 100 bedeutet also keineswegs, dass man auf allen Gebieten gering begabt ist. Es könnte durchaus sein, dass der neue Einstein oder Goethe einen solcherart unterdurchschnittlichen IQ aufweist. Das wird dann der Fall sein, wenn jemand eine mathematische (neuer Einstein) oder sprachliche (neuer Goethe) Hochbegabung aufweist, auf vielen anderen Gebieten allerdings unterdurchschnittliche Leistungen zeigt.

Wie entsteht Intelligenz?

Ein Teil unserer Intelligenz ist angeboren. Aber, wie gesagt, nur ein Teil, und zwar die äußersten Grenzen unserer Denkfähigkeiten. Viel wesentlicher ist, was wir mit diesen Fähigkeiten anstellen und wie intensiv wir sie nutzen und trainieren. Stellen Sie sich diese äußersten Grenzen als ein leeres Gefäß vor, das Sie nach Belieben mit Wasser (Intelligenz) anfüllen können. Ein Viertelliterglas, das zur Hälfte gefüllt ist, enthält deutlich mehr Wasser als eine Zweiliterflasche, bei der gerade nur der Boden mit Flüssigkeit bedeckt ist. So unterschiedlich nutzen Menschen ihre Fähigkeiten.

Allerdings zeigten verschiedene Studien, dass auch die Intelligentesten von uns nicht mehr als etwa 10 % ihrer geistigen Kapazitäten nutzen. Wenn auch Albert Einstein nur 10 % seiner Fähigkeiten nutzte, wie groß muss dann das eigentliche Gefäß sein? Und vor allem: Welch gewaltiger Spielraum zur Intelligenzsteigerung ergibt sich daraus? Wenn es uns gelingt, unsere Intelligenz durch Training um nur ein paar magere Prozent zu verbessern, dann wären wir alle Geistesriesen.

Es werden also nur 10% unserer schlummernden Fähigkeiten genutzt, d. h. es kommt nicht auf die angeborenen Grenzen an, sondern ganz allein darauf, wie wir mit diesem enormen Freiraum umgehen und wie wir ihn nutzen.

Intelligenz und unser Gehirn

Jeder Mensch denkt anders. Und jeder Mensch ist in anderen Bereichen begabt. Man kann in vielen Fällen „begabt" auch durch „intelligent" ersetzen und schon ist beispielsweise ein in verbaler Ausdrucksfähigkeit zurückgebliebener Mensch hochintelligent, wenn es etwa um Mathematik oder um handwerkliches Können (praktische Intelligenz) geht.

Das bedeutet, dass die Intelligenz in ganz verschiedenen Gehirnarealen wohnt. Bei vielen ist sie gleichmäßig verteilt, bei manchen stechen hingegen einzelne Bereiche hervor. Wie man damit umgeht und wie man dem Mythos Intelligenz auf die Spur kommt, haben Psychologen untersucht. Sie sind auf eine Vielzahl unterschiedlicher Modelle gekommen, die veranschaulichen, was Intelligenz eigentlich ist.

Da sich Intelligenz aus einer Unzahl verschiedener Fähigkeiten und Leistungen zusammensetzt, ist die wichtigste Frage in diesem Zusammenhang: Aus welchen und aus wie vielen Dimensionen (oder Fähigkeiten) besteht sie?

Der Psychologe Guilford etwa analysierte das menschliche Denken und fand gleich 120 verschiedene Intelligenzfaktoren. Ein sehr unhandliches Modell, meinten seine Kollegen und machten sich daran, einfachere Modelle zu erarbeiten. So schaffte Meili eine radikale Vereinfachung und beschränkte sein Modell auf vier Dimensionen. Eindeutig zu wenig für seine Kritiker. Bald aber kam man dahinter, dass Intelligenz nicht von vornherein aus einer bestimmten Anzahl von Faktoren und Leistungen besteht. Wesentlich ist es, diese Vielzahl verschiedener geistiger Leistungen in sinnvollen Gruppen zusammenzufassen. Der Psychologe Thurstone katalogisierte folglich die geistigen Leistungen in sieben Dimensionen und entwickelte so ein sehr anschauliches und weitgehend anerkanntes Modell.

Die Aufgaben und Übungen in diesem Kapitel orientieren sich weitgehend an diesem Modell von Thurstone. Allerdings wurden die

Die sieben Dimensionen der Intelligenz nach Thurstone

Space	Raumvorstellung Beispiel: Gegenstände richtig drehen und wenden.
Verbal Fluency	Wortflüssigkeit Beispiel: Welche Vogelarten, die mit dem Buchstaben „S“ beginnen, können Sie aufzählen?
Verbal Comprehension	Sprachgefühl, d. h. das Erkennen von Nuancen Beispiel: Was ist der Unterschied zwischen den Begriffen „einsam“ und „allein“?
Number	Zahlengebundenes, rechnerisches Denken
Perceputal Speed	Wahrnehmungsgeschwindigkeit
Memory	Gedächtnis, Merkfähigkeit
Reason	Logisches, schlussfolgerndes Denken, Erkennen und Anwenden von Regeln Beispiel: Was haben Apfel und Orange gemeinsam?

Faktoren „Verbal Fluency“ und „Verbal Comprehension“ zum Punkt „Sprachgebundenes Denken“ zusammengefasst. „Memory“ (Gedächtnis) wird in einem eigenen Kapitel behandelt.

Im Normalfall werden nicht alle Intelligenzfaktoren bei einem Menschen gleichermaßen gut entwickelt sein. Es gibt isolierte Hochbegabungen, also Personen, bei denen nur eine einzige dieser Intelligenzdimensionen stark ausgeprägt ist.

Beispiele dafür kann man häufig in diversen Fernsehshows sehen.

So sind z. B. Rechenkünstler, die im Bruchteil von Sekunden die schwierigsten mathematischen Operationen durchführen, fast immer isolierte Hochbegabungen. Im Extremfall, d. h. wenn die restlichen Dimensionen sehr schlecht ausgeprägt sind, spricht man sogar von „Kalenderidioten". Der erste Mensch, bei dem ein solch extremes Intelligenzprofil wissenschaftlich beobachtet wurde, war tatsächlich schwachsinnig, allerdings konnte er zu jedem beliebigen Datum innerhalb kürzester Zeit den korrekten Wochentag berechnen.

Aber natürlich kann auch ein ansonsten hochbegabter und intelligenter Mensch seine Schwächen haben, d. h. eine Isolierte Minderbegabung aufweisen. Eine Dimension ist dann besonders schwach entwickelt, alle anderen gut.

Im Idealfall zeichnet sich der Intellekt eines Menschen dadurch aus, dass alle Intelligenzfaktoren möglichst gleichermaßen und natürlich gleichermaßen gut entwickelt sind. Man spricht dann auch von einem ausgewogenen Intelligenzprofil, bei dem alle Dimensionen gleich gut entwickelt sind.

Durch die Beschäftigung mit unseren Übungen sind Sie auf dem besten Weg zum ausgewogenen Intelligenzprofil. Nutzen Sie die Übungen in diesem Buch, um vorhandene Schwächen auszumerzen und Stärken weiter auszubauen!

Lässt sich Intelligenz trainieren?

Diese Frage hat wesentlich mehr als nur theoretische Bedeutung, wenn man vor einer Situation steht, in der ein Intelligenztest über wesentliche Entwicklungen im persönlichen Leben entscheidet. So verwenden heute immer mehr Firmen neben persönlichen Vorstellungsgesprächen auch standardisierte Tests, um etwas über die Eignung eines neuen Mitarbeiters zu erfahren. Dabei kann derselbe Test jedoch ganz unterschiedlich interpretiert werden. Geht es um einen Job, bei dem viel gerechnet wird, kann das Abschneiden im mathematischen Bereich besonders wichtig sein. Geht es hingegen um eine Arbeit, die Kommunikation erfordert, dann ist das sprachliche Ergebnis ausschlaggebend. Für alle, die solchen Situationen gegenüberstehen, hier zur Beruhigung noch einmal die Antwort: Ja, Intelligenz lässt sich trainieren. Und die Verbesserung von Testergebnissen sowieso!

Denn neben der tatsächlichen Fähigkeit, die gestellten Aufgaben zu lösen, was man durch Üben leicht trainieren kann, ist in einer Testsituation oft fast noch wichtiger, die eigentliche Frage der gestellten Aufgabe schnell zu erfassen. Weil sich z. B. hinter einer scheinbaren Mathematikaufgabe in Wirklichkeit oft eine Frage der Logik verbirgt oder hinter einer Sprach- oder Logikaufgabe ein Abfragen der Allgemeinbildung.

Hier ein Beispiel zur Verdeutlichung:

Welche Zahl gehört nicht dazu?
A: 1848 B: 1968 C: 1492 D: 1776

Auf den ersten Blick scheint es sich um eine Mathematikaufgabe zu handeln. Was könnte gefragt sein? Eine Regelmäßigkeit? Ein gemeinsamer Teiler? Nichts davon! Die wahre Aufgabe besteht hier darin zu erkennen, dass es sich um Jahreszahlen handelt. Nach diesem Sprung in die Logik gilt es zusätzlich, historisches Wissen zu aktivieren. Drei der Jahreszahlen stehen für berühmte Revolutionsjahre (1776 USA, 1848 Deutschland, 1968 CSSR) die vierte Zahl (1492) steht für die Entdeckung Amerikas durch Kolumbus und passt daher nicht dazu.

Es sind sicher nicht alle Aufgaben in Intelligenztests so kompliziert. Aber auch solche Dinge kommen eben durchaus vor.

Aufmerksamkeit und Lernfähigkeit

Zumeist bereitet der Aufbau der Tests durch langsame Steigerung der Schwierigkeit darauf vor, was eigentlich erwartet wird. Daher sind neben der eigentlichen Fähigkeit, die Aufgabe zu lösen, oft auch Qualitäten wie Aufmerksamkeit und Lernfähigkeit gefragt. Steht man den Fragen ruhig und gelassen gegenüber, gelingt es oft recht leicht, dem Erfinder des Tests auf die Schliche zu kommen, also ein System darin zu entdecken. Wer einmal verstanden hat, wie eine Aufgabe mit einem sich drehenden Würfel zu lösen ist, der wird sich bei der nächsten ähnlichen Aufgabe bereits um einiges leichter tun, auch wenn etwa die Drehrichtung eine andere ist.

Die beste Herangehensweise ist es also, Panik zu vermeiden, die gestellte Aufgabe mit kühlem Kopf zu analysieren, Negativgedanken wie „Das schaff ich NIE!“ zu vermeiden und sich dann zügig an die Lösung zu machen. Da viele Tests auch auf Zeit aufgebaut sind, hilft es, Aufgaben, die im Moment unlösbar erscheinen, zu überspringen und erstmal woanders weiterzumachen. Zum einen erhöht diese Vorgangsweise die Anzahl der gelösten Aufgaben, zum anderen stärkt sie das eigene Selbstvertrauen und führt so auch zum souveräneren Umgang mit den zuerst für zu schwer gehaltenen Fragen.

Wachsamkeit

Doch Achtung! Oft halten die Testmacher Fallen für jene bereit, die bereits glauben, alles durchschaut zu haben. So könnte auf die obige Aufgabe durchaus etwas später eine ähnliche folgen, die eine ganz andere Lösung erfordert:

> Beispiel:
> Welche Zahl gehört nicht dazu?
> A: 1111 B: 1557 C: 1960 D: 1735

Hier mag die eine oder andere Zahl tatsächlich auch eine historische Bedeutung haben, die richtige Antwort lautet aber C. Und zwar aus dem einfachen Grund, dass sie die einzige gerade unter lauter ungeraden Zahlen ist. Auch Wachsamkeit ist also eine Form von Intelligenz, die so nebenbei in vielen Tests den Ausschlag geben kann.

Die Übungen in diesem Kapitel werden Sie in die wichtigsten Testarten und Fragestellungen einführen. Sie können sie einfach nur so zum Spaß lösen oder aber auch als Vorbereitung auf einen Eignungstest benutzen. Wir wünschen jedenfalls viel Spaß dabei! Nach ein paar Aufwärmübungen geht es dann los, gegliedert nach den unterschiedlichen Arten der Intelligenz.

Aufwärmübungen

Übung 1

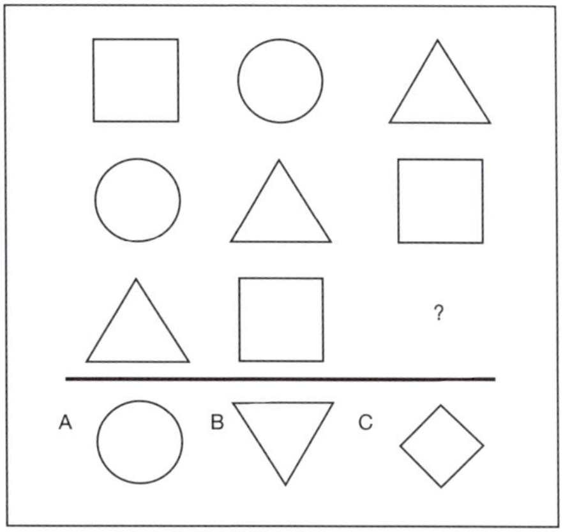

Welches Symbol gehört an die Stelle des Fragezeichens?

Übung 2

Q	Z	E	Q	Z
F	Q	Z	G	?

Welcher Buchstabe setzt die Reihe logisch fort?

Übung 3

7 9 11 13 15 17 ?

Welche Zahl ist die nächste in der Reihe?

Übung 4

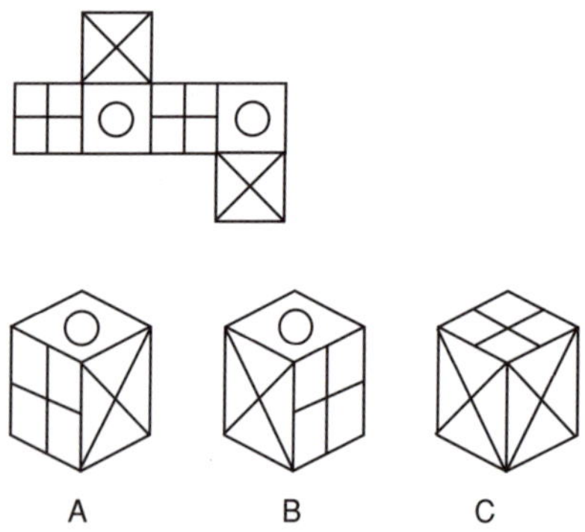

Welcher Würfel entspricht nicht dem Netzplan?

Übung 5

A B A C A D A E A ?

Welcher Buchstabe gehört an die Stelle des Fragezeichens?

Übung 6

NEPLA
A: Gebirge
B: Land
C: Teil Europas

Zu welcher Kategorie gehört das vermischte Wort nicht?

Übung 7

5	(5)	10
7	(.)	15

Welche Zahl gehört in die Klammer?

Übung 8

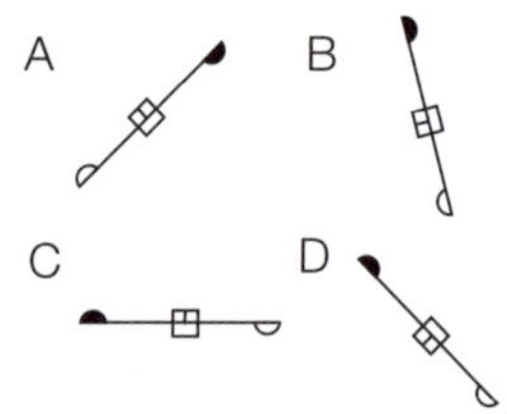

Welches Symbol passt nicht dazu?

Übung 9

Alles was Flügel hat ...
A: ... springt.
B: ... stinkt.
C: ... fliegt.
D: ... wird auch gerupft.

Ergänzen Sie diesen Ausspruch.

Übung 10

P + (etwas Entdecktes) = Gewichtsmaß

Welches Wort gehört in die Klammer?

a) Logisches Denken

Im Grunde geht es bei fast jeder denkbaren Aufgabe, die einem Menschen gestellt werden kann – egal ob es darum geht, einen Nagel einzuschlagen oder ein Rätsel zu lösen – in irgendeiner Weise um logisches Denken. Wer etwa versucht, einen Nagel mit dem Holzstiel des Hammers einzuschlagen, der handelt unlogisch. Gerade im Bereich von Intelligenztests benötigt man zum Lösen praktisch jeden Problems zuerst einmal eine gehörige Portion Logik – meistens, um herauszufinden, was bei der Aufgabe eigentlich wirklich gefragt ist. Im engeren Sinne versteht man unter Logikaufgaben aber solche, bei denen aufgrund von präsentierten Fakten logische Schlüsse gezogen werden müssen. Ein klassisches Beispiel sind Aufgaben, bei denen aus einer Vielzahl ähnlicher Gesichter oder Formen diejenigen herauszufinden sind, die nicht dazu passen. Die Erweiterung dieser Art von Aufgaben besteht dann darin, logisch aufgebaute Reihen logisch zu ergänzen. Da in vielen Fällen eine bestimmte, eher mathematisch orientierte Logik gesucht wird, kreative und ästhetische Lösungen („Dieses Gesicht gehört nicht dazu, denn es ist viel hässlicher als die anderen") aber als falsch gelten, sollten Sie sich mithilfe dieses Kapitels mit der Art und dem Aufbau solcher Testfragen vertraut machen. Hier noch ein paar Tipps für die einzelnen Bereiche:

Visuelle Logik

Bei den folgenden Übungen geht es zumeist darum, in einer Reihe von Figuren oder geometrischen Formen, die auf den ersten Blick sehr unterschiedlich wirken, einen gemeinsamen Zusammenhang zu erkennen und daraus weitere Schlüsse zu ziehen. In manchen Fällen geht es auch um das genaue Hinsehen oder um die Fähigkeit, in einer Form mehrere zu erkennen (Dreiecks- und Vierecksaufgaben).

Es geht fast immer darum, Ähnlichkeiten in der Form oder Struktur der vorgegebenen Figuren zu erkennen oder auf verschiedene Art zu deuten. Lassen Sie sich also nicht von dem Gesamtbild der Aufgabe ablenken, sondern konzentrieren Sie sich auf Details. Gesichter etwa sind aus Teilen aufgebaut (z. B. Ohren, Münder ...), vermischte Figuren und Gruppen aus einzelnen geometrischen Symbolen. Vergleichen Sie diese Teile. Wie viele sind es? Wie verhalten sie sich zueinander in Größe, Form etc.? Lesen Sie auch die Auflösungen genau durch und vergleichen Sie Ihre Ergebnisse damit. Denn es geht darum zu verstehen, wieso eine Lösung die richtige ist.

Denkspiele

Die wichtigste Regel bei Textaufgaben ist, dass die Lösung immer in den präsentierten Elementen liegt. Versuchen Sie nicht, noch etwas dazuzuerfinden. Verwenden Sie nur das, was da ist, und ziehen Sie daraus logische Schlüsse. Bei Gruppen von Worten geht es immer um eine Übereinstimmung. Diese kann inhaltlich sein, in einer bestimmten Qualität liegen oder aber auch darin bestehen, aus wie vielen Buchstaben die Worte zusammengesetzt sind. Versuchen Sie daher immer mehrere Lösungsansätze und verbeißen Sie sich nicht in eine bestimmte Richtung, auch wenn sie noch so sinnvoll erscheint. Bei den Buchstabenreihen empfiehlt es sich, das Alphabet geistig durchzugehen oder am besten irgendwo zu notieren.

Übung 11

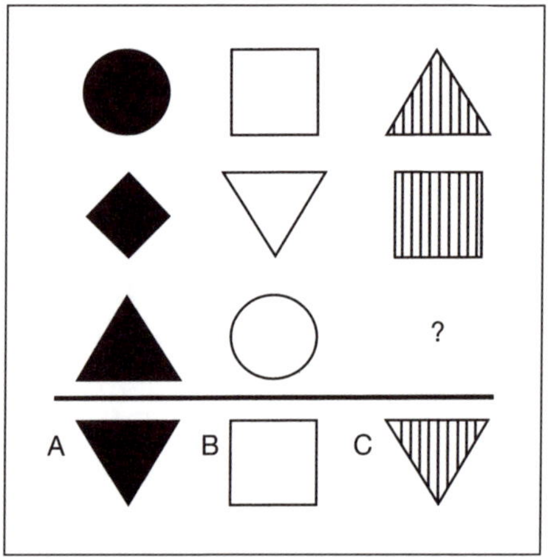

Welche Figur setzt die dritte Reihe fort?

Übung 12

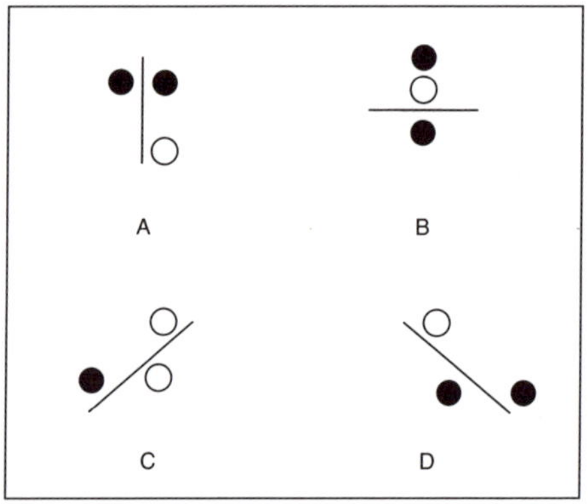

Welche der Figuren gehört nicht zu den anderen?

Übung 13

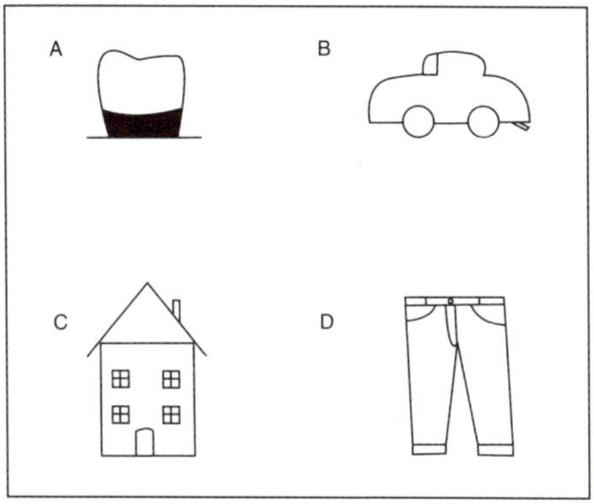

Welche der Figuren gehört nicht zu den anderen?

Übung 14

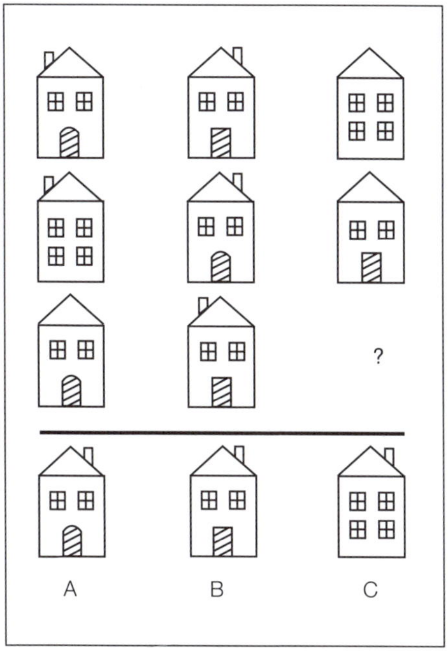

Welches Haus fehlt?

Übung 15

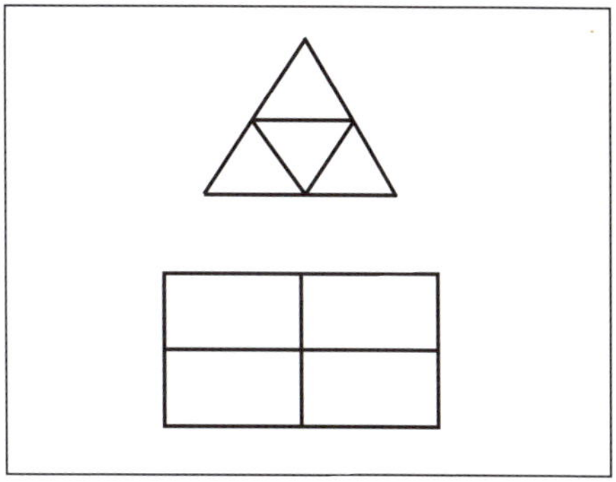

Wie viele Dreiecke und Vierecke kann man hier erkennen?

Übung 16

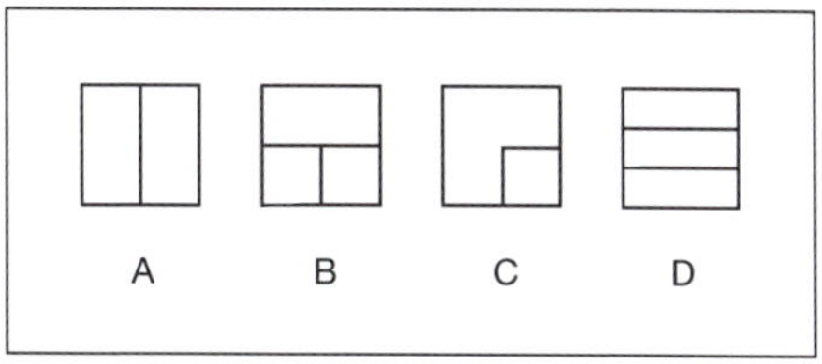

Welche Figur enthält die meisten Quadrate?

Übung 17

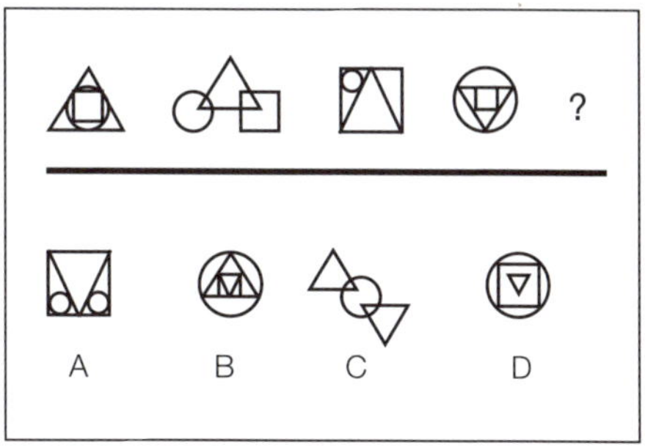

Welche Figur passt zu den oberen?

Übung 18

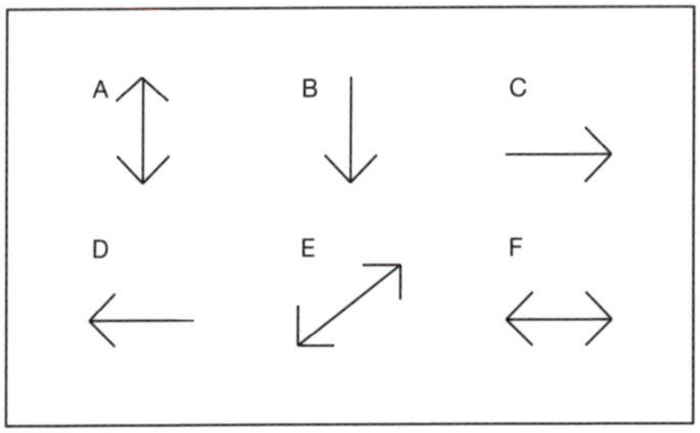

Welcher Pfeil passt nicht zu den anderen?

Übung 19

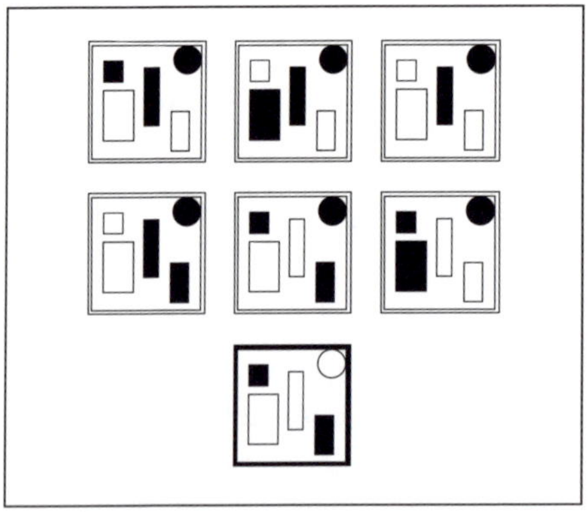

Welches der oberen Negative passt zu dem unteren Positiv?

Übung 20

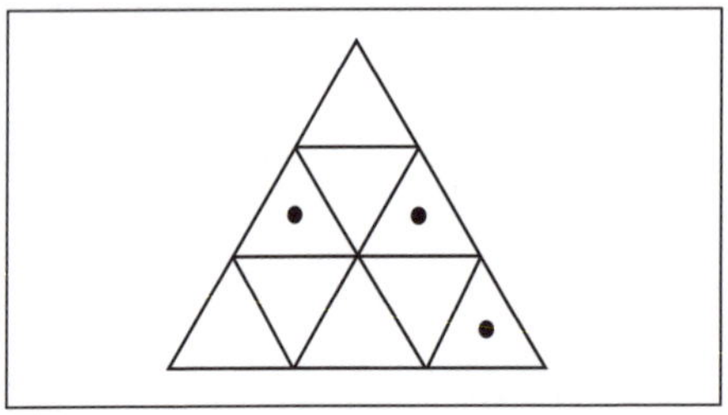

Wie viele gleichseitige Dreiecke, die mindestens 1 Punkt enthalten, sind hier zu sehen?

Übung 21

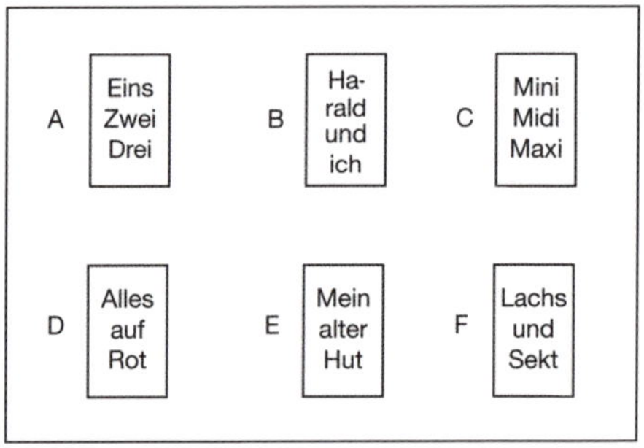

Welcher Buchtitel passt nicht zu den anderen?

Übung 22

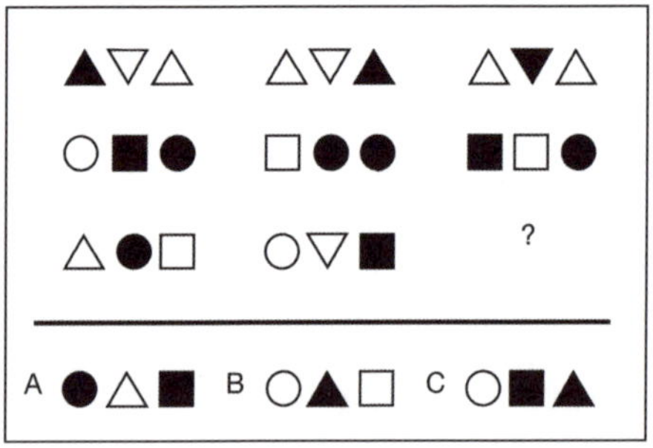

Welche Figurenkombination fehlt in der dritten Zeile?

Übung 23

Im Zirkus. Der Clown tritt auf und fällt hin, alle Zuschauer fangen an zu lachen. Nachdem er aufgestanden ist, stolpert er über einen Eimer, wieder lachen alle Zuschauer. Schließlich läuft der Clown gegen einen Pfosten, alle Anwesenden lachen, bis auf Erich. Wieso?

Lesen Sie die Geschichte aufmerksam und vielleicht auch mehrmals durch, und beantworten Sie anschließend die Frage!

Übung 24

Rudolf sitzt in einem Restaurant und isst zu Abend. Bei der Vorspeise sieht er aus dem Fenster und sieht eine große Kirche. Bei der Hauptspeise sieht er aus demselben Fenster und sieht einen dunklen Wald. Bei der Nachspeise blickt er noch einmal durch dasselbe Fenster und sieht ein großes Kraftwerk. Wie ist das möglich?

Lesen Sie die Geschichte aufmerksam und vielleicht auch mehrmals durch, und beantworten Sie anschließend die Frage!

Übung 25

Z A Y A X A W A ?

Welcher Buchstabe setzt die Reihe logisch fort?

Übung 26

a) Behauptung: Alle Häuser sind Frösche. Alle Frösche sind Hunde.
Schlussfolgerung: Deshalb sind alle Häuser Hunde.
Stimmt oder stimmt nicht?

b) Alle Elefanten können fliegen. Alle Riesen sind Elefanten. Also können Riesen fliegen.
Stimmt oder stimmt nicht?

c) Einige Tomaten sind Autos. Einige Autos spielen Klavier. Also spielen einige Tomaten Klavier.
Stimmt oder stimmt nicht?

d) Niemand, der unter 2 m groß ist, kann Bundeskanzler werden. Alle Menschen sind 1,50 m groß. Deshalb kann niemand Bundeskanzler werden.
Stimmt oder stimmt nicht?

Jetzt geht es darum, dass Sie unabhängig von der Realität aus den vorgegebenen Annahmen die richtigen Schlussfolgerungen ziehen.

Übung 27

HAI FLUNDER KREBS
FLUNDER
ROBBE SEEIGEL

Welches Wassertier passt nicht zu den anderen? Warum?

Übung 28

Maria legt sich zu Mittag auf ein Nickerchen hin. Sie bleibt die ganze Zeit still auf dem Rücken liegen und dreht auch den Kopf kein einziges Mal. Aber als sie einmal blinzelt, sieht sie das Nachbarhaus links, als sie nochmals blinzelt, sieht sie das Nachbarhaus rechts. Und als sie zum dritten Mal blinzelt, sieht sie ein Flugzeug. Wie geht das?

Lesen Sie die Geschichte und beantworten Sie anschließend die Frage!

Übung 29

OZON SAUERSTOFF NEON
WASSERSTOFF GOLD
KOHLENSTOFF

Welches Wort passt nicht zu den anderen?

Übung 30

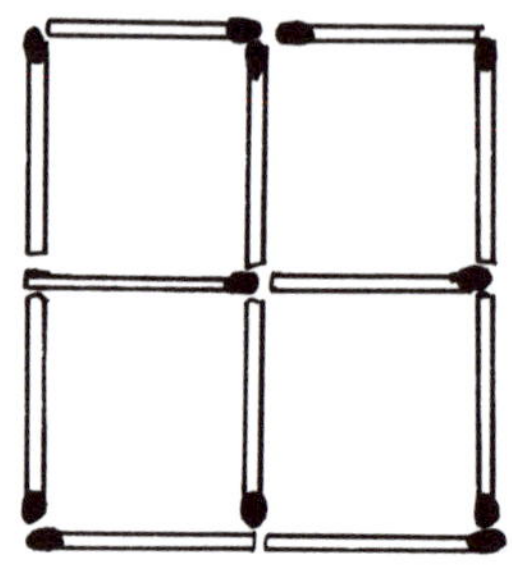

Legen Sie genau drei Streichhölzer so um, dass drei Quadrate von der gleichen Größe entstehen.

Übung 31

Marcus hat einen Bauernhof, auf dem fleißig gearbeitet wird. Aber Marcus arbeitet nicht selber, auch nicht seine Frau oder jemand anderer aus seiner Familie. Er hat auch keine Angestellten, keine Gehilfen, keine Roboter oder andere automatische Maschinen, keine Freunde, Bekannten, die gratis für ihn arbeiten. Er hat den Hof auch nicht verpachtet oder vermietet, jemandem geborgt oder geschenkt. Auch Magie und übersinnliche Kräfte sind nicht im Spiel. Dennoch wird Getreide gesät, Gemüse angebaut, gegossen, gejätet und geerntet. Wie kann das sein?

Lesen Sie die Geschichte und beantworten Sie anschließend die Frage.

Übung 32

A C B D C ?

Welcher Buchstabe folgt?

Übung 33

> In einem leeren Zimmer wird ein Mann an der Lampe aufgehängt, mit den Fußspitzen ca. einen Meter über dem Boden baumelnd, tot aufgefunden. Der fensterlose Raum war von innen verschlossen – das Schloss hat nur nach innen ein Schlüsselloch. Im gesamten Raum und weder an noch in dem Mann wurde ein Schlüssel gefunden. Ebenso fehlte jeder Hinweis auf eine Leiter, Kiste oder Ähnliches, mit dem der Mann die Schlinge an der Lampe hätte befestigen können. Auch war das Seil für einen „Lassowurf" zu kurz. Einzig unter den Füßen des Toten und unterhalb des Türschlosses fand sich je eine Wasserlache. War es Mord oder Selbstmord? Wie wurde er ausgeführt?

Lesen Sie die Geschichte und beantworten Sie die Fragen!

Übung 34

> BARREN AU PUNZE
> NATIONALBANK
> Katzengold Stein der Weisen
> Buntstift

Welches der unteren Wörter passt zu den oberen?

b) Räumliches Denken

Bei den folgenden Übungen geht es im Wesentlichen darum, sich meist dreidimensionale Figuren und Vorgänge im Kopf vorzustellen. Ist der jeweilige Gegenstand in seiner Form einmal erfasst, muss man ihn im Geist drehen und bewegen, um die jeweilige Aufgabe lösen zu können. Dabei geht es weniger um geometrische Kenntnisse als um den Einsatz Ihrer Vorstellungskraft. Auch bei den Legeaufgaben kommt es mehr darauf an, die Figur in ihrer Gesamtheit zu erfassen und daraus die nötigen Schlüsse zu ziehen, als darauf, durch Probieren eine Lösung mehr oder weniger zufällig zu finden.

Die Aufgaben im Bereich des räumlichen Denkens sind im Grunde ebenfalls Logikaufgaben. Allerdings wird hier ein anderer Gehirnbereich gefordert. Die Fähigkeit, räumlich zu denken, wird zum Teil ererbt, zum Teil in recht frühem Kindesalter erworben. So weiß man, dass Menschen, die vor ihrem sechsten Lebensjahr nur im Flachland gelebt haben, größte Orientierungsschwierigkeiten in bergigen Regionen haben. Gleichermaßen verirren sich in Bergen aufgewachsene Menschen sehr leicht im flachen Land. Doch abgesehen davon ist die hier geforderte räumliche Vorstellungskraft etwas, was wir auch im täglichen Leben im Umgang mit ganz alltäglichen Gegenständen stets benötigen und auch benutzen. Denn auch eine Milch- oder Orangensaftpackung ist ein Quader, und wenn wir auf der Packung Frühstücksflocken nach den Ingredienzien oder dem Ablaufdatum suchen, dann verwenden wir unser räumliches Denken.

Was die folgenden Aufgaben aber etwas schwieriger macht, ist die Abstraktion dieser Fähigkeit, d. h. die Reduzierung auf geometrische Formen, die mit willkürlichen Zeichen versehen sind. Es geht also auch diesmal darum, zuerst die Scheu oder Angst vor scheinbar Schwerem, Neuem und Unbekanntem abzubauen, bevor man sich an die Lösung macht.

Ist diese Schwelle einmal überwunden, sollte man wieder mit Logik an die Sache herangehen, um etwa herauszufinden, wie sich ein Würfel nun zwischen Schritt 1 und 2 bewegt hat und was das für die nächsten Schritte bedeutet.

Hier noch einige Tipps für die einzelnen Bereiche:

Räumliche Vorstellung

Sollte Ihnen die Arbeit mit Würfeln und anderen geometrischen Objekten ganz unvertraut sein, dann nehmen Sie doch einmal einen normalen Spielwürfel zur Hand und betrachten Sie ihn genau. Drehen Sie ihn entlang seiner verschiedenen Achsen. Fügen Sie auch mehrere Würfel auf verschiedene Arten aneinander, um zu erforschen, wie viele Flächen und Kanten dann noch zu sehen sind. Auf diese Art machen Sie sich mit den räumlichen Formen vertraut.

Bei den Legeaufgaben sollten Sie zuerst versuchen, die Lösung im Kopf zu finden. Konzentrieren Sie sich auf größere und kleinere Einheiten und auf Formen innerhalb anderer Formen. Bemühen Sie sich, flexibel in Ihrer Vorstellungskraft zu sein. Sollte es Ihnen dennoch nicht gelingen, verwenden Sie echte Streichhölzer oder Skizzen, bevor Sie die Lösung nachschlagen.

Räumliche Zuordnung

Sollten Sie tatsächlich große Schwierigkeiten haben, sich Dinge räumlich vorzustellen, dann zerlegen Sie den Gegenstand. Denn auch mit einer zweidimensionalen Logik lassen sich die Aufgaben oft sehr leicht lösen. Wenn etwa ein Buchstabe auf einer Würfelfläche mit seiner Unterseite zu dem auf der nächsten Seite weist, so muss das immer so bleiben, egal wie der Würfel im Raum gedreht wird. Es gilt also folgende Regel: Steht ein A im Netzplan aufrecht neben einem B, dann kann die Spitze des A auch auf der Würfeloberfläche nie auf das B weisen. Durch dieses Umdenken lassen sich auch Netzplanaufgaben lösen, ohne die Figur dreidimensional zu sehen. Alternativ oder ergänzend kann man vor oder nach dem Lesen der Lösungen, die Aufgabe auch praktisch ausprobieren: Bekleben Sie dazu einfach einen Würfel mit Papier und notieren Sie sich die Symbole auf seinen Seiten. Durch Drehen und Wenden des Würfels können Sie nun das Verhalten des Objektes im Raum leichter nachvollziehen, Ihre Vorstellungskraft trainieren und schwierige Aufgaben leichter lösen.

Übung 35

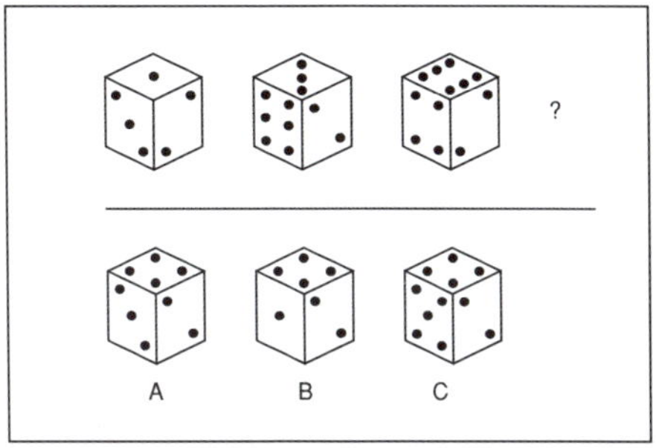

Welcher Würfel folgt?

Übung 36

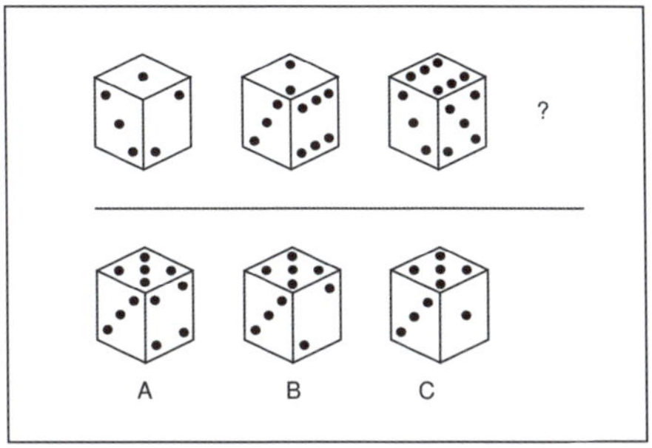

Welcher Würfel folgt?

Übung 37

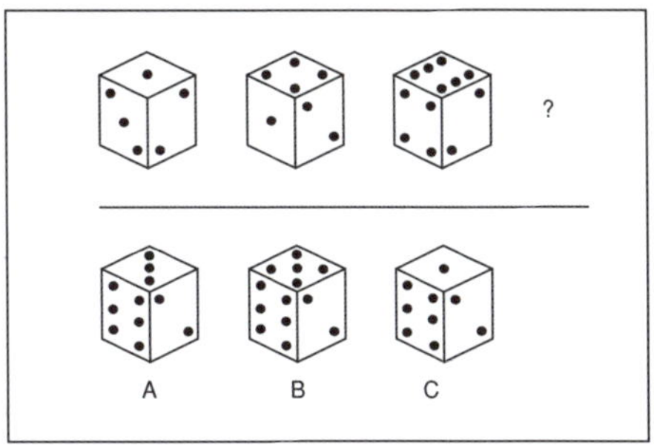

Welcher Würfel folgt?

Übung 38

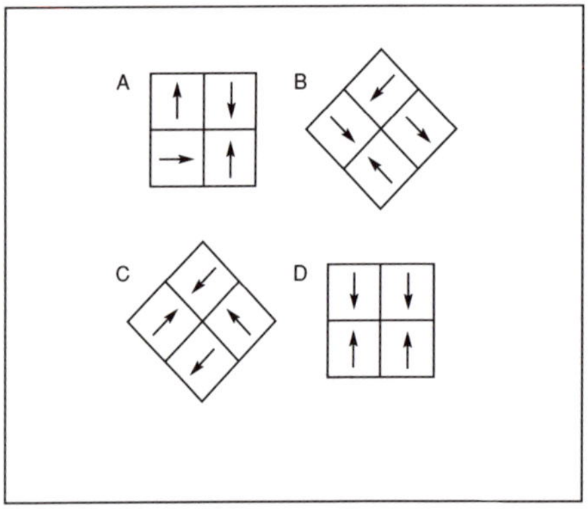

Welche Figur passt nicht dazu?

Übung 39

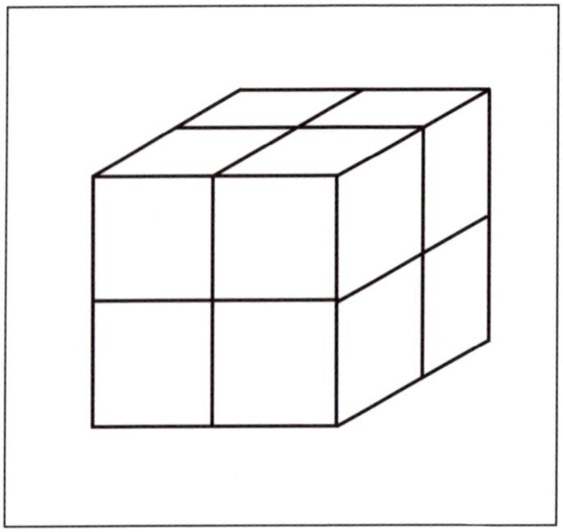

Stellen Sie sich einen großen Würfel vor, der aus acht gleich großen, kleineren Würfeln zusammengesetzt ist (siehe Skizze). Beantworten Sie nun, ohne weiter auf die Skizze zu sehen, die folgende Frage: Wie viele kleine Quadrate liegen nicht an der Außenseite?

Übung 40

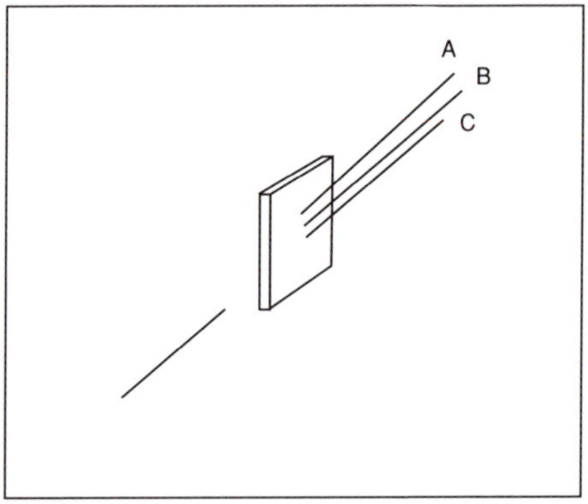

Welche der drei Linien setzt sich in der linken fort?

Übung 41

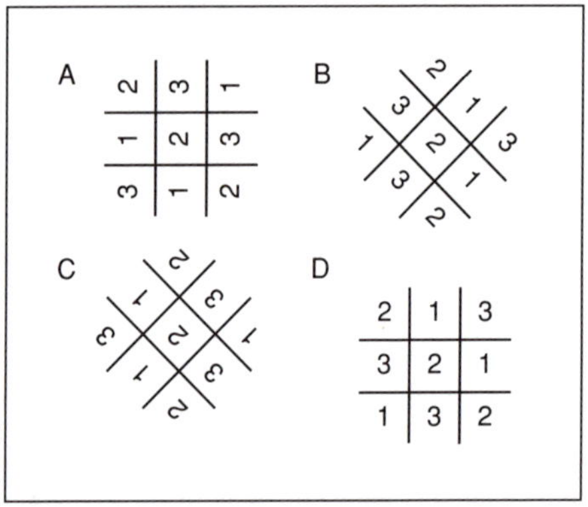

Welche Figur passt nicht zu den anderen?

Übung 42

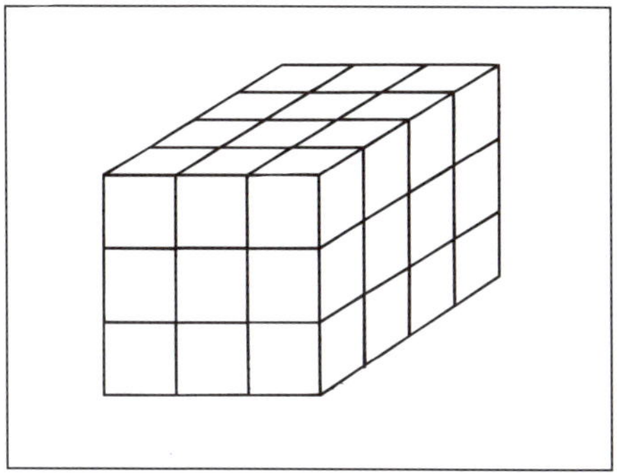

Stellen Sie sich einen Quader vor, der aus 36 gleichartigen kleinen Würfeln zusammengesetzt ist (siehe Skizze). Beantworten Sie nun, ohne weiter auf die Skizze zu sehen, die folgenden Fragen:

a) Aus wie vielen kleinen Quadratflächen besteht der Quader nach außen hin?
b) Kreuzen sich die Diagonalen des Quaders in einem rechten Winkel?
c) Wie viele Würfel haben gar keine Fläche nach außen?
d) Wie viele Ecken haben alle Würfel zusammen?
e) Wie viele (regelmäßige) Würfel bestehend aus acht kleinen Würfeln lassen sich aus dem Block lösen (kein Umgruppieren der kleinen Würfel möglich!)
f) Wenn man die nur innen gelegenen Würfel herausnimmt, wie viele Ecken hat dann der Hohlraum?

Übung 43

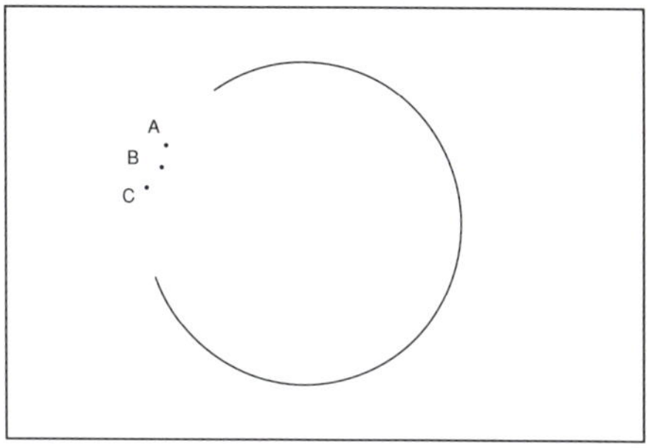

Durch welchen Punkt führt der Kreis?

Übung 44

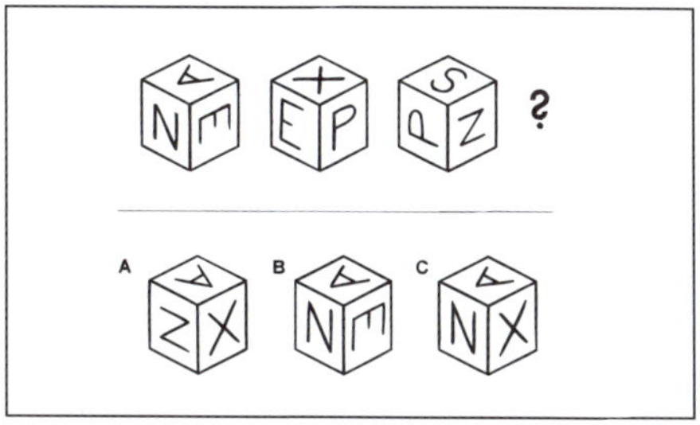

Welcher Würfel setzt die Reihe fort?

Übung 45

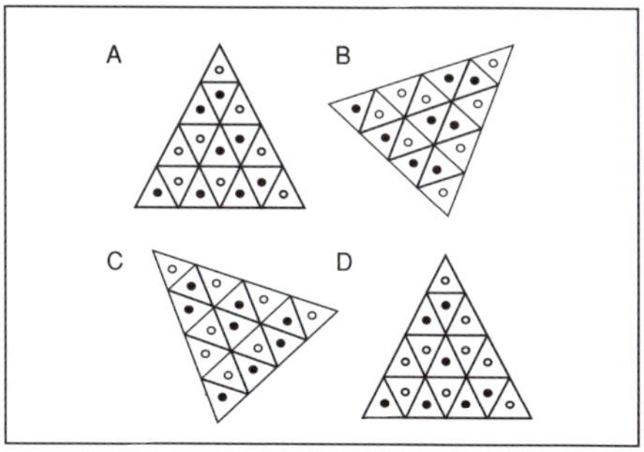

Welche Figur passt nicht dazu?

Übung 46

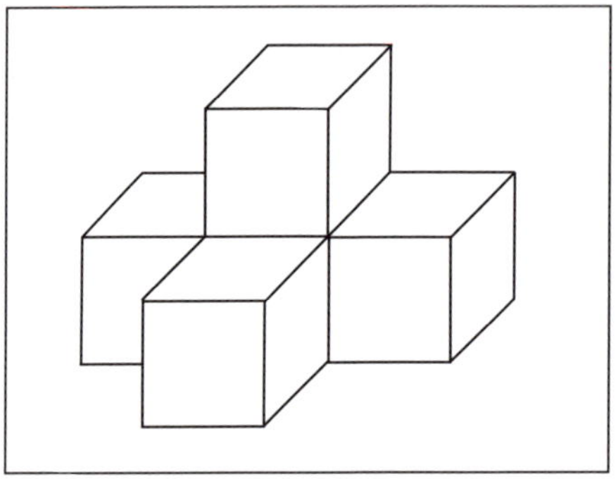

Die abgebildeten Würfel sind an den Außenseiten bemalt, nicht aber an den Flächen, an denen sie sich berühren. Wie viele Quadrate sind insgesamt bemalt?

Übung 47

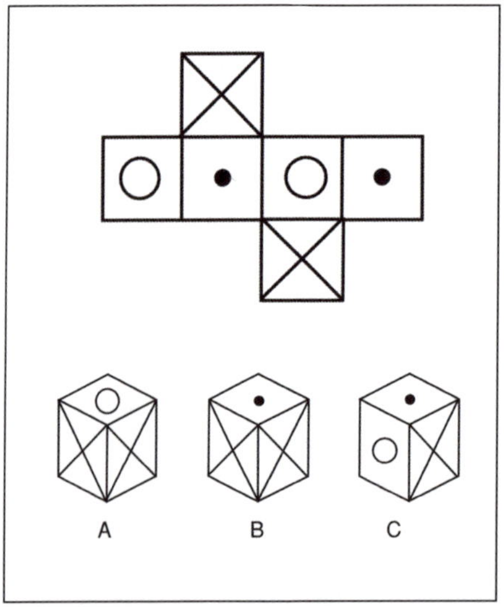

Welcher Würfel entspricht dem Netzplan?

Übung 48

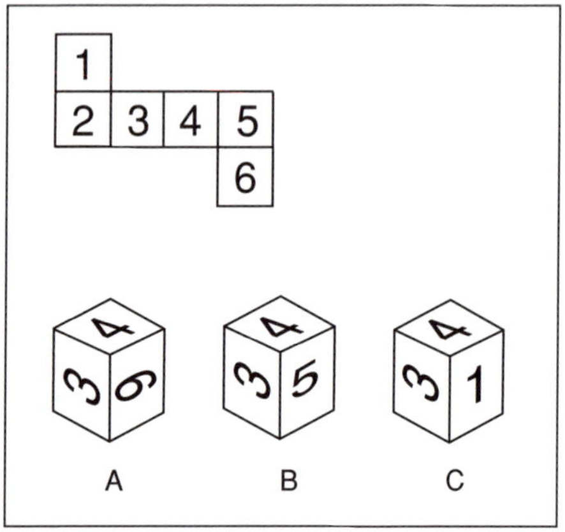

Welcher Würfel entspricht dem Netzplan?

Übung 49

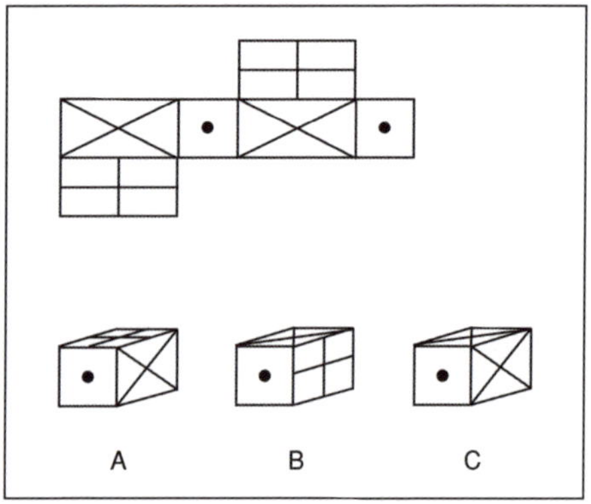

Welcher Quader entspricht nicht dem Netzplan?

Übung 50

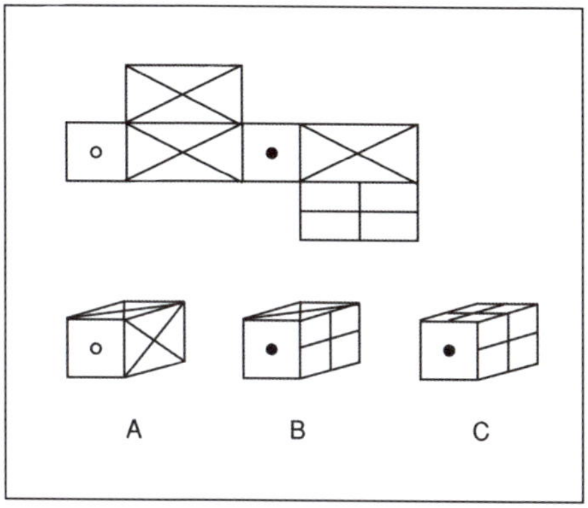

Welcher Quader entspricht nicht dem Netzplan?

Übung 51

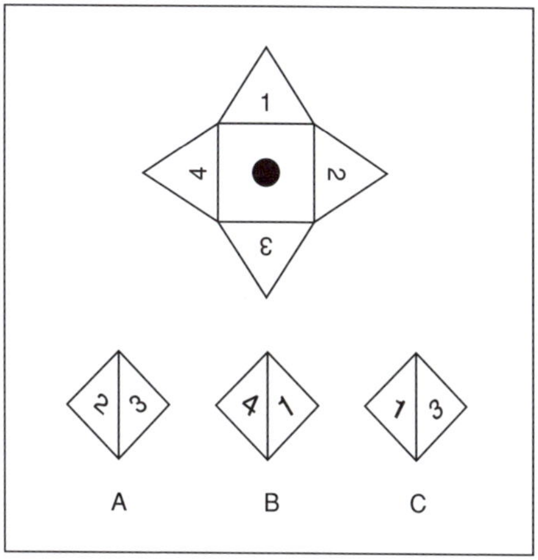

Welche Pyramide entspricht nicht dem Netzplan?

Übung 52

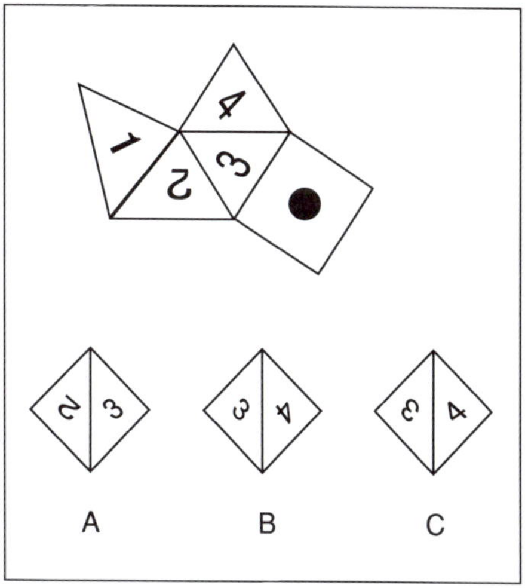

Welche Pyramide entspricht nicht dem Netzplan?

Übung 53

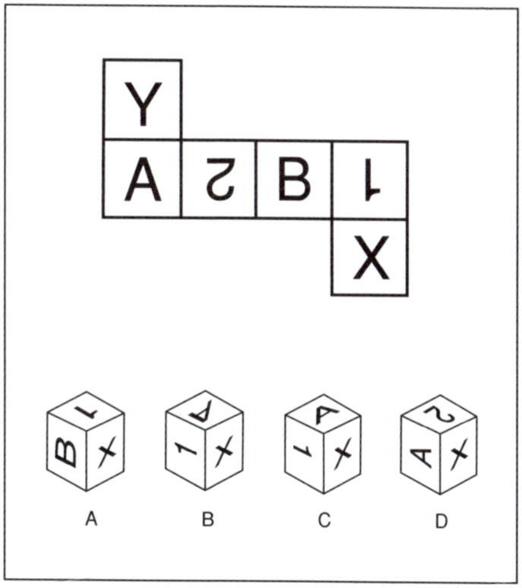

Welcher Würfel entspricht nicht dem Netzplan?

Übung 54

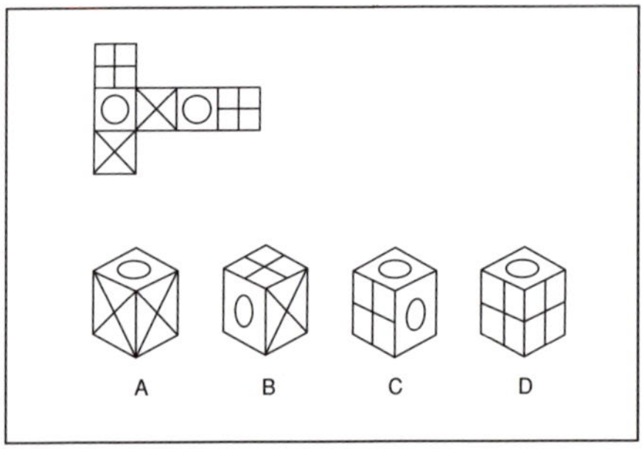

Welcher Würfel entspricht nicht dem Netzplan?

Übung 55

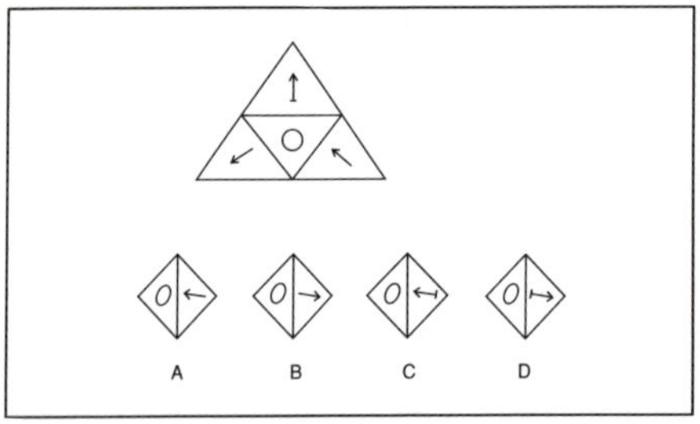

Welches Tetraeder entspricht nicht dem Netzplan?

Übung 56

Welches Würfelabbildung stammt nicht vom selben Würfel wie die anderen drei?

Übung 57

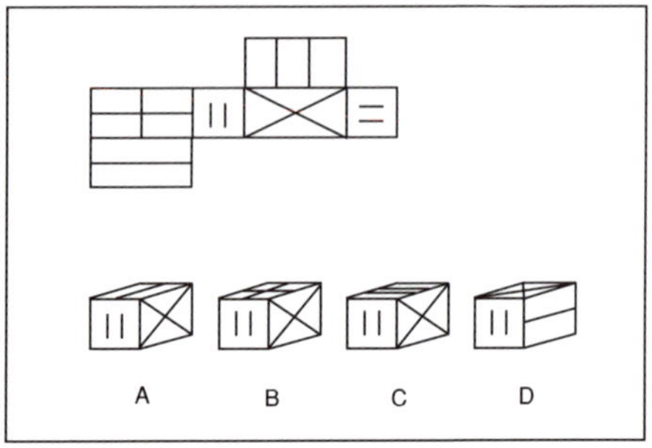

Welcher Quader passt zum Netzplan?

Übung 58

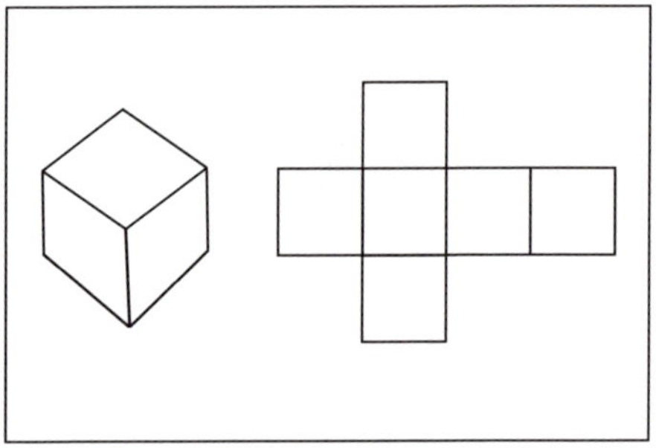

Neben der klassischen Methode gibt es noch zehn weitere Möglichkeiten, einen Würfel als Netzplan darzustellen. Welche? (Die Aufgabe sollte mit Papier und Bleistift gelöst werden.)

c) Sprachgebundenes Denken

Die Testaufgaben zum Bereich der sprachlichen Intelligenz sind nicht wie die vorhergehenden Kapitel in verschiedene Bereiche unterteilt. In den Aufgaben geht es oft zunächst wieder darum, herauszufinden, wie die Aufgabe eigentlich aufgebaut ist. Hier ein Überblick über die Art der gestellten Fragen:

1. Wortmix: Zuerst müssen die verschiedenen Buchstaben korrekt zusammengesetzt werden, bevor die Aufgabe teilweise mit Allgemeinwissen gelöst werden kann.
2. Sprichworte/Redewendungen: Hier müssen Redewendungen korrekt ergänzt werden.
3. Klammeraufgaben: Hier geht es manchmal um zusammengesetzte Wörter, manchmal um das „Basteln" mit Buchstaben und Synonymen (Wörter mit gleicher oder ähnlicher Bedeutung).
4. Verhältnisaufgaben: Diese Aufgaben suchen nach einem bestimmten inneren Zusammenhang der vorgestellten Wörter.
5. Textaufgaben: Textaufgaben weisen auf eine Verbindung der Sätze hin, die sprachlich, qualitativ, inhaltlich oder aber auf die Schreibweise bezogen sein kann.

Gerade in den Sprachaufgaben von Intelligenztests mischen sich die Anforderungen besonders häufig. Fast immer ist Allgemeinwissen, Sprachgefühl oder die Fähigkeit, mathematisch mit dem Alphabet zu spielen, gefragt und natürlich muss das alles erst einmal logisch erschlossen und verbunden werden. Dennoch haben viele Leute gerade an den Sprachaufgaben besonders viel Spaß. Kein Wunder, verwenden wir doch täglich gesprochene und geschriebene Sprache und hören wir doch fast täglich in Radio oder Fernsehen Neues, das unseren Wortschatz und unseren Umgang mit Sprache erweitert. Außerdem erhalten sich viele Menschen die spielerische Freude an der Sprache, die jedes Kind beim Erlernen der sprachlichen Kompetenz hat und durch Reime, Wortspiele und Verballhornungen ausdrückt. Zahlreiche Rätselhefte, Kreuzworträtsel in Zeitungen und Aufgaben in beliebten Fernsehshows sind nur einige der beredten Zeugen für dieses Phänomen. Doch Achtung: Obwohl viele Leute an diese Art von Test besonders locker und spielerisch herangehen, so lauern auch hier Gefahren und Fallen, die die Testmacher nur allzu gerne einbauen. Hier noch ein paar Tipps:

Wortmix

Der Wortmix ist eine besonders häufige Form der Aufgabenstellung. Oft hilft es hier, genau zu lesen, was eigentlich gesucht wird. Sind die gemixten Buchstaben etwa Vogelnamen, dann ist es günstig, sich während des Tüftelns an den vermischten Buchstaben einige Vogelarten innerlich vorzusagen. Die Identifikation der Wörter fällt dann viel leichter. Ist das dazu passende Wort gefunden (z. B. ein Fisch unter Vögeln), dann sollte man bei Tests mit Zeitbeschränkung möglichst gleich zur nächsten Aufgabe übergehen, da es sehr unwahrscheinlich ist, dass der gefundene Fisch durch neuerliches Mixen vielleicht doch noch zum Vogel wird und die Antwort somit woanders liegt. Bei den vorliegenden Übungen empfiehlt es sich jedoch, möglichst alle Worte zu „entschütteln".

Sprichwörter/Redensarten

Sprichwörter sind eine gute Gelegenheit, auf Ihr Gefühl zu vertrauen. Oft beinhalten Sprichwörter nämlich alte Grammatik und Rechtschreibung, die heute nicht mehr ganz korrekt ist. „Richtiges Deutsch" muss deswegen nicht unbedingt die richtige Antwort sein.

Klammeraufgaben

Versuchen Sie, möglichst schnell herauszufinden, ob es bei der Aufgabe um Synonyme oder Buchstabenbasteleien geht. Das ist meistens aus der Form der Aufgabe leicht zu ersehen. Geht es um Synonyme, also um Wörter, die ähnliche oder identische Bedeutungen haben, dann beginnen Sie, frei zu assoziieren. Wird beispielsweise ein Synonym für „Fahrzeug" gesucht, sollten Sie sich möglichst viele Fahrzeuge, auch scheinbar absurde, geistig überlegen. Das kurbelt Ihr Gehirn für weitere Assoziationen an. Geht es um Buchstabenmathematik, so hilft das Durchgehen oder vorherige Aufschreiben des Alphabets.

Verhältnisaufgaben

Hier ist Fantasie gefordert! Was hat eine Fledermaus mit einem Luftballon zu tun? Nun, beide fliegen! Erdbeeren und Blut sind beide rot, während ein Mixer und Feuer der Nahrungszubereitung dienen. Die Ähnlichkeit kann auf ganz verschiedenen Gebieten liegen. Analysieren Sie also die vorgegebenen Antworten, um abzuschätzen, worin die Ähnlichkeit besteht.

Textaufgaben

Hier geht es wieder darum, eine bestimmte Form der Übereinstimmung zu finden. Zwar kann es sich dabei wie bei den Klammeraufgaben um inhaltliche oder qualitative Zusammenhänge handeln, die „Buchstabenmathematik“ dominiert aber. Suchen Sie also besonders nach Übereinstimmungen in Anfang und Endbuchstaben, in Vokalen und in der Anzahl der Buchstaben bei den auffälligen Worten. Dabei hilft Ihnen sicher wieder ein geschriebenes Alphabet.

Übung 59

ANES	NOMD
NUMD	EHZE
SLAH	RHAA

Welches vermischte Wort bezeichnet kein Körperteil?

Übung 60

Je später der Abend, desto schöner ...

A: ... die Reste.
B: ... die Paläste.
C: ... der Mond.
D: ... die Gäste.

Übung 61

RETJUIP
A: HIMMELSKÖRPER
B: STERNE
C: PLANETEN

Zu welcher Kategorie gehört das obige vermischte Wort nicht?

Übung 62

a) Tanz
Leine, Ball, Spiel, Wurst
b) Baum
Wiese, Wurzel, Boden, Strahl
c) Strom
Leitung, Schlag, Mond, Strahl
d) Heft
Bleistift, Papier, Eintrag, Ordner
e) Apfel
Teller, Mus, Essen, Kern
f) Buch
Getränk, Seite, Papier, Tasse
g) Puppe
Kleid, Spiel, Kind, Gold
h) Essen
Gabel, Suppe, Raum, Baum
i) Computer
Schrift, Menu, Kabel, Leine
j) Alkohol
Getreide, Maische, Suppe, Gewicht

Welche Wörter der unteren Zeile stehen mit dem darüber stehenden Wort in einem Zusammenhang?

Übung 63

Rück-(.....) -Schuh

Welche neuen Wörter ergeben sich jeweils mit dem linken Wortteil als Anfang sowie dem rechten als Ende?

Übung 64

UTAO
SUB
ROTOMARD
ARFHARD
POMED

Welches Fahrzeug gehört nicht dazu?

Übung 65

B + (Nachtvogel) = Delle

Welches Wort gehört in die Klammer?

Übung 66

F –
S –
SCHN – (…)
KL –
T –

Welche Buchstaben fehlen, damit sich mit den Anfangsbuchstaben jeweils sinnvolle Wörter ergeben?

Übung 67

L + (Vorname) = Glücksspiel

Welches Wort gehört in die Klammer?

Übung 68

a) NEBEL – REGEN
b) RING – BROSCHE
c) MOTORRAD – FAHRRAD
d) HAMMER – BOHRER
e) ANZUG – BLUSE
f) KIRSCHE – PFLAUME
g) ELBA – HELGOLAND
h) FÜLLER – BLEISTIFT
i) ESCHE – TANNE
j) POLEN – UNGARN

Fassen Sie die Begriffe in einer Zeile zu einem Oberbegriff zusammen. Beispiel: Uranus – Neptun: Planeten

Übung 69

Hunger (Gerhard) Harddisc
Uhrblatt (.........) Goldmünze

Welches Wort fehlt in der Klammer?

Übung 70

ELODRAP
A: Allesfresser B: Katze
C: Raubtier

Zu welcher Kategorie gehört das obige vermischte Wort nicht?

Übung 71

NHAESN
TRIMAN
GROHLE
RIITGB
DIWGUL

Welches vermischte Wort ist kein männlicher Vorname?

Übung 72

F –
R –
ST –
SCHL – (...)
GEN –
K –
M –

Welche Buchstaben fehlen in der Klammer, die in Kombination mit den linken Buchstaben jeweils sinnvolle neue Wörter ergeben?

Übung 73

Das Hasenpanier ...
A: ... erlegen
B: ... ergreifen
C: ... erschießen
D: ... ergattern

Wie heißt es richtig?

Übung 74

Gammler (Teer) Filet
Rente (....) Rinne

Welches Wort gehört in die Klammer?

Übung 75

CCTEKHSI
A: Möbel B: Fahrzeug
C: Blumen

Zu welcher Kategorie gehört das gemixte Wort?

Übung 76

ERPEL verhält sich zu ENTE wie...
A: ... WIEDEHOPF zu WACHTEL
B: ... LÖWE zu TIGER
C: ... MANN zu FRAU
D: ... ROSE zu ROSMARIN

Eine Verhältnisaufgabe.

Übung 77

(Tier) + ERT = Zahl

Welches Wort gehört in die Klammer?

Übung 78

Arthur radelte nach Rimini. Bertram fuhr nach Quebec. Conrad reiste nach Polen.
A: Dora flog nach Peru.
B: Daniela segelte nach Oslo.
C: Günther lief nach Hause.
D: Della jobbt in Malta.

Im Freundeskreis erzählt jeder von seinem letzten Urlaub. Wer erzählt seine Geschichte als Nächste/r?

Übung 79

ALNADES	TOFPLANFE
EFESILT	KISMOSAN
SSIKCUHH	BUNCHAHSD

Welches gemixte Wort ist kein Schuh?

Übung 80

a) Die viel Gehirns und das einzelnen Teile den Aufbau über Wissenschaft schon weiß des Zusammenspiel seiner.

b) Funktioniert immer noch Natur genau der das Rätsel aber Wunderwerk ungelöst funktioniert ist wie dieses.

c) Nicht und warum vergessen andere wir Ereignisse manche.

d) Gedächtnisbildung bei der auch Rolle dieser Prozess spielen soll eine.

e) Intelligenz konkurrieren alte können viele jungen durchaus mit auch der bei Menschen.

Ordnen Sie die Wörter so, dass sinnvolle sätze entstehen.

Übung 81

A: Seine Leisten gürten.
B: Seine Lenden gürteln.
C: Seine Leisten gürteln.
D: Seine Lenden gürten.

Wie heißt die Redewendung wirklich?

Übung 82

SPECK verhält sich zu SCHINKEN wie...
A: FEUER zu WASSER
B: WEIN zu SCHNAPS
C: MESSER zu ZAHNSTOCHER
D: BUTTER zu MARGARINE

Eine Verhältnisaufgabe.

Übung 83

HOMO-(...)-ETIK

Welche drei Buchstaben fehlen in der Klammer, um mit den Buchstaben davor und danach je ein sinnvolles Wort zu ergeben?

Übung 84

a) Musikinstrument – Teil eines Vogels
b) Insekt – Wichtiger Teil von Fahrzeugen
c) Haustier – Zustand nach durchzechter Nacht
d) Pflanze – Teil eines großen Raubtiers
e) Haustier – umgangssprachliche Umschreibung für sehr viel Glück
f) Frucht – Kopf
g) Teil eines Tieres – Pflanze
h) Entwicklungsstadium – Spielzeug
i) Etat – wirtschaftliche Einheit
j) Autotyp – Insekt

Finden Sie einen Begriff, der zwei verschiedene Bedeutungen hat. Beispiel: Deutscher Schriftsteller – Andere Bezeichnung für Frühling: der gesuchte Begriff ist in diesem Fall Lenz.

d) Zahlengebundenes Denken

In den folgenden Übungen geht es ausschließlich um mathematisch-logische Aufgaben. Dabei reichen in den meisten Fällen Grundkenntnisse in den vier Grundrechenarten Addition, Subtraktion, Multiplikation und Division aus. Selten haben Aufgaben mit anderen Bereichen, wie z. B. mit dem Quadrieren (dem Multiplizieren einer Zahl mit sich selbst) oder mit Primzahlen (Zahlen, die nur durch sich selbst oder 1 dividiert werden können) zu tun. Auch Bruchaufgaben haben meist mit echten Brüchen nichts zu tun. Gefordert ist also wieder einmal die Logik hinter der gestellten Aufgabe. Folgende Arten kommen vor:

1. Zahlenreihen: hier soll ein Muster erkannt und fortgesetzt werden.
2. Zahlenkombinationen (Brüche, Quadrate) sind meist getarnte Zahlenreihen. Gesucht werden hier logische Zusammenhänge.
3. Textaufgaben zeichnen sich oft durch Fallen und durch mehr Logik als Mathematik aus. Eine Skizze hilft.
4. Klammern: Die zweite Klammer ist nach dem Vorbild der ersten zu finden. Es muss also zuerst der Zusammenhang zwischen den ersten Zahlen entdeckt werden.

„Ich war immer schlecht in Mathe!" ist ein oft gehörter Schreckensruf, wenn sich jemand unvermittelt vor einer rechnerischen Aufgabe wiederfindet. Und nicht zuletzt deshalb, weil viele noch die quälende Erinnerung an peinigende Mathematikstunden vor Augen haben, sind Berufe wie Buchhalter oder Lohnverrechner nicht gerade angesehen. Dabei kann Mathematik auch als Spiel betrachtet werden. Wenn man sich ein wenig mit den Geheimnissen der Zahlen auseinander setzt, dann verfällt man recht rasch ihrem Zauber. Das Denken in mathematischen Kategorien erweitert unser Bewusstsein und verbessert alle logischen Fähigkeiten. Allerdings kann die Freude an dem Spiel mit Zahlen nicht verordnet werden. So mancher kann eben wirklich nichts mit Formeln und Brüchen, Winkeln und geschnittenen Ebenen anfangen. Für all jene gibt es hier eine gute und eine schlechte Nachricht. Die gute zuerst: Bei Intelligenztests wird nur selten tiefgründig nach mathematischen Fähigkeiten und Kopfrechenakrobatik geforscht, es geht vielmehr um das Auffinden von logischen Problemen und deren Lösungen. Die schlechte Nachricht: Ganz kommt man ums Rechnen leider nicht herum. Allerdings werden selten mehr als die vier Grundrechenarten benötigt, erstaunlich oft sogar nur das Addieren und Multiplizieren. Manchmal geht es aber auch nur um das äußere Erscheinungsbild der Zahlen. Nehmen Sie sich also wieder genügend Zeit, um herauszufinden, was eigentlich gefragt ist. Genieren Sie sich dann nicht, auch für einfache Additionen Papier und Bleistift zu verwenden, denn sehr oft versagen gerade in ungewohnten Situationen die einfachsten Fähigkeiten. Aber auch das Neuordnen der Aufgabe auf einem eigenen Blatt Papier kann neue Erkenntnisse bringen.

Hier noch einige Tipps zu den verschiedenen Aufgabenarten:

Zahlenreihen

Die häufigsten Aufgaben bestehen aus Zahlenreihen. Tatsächlich verbergen sich auch in den anderen Aufgaben meist nichts anderes als solche Reihen. Das Prinzip ist immer gleich: Eine Reihe von Zahlen soll fortgesetzt werden. Versuchen Sie es immer zuerst mit gleichen wachsenden oder abnehmenden Abständen (1,2,3,4 ...) und dann mit rhythmisch größer oder kleiner werdenden Abständen (1,3,6,10 ...) Nützt das nichts, dann versuchen Sie, die Reihe in mehrere sich abwechselnde Reihen aufzuteilen (1,10,2,9,3,8). Fast immer liegt die Lösung in einer dieser Möglichkeiten oder in einer Kombination daraus.

Zahlenkombinationen

In welcher Form die Zahlenkombinationen auch erscheinen, als Brüche, Triplets, Sterne, Kreise oder Quadrate, es handelt sich in fast jedem Fall um eine oder mehrere Zahlenreihen. Suchen Sie die optische Verbindung, sei es gerade, zickzack oder eine Drehung im Uhrzeigersinn, und lösen sie diese Reihen wie oben beschrieben. Achten Sie darauf, dass Brüche so gut wie niemals wirklich etwas mit richtigen Bruchrechnungen zu tun haben.

Textaufgaben

Ein Tipp: Gerade schwere oder nach höherer Mathematik klingende Aufgaben beinhalten meist einen logischen Weg, der Ihnen langes Rechnen erspart. Überlegen Sie immer, ob der Erfinder der Übung tatsächlich erwarten kann, dass jemand diese komplizierte Aufgabe knackt. Bevor Sie in Logarithmen verfallen, suchen Sie nach der Hintertür. Wenn Sie sich die geschilderte Situation schwer vorstellen können, dann zeichnen Sie diese auf. Ein einfaches Bild hilft Ihnen sicherlich, die Aufgabe zu lösen.

Klammern

Hier werden meist sowohl logisches Denken als auch mathematische Fähigkeiten benötigt. In der klassischen Klammeraufgabe finden sich in der ersten Zeile zwei Zahlen in deren Mitte eine dritte Zahl in Klammer steht. Darunter dasselbe, nur dass die Klammer leer ist. Ihre Aufgabe besteht nun darin, den Zusammenhang der drei oberen Zahlen zu erkennen und unten zu ergänzen. Meist ist die Klammerzahl in irgendeiner Weise das Produkt der beiden äußeren Zahlen. Addieren Sie die Zahlen, subtrahieren Sie sie oder führen Sie mehrere Rechenoperationen hintereinander aus. Schätzen Sie dabei aber stets ab, ob daraus auch nur vermutlich die dritte Zahl entstehen kann. Kommen Sie trotzdem zu keiner Lösung, dann lassen Sie diese aufwändigen Aufgaben – besonders bei einem echten Test – erst einmal aus!

Übung 85

12	10	8	6	4	?

Welche Zahl ist die nächste in der Reihe?

Übung 86

8 6 4 2 0 ?

Welche Zahl ist die nächste?

Übung 87

15 38
37 12 24
9 31

Welche Zahl gehört nicht dazu?

Übung 88

5 11
3 7 8
2 4

Welche Zahl gehört nicht dazu?

Übung 89

Eine Schallplatte hat einen Durchmesser von 34 cm, einen nicht bespielten äußeren Rand von 2 cm und eine nicht bespielte Mittelfläche von 10 cm im Durchmesser. Wenn es 60 Rillen pro cm gibt, wie weit bewegt sich dann die Nadel während des Spielens der Platte von außen nach innen?

Beantworten Sie die Frage.

Übung 90

$\frac{8}{2}$ $\frac{7}{5}$ $\frac{6}{8}$ $\frac{5}{11}$ $\frac{?}{?}$

Welche Zahlenkombination folgt?

Übung 91

2 3 5 8 12 17 ?

Welche Zahl ist die nächste in der Reihe?

Übung 92

17 (18) 19
12 (....) 18

Welche Zahl gehört in die Klammer?

Übung 93

$\frac{17}{15|18}$ $\frac{29}{17|?}$

a) 18 b) 30 c) 28 d) 31

Welche Zahl fehlt?

Übung 94

11	14	21	24	31	24	?

Welche Zahl folgt?

Übung 95

Bestimmte Zellen im Labor verdoppeln die Fläche, über die sie sich ausbreiten, alle 24 Stunden. Die Zeit vom Ansetzen der ersten Zelle bis zur völligen Bedeckung des Behälters beträgt 90 Tage. An welchem Tag ist der Behälter halb bedeckt?

Beantworten Sie die Frage.

Übung 96

?	25	20	15	10	5	?

Welche Zahlen fehlen?

Übung 97

Drei Kinder spielen Murmeln. Sie haben 15 Murmeln. Susanne verliert doppelt so viele wie Stefan und Stefan viermal so viele wie Sascha. Wie viele Murmeln bleiben übrig?

Beantworten Sie die Frage.

Übung 98

72		36		18
	45		27	
81		54		63

Welche Zahl gehört dazu?

Übung 99

Fünf braune und vier schwarze Kühe geben in sieben Tagen so viel Milch wie vier braune und sechs schwarze Kühe in sechs Tagen.
Geben die schwarzen oder die braunen Kühe mehr Milch?

Beantworten Sie die Frage.

Übung 100

$\frac{6}{-2}$ $\frac{3}{4}$ $\frac{?}{?}$ $\frac{-3}{16}$

Welche Zahlen fehlen?

Übung 101

Wie oft kommt die Ziffer 7 in den Zahlen von 1 bis 100 vor?

Beantworten Sie die Frage und versuchen Sie dabei auf schriftliche Hilfsmittel zu verzichten.

Übung 102

Ein Bauer muss 90 % seiner Kartoffelernte seinem Gutsherren abliefern.
Wie viel Kilo Kartoffeln muss er ernten, damit er acht Kilo behalten darf?

Beantworten Sie die Frage.

Übung 103

2	4	6
3	7	12
4	5	?

Welche Zahl schließt das Quadrat ab?

Übung 104

Max hat einen Job als Erbsenzähler. Dabei zählt er einen Haufen Erbsen in einen Behälter hinein. Für seine Arbeit darf er ein Zehntel der gezählten Erbsen behalten.
Wie viele Erbsen muss er zählen, damit sich 72 Stück in dem Behälter befinden, und wie viele Erbsen hat er dabei für sich selbst verdient?

Lesen Sie den Text und beantworten Sie die Frage.

Übung 105

2751	(1569)	4320
3456	(........)	5678

Welche Zahl muss in der Klammer ergänzt werden?

Übung 106

$\frac{34}{123}$ $\frac{94}{47}$ $\frac{60}{65}$ $\frac{36}{73}$ $\frac{86}{7}$ $\frac{?}{?}$

Welche Zahlen folgen?

Übung 107

39	6	9	12
?6	11	1?	15
33	?7	15	18
30	27	24	?1

Welche Zahlen erhält man, wenn man die fehlenden vier Ziffern ergänzt?

Übung 108

	3 1		65 91	
5		19 – ? – 26		39
	2 17		78 52	

Welche Zahl könnte man beiden Zahlenkreisen zuordnen?

Übung 109

1	16	18	9	12
	M	A	I	
	?	?	?	?
10	21	12	9	

Welche Zahlen fehlen?

Übung 110

345	(158)	287
987	(......)	321
A: 294	B: 327	C: 283

Welche Zahl gehört in die Klammer?

e) Wahrnehmungsgeschwindigkeit

Neben der Merkfähigkeit ist v. a. auch die Geschwindigkeit, mit der ein Problem erfasst werden kann, für viele Lebens-, aber auch Testsituationen von großer Wichtigkeit. In diesem Bereich geht es daher in erster Linie darum, sich mit verschiedenen Formen der Übungen und Tests vertraut zu machen, die über den Bereich der Logikaufgaben hinausgehen. Wie mit den Aufgaben tatsächlich umzugehen ist, steht jeweils vor den Beispielen. Hier noch einige Tipps:

Bei den Aufgaben, bei denen ein bestimmtes Symbol, bestimmte Buchstaben oder Buchstabengruppen herauszufinden sind, gibt es prinzipiell zwei Möglichkeiten: Erstens das langsame Durcharbeiten und zweitens das Durchstreichen. Am besten probieren Sie beides aus. Im zweiten Fall empfiehlt sich ein leicht radierbarer Bleistift, um auch diese Aufgaben öfter durchführen zu können.

Üben Sie die Suchaufgaben aber auf jeden Fall mindestens einmal im Kopf, bevor Sie zu einem Bleistift greifen. Zwar trainiert auch das Durchstreichen die Wahrnehmung, das rein geistige Abzählen übt Ihre Fähigkeiten aber viel effektiver. Dennoch können Sie sich auch hier helfen. Prägen Sie sich das Gesuchte vorher möglichst genau optisch ein. Ihre Augen gewöhnen sich dabei daran und eine kleine Alarmglocke beginnt in Ihrem Kopf zu schrillen, wenn das gesuchte Objekt auftaucht. Um ein Vor- und Zurückspringen der Augen auf dem Blatt zu verhindern, fahren Sie die Zeilen mit einem Finger – als objektivem Bezugspunkt – langsam ab. Bei Merkaufgaben sollten Sie am besten die bereits beschriebenen Erinnerungstechniken verwenden.

Bei den Aufgaben des intensiven Merkens verwenden Sie am besten alle im vorigen Kapitel beschriebenen Erinnerungstechniken, um ein optimales Ergebnis zu erzielen.

Übung 111

a b c m n o p q r s t u v w x y z d e f
g h i j k l m n n o p q r s t u v w x y z
d e f j k l q r s t u v w x y z d e f g h i
j k l m n o p q r s t u v w x y z d e f g
h i j a b c m n o p q r f g h i j a b c m
n o p q r s t u v w x y z d e f g h i j k
j k l q r s t u v w x y z d e f g h i j k l
m n o p q r s t u v w o s t u v w x y z
d e f g h i l m n o p q r s t u v w x y z
d e f g h i m j k l q r j k l g h i j k j k l q
r s t u v w x y z d e f g h i j k l m n o
p q r s t u v w x y z d e p q r s t u v
w x y z d e f g h i j a b c m x y z d e f
g h i t s u z w

Finden sie unter den Buchstaben alle Vokale (a,e,i,o,u) heraus. Ohne Hilfsmittel haben Sie dafür $1\,^1/_2$ Minuten Zeit, mit Bleistift hingegen nur 45 Sekunden. Wie viele Vokale haben Sie in der kurzen Zeit?

Übung 112

In diesem „d2"-Test geht es darum, alle d-Zeichen mit zwei Punkten herauszufinden; dabei können die Punkte darüber, darunter oder sowohl darüber als auch darunter angebracht sein. Konzentrieren Sie sich und versuchen Sie, die Aufgabe so schnell wie möglich zu lösen.

Richtig: d̈ (zwei Punkte darüber), ḋ (ein Punkt darüber, ein Punkt darunter), d (zwei Punkte darunter)

Ohne Verwendung von Hilfsmitteln haben Sie für diese Aufgabe 2 Minuten Zeit; wenn Sie die d2 mit einem Bleistift durchstreichen, 1 Minute (Anmerkung: Sie können den Test natürlich auch selbst in einen d1-, p2- oder p1-Test variieren: erst gegen die Uhr suchen, danach – ohne Zeitlimit und mit Hilfsmittel – kontrollieren).

.	.	.			..	.	.	..			.		.
d	d	d	d	d	p	d	p	p	p	d	p	d	p
		.	.	.		.	.		..	..		..	.
.	.	.	.			.	.	.	.		.		
d	p	d	p	d	d	d	d	p	p	d	d	p	d
.	.			.			.		.	.			.
.		.		.	..	.	.	.			.	.	.
d	d	d	d	d	p	d	p	d	d	p	d	p	p
	.		.			.	.			..	.	.	
.	..			.	.			..	.	.		..	.
p	d	p	d	p	d	p	d	p	d	p	p	d	d
		..	.	.	.				..	.	..		
.		.			.		..			.		.	.
p	d	d	d	d	d	p	p	d	d	p	d	d	d
	.		.	.		.		.	.		.	.	
.		.		.		.	.	.	.		.		.
d	p	p	d	p	d	p	d	p	d	p	d	d	d

Übung 113

V		Z		F		
	J		P		F	
M		N				
	7		0		1	
A		3		S		4

Nehmen Sie sich für diese Aufgabe so viel Zeit, wie Sie wollen. Es geht darum, sich alle Buchstaben und Zahlen einzuprägen und danach ALLE nennen zu können. Versuchen Sie die Übung nach einigen Tagen wieder. Ziel ist, eine möglichst geringe Merkzeit zu erreichen.

Übung 114

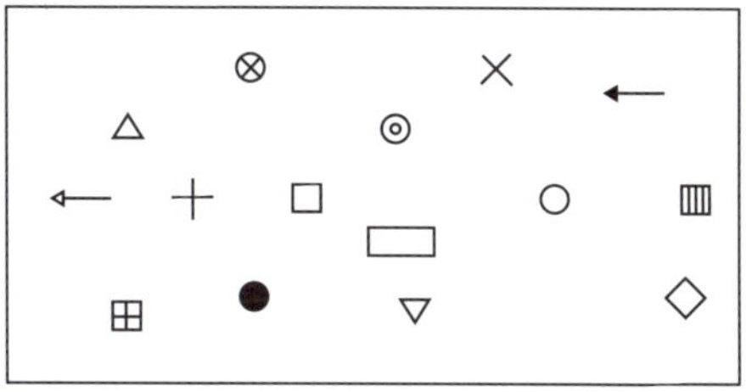

Nehmen Sie sich für diese Aufgabe so viel Zeit wie Sie wollen. Es geht darum, sich alle Symbole einzuprägen und danach auch ALLE nennen zu können. Versuchen Sie die Übung nach einigen Tagen wieder. Ziel ist, eine möglichst geringe Merkzeit zu erreichen.

Übung 115

Finden Sie unter den Buchstaben und Zahlen alle r, v, s, f und o heraus. Wie viele sind es? (Ohne Hilfsmittel: 1 ½ Minuten, mit Bleistift 45 Sekunden).

y 4 z s 5 p 6 b 2 d 3 e 4 c 5 f 6 j
o k l 2 m 3 n q 7 r 8 s 9 t 0 u l i 0
j l k l 2 m 3 n q 7 r 8 s 9 t 0 u 1 v
w 2 d 3 e 4 c 5 f 6 g 7 h 8 i 0 j l v
w 2 x a 1 4 3 y 4 z o 5 p 6 b 2 d
3 e g 7 h 8 i 0 j 1 k l 2m 3 n q 7 z
8 s 9 t 0 u 1 v w 2 x a 1 4 3 y 4 z
o 5 p 6 b 2 3 y 4 z o 5 p 6 b 2 d
3 e 4 c 5 f 6 g 7 h 8 i 0 4 c 5 f 6 g
7 h 8 s 0 j l k l 2 m 3 n q 7 r 8 s 9
t 0 u l v w 2 x a 1 4 x o 1 4 3 1 k
l 2 v 3 n q v w 2 x a 1 4 3 y 4 z o
5 6 b 2 d 3 e 4 c 5 f 6 g 7 h 8 i 0
j 1 k l 2 o 3 n q 7 r 8 s 9 t 0 u 1 v
w 2 x a 1 4 3 y 4 z o 5 p 6 b 2 d
3 e 4 c 5 f 6 g 7 h 8 7 r 8 s 9 t 0
u k y z n t b a n

Übung 116

Nehmen Sie sich für diese Aufgabe so viel Zeit, wie Sie wollen. Es geht darum, sich alle Zahlen einzuprägen und danach auch ALLE nennen zu können. Ziel ist, eine möglichst geringe Merkzeit zu erreichen. Alle der genannten Merktechniken dürfen verwendet werden.

57 64
27 33
82 65
17 38
15 51

Übung 117

In dieser Erweiterung des „d2“-Tests finden Sie neben d und p auch noch die Buchstaben b und q. Nach wie vor geht es darum, alle d-Zeichen mit 2 Punkten herauszufinden, dabei können die Punkte darüber, darunter oder sowohl als auch angebracht sein!

Richtig: **d d d**

Ohne Verwendung von Hilfsmitteln haben Sie für diese Aufgabe 2 Minuten Zeit; wenn Sie die d2 mit einem Bleistift durchstreichen, 1 Minute. Eigene Erweiterungen sind auch hier möglich – Sie können das Buch ja einmal auf den Kopf stellen!

d d d p q b q p b d b q d p   p q b q p b d b q q p b d b

d d p d p q b q p b d b q d   q d p d d d p d d p q b q p

p d d d p q b q p b d b q d   b d b q d p d d d p q b q p

p d d d p q b b q p b d b q   b d b q d p d d d p q b d p

d p d d d p q b q p b d b q   d d d p q b q p q p b d b q

d p d d d p q b q b q p b d   d p d d d p q b q p b d b q

b q d p d d d p q b q p b d   d p d p q b d d p b d b q q

b q d p d b d b q d p d d d   d p d d d p q b q q p b d b

p q b q p b d b q d p d d d   q d p d d d p q b q p b d b

Übung 118

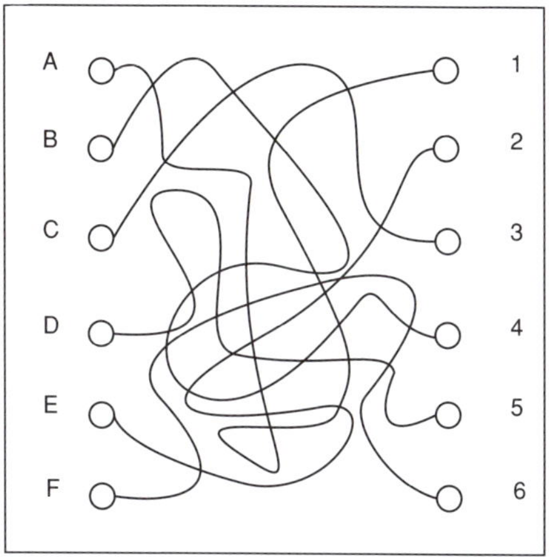

Bei dieser Übung geht es darum, sich auf bestimmte Formen oder Linien zu konzentrieren. Versuchen Sie, mit bloßem Auge zu erkennen, welcher Buchstabe mit welcher Zahl verbunden ist. Sie haben dafür 1 Minute Zeit.

Übung 119

Bei dieser Übung finden Sie in jeder Abbildung mehrere Kreise, Striche, Dreiecke und Quadrate. Ein Kreis steht für die Zahl 1, ein Strich für die 2, ein Dreieck für die 3 und ein Quadrat für die 4. Übersetzen Sie die verschiedenen Symbole in ihren jeweiligen Zahlenwert und addieren Sie anschließend alle Zahlen zusammen. Sie haben dafür 30 Sekunden Zeit.

Übung 120

q r k m n a c z y a s k t n q o c u
w j x w b o y v t e k f i j b v u m x
z n u l g a f t s b j k s t n o e f r q
z e b l y v w p n g p o q r s t e f g
h l k e x z t n l a y f j i z b t m r g o
k h g f g r t n x w l b z f e f z t w n
p l g a d c u v f b r z n o p b a z u
m n b l p l u e i d h

Suchen Sie unter diesen Buchstaben diejenigen (waagrechten) Paare heraus, die im Alphabet aufeinander folgen – und zwar umgekehrt d.h. von hinten nach vorne (ba, nm, zy ...). Ohne Hilfsmittel haben Sie dazu 1 Minute, mit Bleistift 2 Minuten Zeit.

Das Gedächtnis

Wie hieß das doch gleich ...

Vorab eine schlechte Nachricht: Fast jeder Mensch hat Lücken in seinem Gedächtnis. Manche haben Schwierigkeiten, sich Namen zu merken. Andere vergessen jede Jahreszahl und Telefonnummer. Wieder andere haben einfach kein Gedächtnis für Gesichter und stehen reichlich dumm da, wenn sie jemand, den sie scheinbar noch nie zuvor gesehen haben, freundlich grüßt und ihnen auf die Schulter klopft.

Die gute Nachricht dabei ist: All das ist trainierbar! Mit ein bisschen Anstrengung und Konsequenz können Sie schon in kürzester Zeit Erfolge bei Ihren langjährigen „Gedächtnislücken" erzielen. Und wäre es nicht schön, Arbeitskollegen mit dem richtigen Namen anzusprechen und sich auch namentlich korrekt nach den vier Kindern zu erkundigen? Sich an den Hochzeitstag zu erinnern und die Gattin mit einem kleinen Geschenk zu beglücken? Unliebsame Gesichter schon von weitem zu erkennen und gleich die Straßenseite zu wechseln?

All das ist möglich und gar nicht so schwer. Mit ein bisschen Fleiß und Übung kann Ihnen das ohne weiteres bald gelingen. Beginnen wir also gleich mit dem „Aufbau des Gedächtnisses".

Wussten Sie schon, ...

dass die Flut an Informationen, die täglich auf uns einstürmt, gewaltig ist. Im Durchschnitt liest jeder von uns täglich 9.520 Wörter, in Gesprächen hört man sogar durchschnittlich 13.500 Wörter. Den absoluten Spitzenplatz nehmen aber Funk und Fernsehen ein: Weitere 14.850 Wörter gelangen so an und in Ihr Ohr. Insgesamt macht das 37.870 Wörter, die Ihr Gehirn auf Wichtigkeit untersuchen und dabei Kurzfristiges von dauerhaft Wichtigem unterscheiden muss. Die Mittel, die ihm dazu zur Verfügung stehen, nennt man Ultrakurzzeitgedächtnis, Kurzzeitgedächtnis und Langzeitgedächtnis.

Der Aufbau des Gedächtnisses

Sie kennen das sicher von sich selbst: Manche Dinge vergessen Sie, unmittelbar nachdem sie geschehen sind. Sie verlassen Ihr Auto, gehen ein paar Schritte und plötzlich wird Ihnen siedend heiß bewusst, dass Sie nicht wissen, ob Sie das Auto auch abgesperrt haben. Auch ob Sie das Licht oder den Herd abgedreht haben, ist Ihnen nach dem Schließen der Haustür nicht mehr präsent. Wenn Ihnen so etwas passiert, sind Sie in die Falle Ihres Ultrakurzzeitgedächtnisses geraten.

Oder Folgendes: Sie hören im Büro einen Witz oder eine interessante Neuigkeit, die Sie am Abend unbedingt Ihrem Partner erzählen möchten. Noch die nächsten Minuten denken Sie immer wieder daran, jedes Detail ist Ihnen klar und bewusst. Doch schon eine Stunde später fällt Ihnen zu Ihrem großen Erschrecken ein, dass Sie keine Ahnung mehr haben, was da so inte-

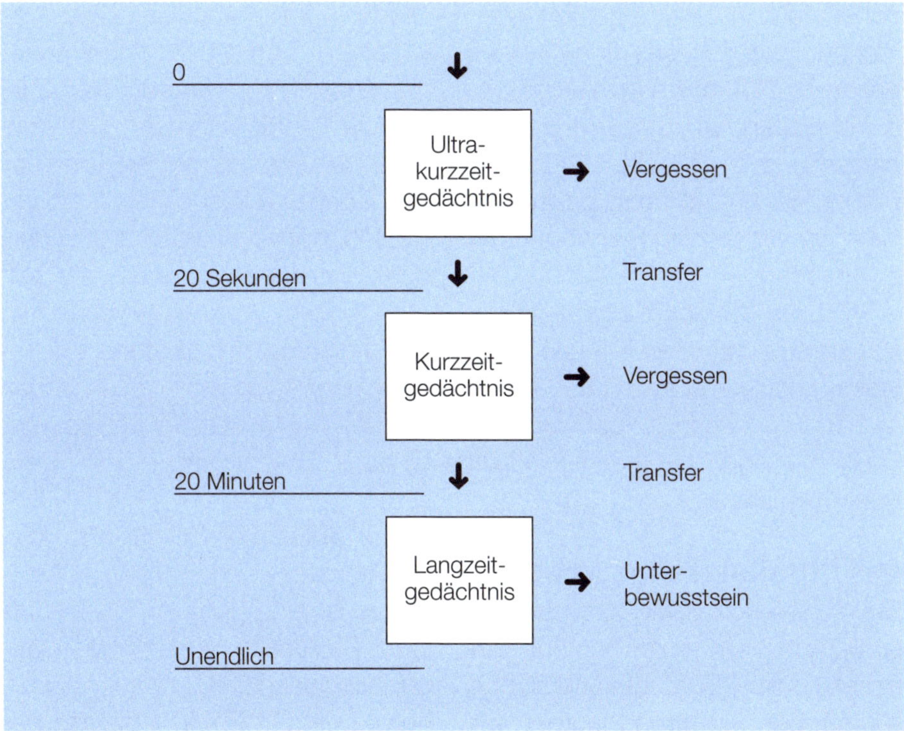

ressant und witzig war. In diesem Fall hat Ihnen Ihr Kurzzeitgedächtnis einen Streich gespielt und nach 20 Minuten beschlossen, dass der Witz oder die Information vielleicht doch nicht so wichtig war, wie Sie ursprünglich dachten.

Andererseits gibt es Erlebnisse, Begebenheiten, Aussprüche von Bekannten, Filminhalte, Babyanekdoten und vieles, vieles mehr, das Sie immer und jederzeit in allen Details und plastisch vor Augen haben, also Dinge, die Sie tatsächlich nie vergessen. Das sind Informationen, die in Ihrem Gehirn einen mehrstufigen Prozess überstanden haben und in Ihr Langzeitgedächtnis eingegangen sind, um dort jederzeit und ohne Ablaufdatum darauf zu warten, je nach passender Gelegenheit von Ihnen abgerufen zu werden.

Wie das Gedächtnis genau funktioniert und was man tun kann, um diese unterschiedlichen Gedächtnisarten so richtig in Schwung zu bringen, zeigen die nächsten drei Punkte im Detail.

Das Ultrakurzzeitgedächtnis

Der Ausspruch „Man kann sich ja schließlich nicht alles merken!“ hat absolut seine Berechtigung. Ohne säuberndes Vergessen würden wir unentwegt vollgestopft mit nutzlosen Informationen über Dinge und Sachverhalte, die wir nicht (mehr) brauchen, und so hätten wir den Kopf nicht frei für neue und notwendigere Informationen.

Damit wir Unwichtiges vergessen, Wichtiges aber mehr oder weniger lange im Kopf behalten, hat unser Gedächtnis verschiedene Filter eingebaut. Der erste Filter ist das Ultrakurzzeitgedächtnis. Hier bleiben Informationen für etwa 10 bis 15 Sekunden bestehen, danach verschwinden, ja, verlöschen sie wieder, um Platz für Neues zu schaffen. Tausende solcher Informations-„Bits“ werden in jeder Stunde aufgenommen und nur ganz wenige davon schaffen es eine Ebene weiter.

Gehirnphysiologisch heißt das, dass diese Informationen auf rein elektrischem Weg weiterverarbeitet werden. Eine dauerhaftere Erinnerung nimmt hingegen chemischen Einfluss auf unser Gehirn, es wird tatsächlich verändert – doch dazu später.

Ein gutes Beispiel für die Leistungen des Ultrakurzzeitgedächtnisses ist eine ganz normale Autofahrt: Sie lenken, schalten die Gänge, beschleunigen, bremsen, überholen vielleicht einen Radfahrer, beachten kurz die Verkehrsschilder, reagieren auf Ampeln oder das Verhalten der anderen Autofahrer, schauen sich nach einem Parkplatz um usw. Nach Abschluss der Fahrt werden Sie sich an all das nicht mehr erinnern. Das bedeutet, Sie wissen zwar sehr gut, dass Sie gelenkt, geschaltet, beschleunigt, gebremst und überholt haben, aber wann Sie was in welcher Reihenfolge und wie oft gemacht haben, ist wie weggeblasen. Das ist auch gut so, denn während der Fahrt war all das Überlebensnotwendig, jetzt nach der Fahrt sind diese Informationen nicht mehr wichtig. Ebenso verhält es sich mit Info-Bits, die Sie während der Fahrt zusätzlich aufgenommen haben: Nachrichten im Radio, Werbebotschaften auf Plakaten, Gespräche mit Ihrem Beifahrer. Nur wenn etwas davon für Sie von über den Moment hinaus reichender Relevanz war, werden Sie sich auch nach der „magischen" Frist von maximal 20 Sekunden noch daran erinnern.

Dennoch ist es wichtig, ein gut funktionierendes Ultrakurzzeitgedächtnis zu besitzen, und sei es nur, um zu verhindern, dass Sie jedes Mal wieder in die Wohnung zurückkehren müssen, um nachzusehen, ob Sie das Fenster auch wirklich verschlossen haben.

Wussten Sie schon, ...

dass Gedächtnisschulung keine neue Erfindung ist? Seit etwa 2400 Jahren wird die Kunst das Gedächtnis zu trainieren, gepflegt. Aus dieser Zeit stammen zumindest Berichte wie der über den Griechen Simonides, der durch das Vortragen langer Lieder und Heldensagen zum Liebling der Könige avancierte. Noch exakter an der Schulung des Gedächtnisses arbeiteten griechische Gelehrte wie Pythagoras, Theodektes, Charmides und Metrodorus. Durch ihre Übungen zur Gedächtnisschulung – sie arbeiteten vorwiegend mit der Übertragung von Texten in gedachte Bilder – gelangen ihnen Ergebnisse wie das Auswendiglernen ganzer Bücher.

Nach der Antike gerieten diese und andere Techniken weitgehend in Vergessenheit. Erst Anfang des 20. Jahrhunderts wurden Gedächtnissteigerung und das Erlernen von Methoden wie der Mnemotechnik wieder modern.

Streng genommen ist das Ultrakurzzeitgedächtnis eine biologische und teilweise unbewusste Funktion, die sich recht schwer direkt trainieren lässt. Tatsächlich überschneiden sich Trainingsmöglichkeiten hier mit denen im Kapitel „Konzentration". Allerdings gilt: Alles, was Ihr Gehirn trainiert, trainiert auch Ihr Ultrakurzzeitgedächtnis! Daher im Folgenden einige Konzentrations- und Merkübungen.

Übung 1

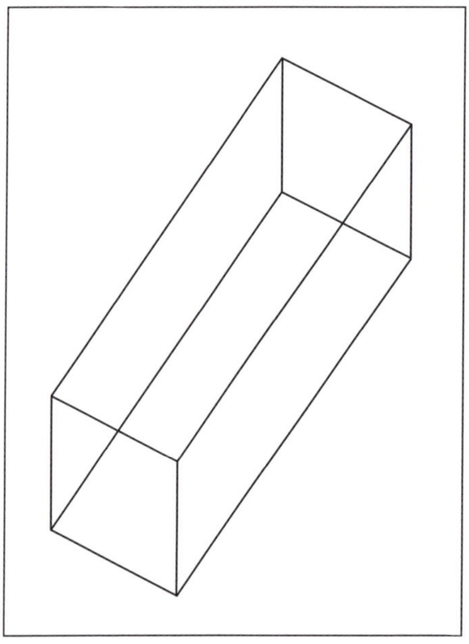

Richten Sie Ihre Aufmerksamkeit ausschließlich auf diesen Quader und versuchen Sie, ihn dabei mehrmals kippen zu lassen.

Übung 2

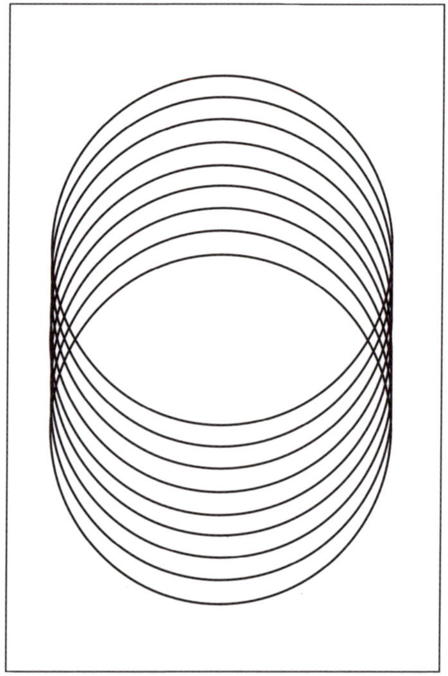

Richten Sie Ihre Aufmerksamkeit ausschließlich auf diese Spirale. Sie können die Spirale in zwei verschiedenen Perspektiven sehen. Zum einen liegend, zum anderen stehend.
Versuchen Sie, die Perspektive beim Betrachten mehrmals zu wechseln.

Übung 3

Lesen Sie den folgenden Text so schnell wie möglich laut vor:

DERÜBERRAGENDEUNDÜB
ERRASCHENDEERFOLGJAP
ANISCHERCOMICSAUFDEM
HEIMISCHENZEITSCHRIFTE
NMARKTZEICHNETSICHDUR
CHZWEIBESONDERHEITENA
USEINERSEITSKOMMTDER
BOOMUMZEHNJAHREZUSP
ÄTUNDANDERERSEITSWIDE
RSPRICHTDERSIEGESZUGD
ERJAPANISCHENBILDER
GESCHICHTENALLENBISHE
RIGENREGELNUNDERFAH
RUNGSWERTENDERDEUTS
CHENCOMICSZENE

Übung 4

Haus Baum
Garten
Hose
Mantel

Blicken Sie nur ganz kurz (1–2 Sekunden) auf die oben stehenden Wörter und schreiben Sie ohne weiteres Hinsehen und nach Abdecken der Vorlage sofort danach möglichst viele davon nieder. Wie viele Wörter waren es?

Übung 5

groß dick dunkel
klein dünn hell

Blicken Sie nur ganz kurz (1–2 Sekunden) auf die oben stehenden Wörter und schreiben Sie sofort danach möglichst viele davon nieder.

Übung 6

Butter Eier Mehl
Hefe Wasser
Zucker Salz Efeu

Blicken Sie nur ganz kurz (1–2 Sekunden) auf die oben stehenden Wörter und schreiben Sie sofort danach möglichst viele davon nieder.

Übung 7

Polizist	Ampel	Bäckerei
Opel	Moped	Gurt
Fahrrad	Kind	

Blicken Sie nur ganz kurz (1–2 Sekunden) auf die oben stehenden Wörter und schreiben Sie sofort danach möglichst viele davon nieder.

Übung 8

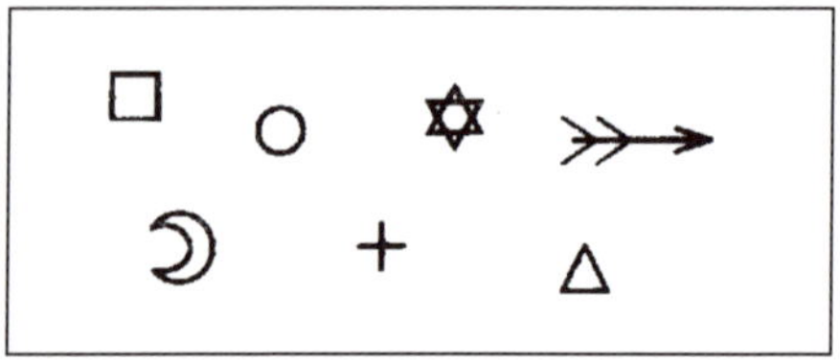

Betrachten Sie die oben stehenden sieben Symbole 30 Sekunden lang. Notieren Sie anschließend so viele davon, wie Sie sich merken konnten.

Übung 9

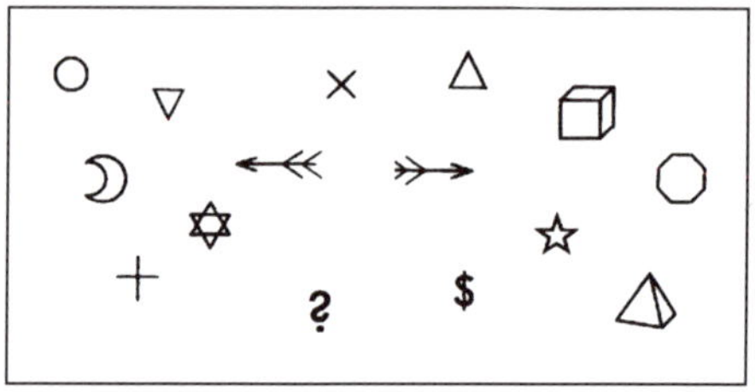

Betrachten Sie diese 15 Symbole 1 Minute lang. Notieren Sie anschließend so viele davon, wie Sie sich merken konnten. Achtung: Einige Symbole sind mehrfach (gedreht) vorhanden!

Übung 10

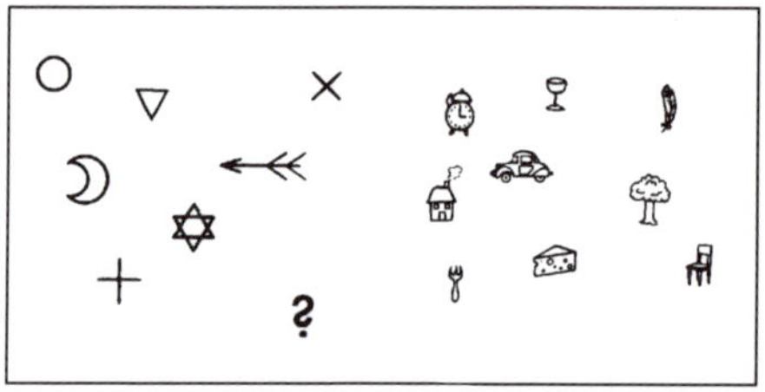

Nehmen Sie sich für diese Aufgabe so viel Zeit, wie Sie wollen. Es geht darum, sich alle Symbole einzuprägen und danach auch alle nennen zu können. Versuchen Sie die Übung nach einigen Tagen wieder. Üben Sie verschiedene Merktechniken. Ziel ist es, eine möglichst geringe Merkzeit zu erreichen.

____

____

____

____

____

____

____

____

Das Kurzzeitgedächtnis

Das Kurzzeitgedächtnis ist eigentlich der wesentliche Filter für Informationen aller Art. Während das Ultrakurzzeitgedächtnis den ganzen alltäglichen Datenmüll nach einem quasi automatischen Schema aussondert, steht dem Kurzzeitgedächtnis die wichtige Aufgabe zu, zu entscheiden, was auf Dauer von Wichtigkeit sein könnte und was nicht.

Im Kurzzeitgedächtnis speichern wir Informationen für ungefähr 20 Minuten. In dieser Zeit entscheidet sich, ob diese Informationen dauerhaft in Ihr Gehirn eingebrannt oder doch wieder gelöscht werden. Der Vergleich mit dem Brennen von Informationen wie etwa auf einer Daten-CD-Rom ist gar nicht so abwegig, denn im Gegensatz zum Ultrakurzzeitgedächtnis verändern Informationen, die im Kurzzeitgedächtnis aufbewahrt werden, Ihr Gehirn bereits physisch, d. h. um genau zu sein chemisch. Am besten lässt sich hier der Vergleich mit einer herkömmlichen Fotografie anstellen. Beim Fotografieren treffen Lichtstrahlen über ein Objektiv auf einen Film und lösen dort chemische Reaktionen aus. Allerdings muss dieser Negativfilm erst weitere chemische Prozesse durchlaufen und schließlich in einem Fixierbad gefestigt, eben fixiert werden. Wird er das nicht, so wird der Film schwarz und die mit den Lichtstrahlen verbundenen Informationen sind auf Dauer verloren. Ähnlich funktioniert unser Gedächtnis. Die eintreffenden Reize werden über unsere Sinne an das Gehirn weitergeleitet, wo sie mit einer kurzfristigen chemischen Veränderung zwischengelagert werden. Genauer gesagt hat ein chemischer Vorgang begonnen, der aber nur zu Ende geführt wird, wenn wir eine besondere Motivation haben und wenn wir bestimmte Anknüpfungspunkte finden, die diese Information als erinnerungswürdig kennzeichnen.

Ein Beispiel aus dem Alltagsleben, das Radiohören, zeigt die Funktionsweise des Gedächtnisses genauer: Nach den Nachrichten erfahren Sie aus dem Radio vielleicht auch gleich etwas über das Wetter des nächsten Tages. Ist diese Information für Sie generell von Interesse, dann überlebt sie den Filter Ihres Ultrakurzzeitgedächtnisses und bleibt ca. die nächsten 20 Minuten präsent. Auch wenn Sie nicht mehr konkret daran denken, könnten Sie die Wettersituation für den nächsten Tag noch automatisch wiedergeben, wenn Sie jemand darauf ansprechen sollte. Ist das Wetter des nächsten Tages für Sie aber von besonderer Bedeutung, weil Sie ein Grillfest planen oder Skifahren gehen wollen, dann werden Sie die Informationen über Temperatur, Sonne, Regen oder Schnee auch über die zweite magische Frist von 20 Minuten hinaus behalten und sich dauerhaft merken. Und zwar nicht nur bis zum nächsten Morgen, sondern noch einige Zeit darüber hinaus.

Der Trick, Informationen länger zu behalten, liegt vor allem in der Wiederholung. Wenn es Ihnen gelingt, Dinge immer wieder blitzlichtartig in Ihrem Gedächtnis zu fixieren, bleiben sie verlässlicher in Ihrem Kurzzeitgedächtnis präsent. Dies kann bei vielen Dingen hilfreich sein, etwa beim nachträglichen Aufschreiben der wichtigsten Punkte eines Meetings, dem Behalten einer Telefonnummer, auch wenn sie das erste Mal besetzt war, und bei vielem mehr. Hier nun einige Übungen dazu.

Übung 11

Versuchen Sie, diesen Einkaufszettel über die kritischen 20 Sekunden hinaus in Ihr Kurzzeitgedächtnis zu übertragen.

1 kg Kartoffeln
250 g Butter
1 Bund Radieschen
16 Eier
1 kg Mehl
Waschmittel
Katzenfutter
1 Tafel Schokolade
Backpapier
Leberwurst

Lesen Sie die Posten zwei Mal ruhig und konzentriert durch und versuchen Sie, sich dabei alles zu merken. Decken Sie, den Text nun ab und schreiben Sie in beliebiger Reihenfolge alles auf. Eine kleine Hilfe: Es waren zehn Posten auf der Liste.

Decken Sie den Text nun ab. Es waren diesmal 15 Posten.

Übung 12

Sie machen Frühjahrsputz und räumen Ihr Auto aus. Dabei finden Sie:

2-Euro-Stück
1 Packung Zigaretten
1 alte Zeitung
Schneeketten
1 leere Plastikflasche
Pannendreieck
Sonnenbrille
Rolle Toilettenpapier
5-Mark-Stück
2 Kastanien
Schwimmreifen
Erste-Hilfe-Set
1 Packung Kaugummi
1 Packung Taschentücher
Micky-Maus-Heft

Versuchen Sie, sich in den folgenden Übungen die dargestellten Dinge gut zu merken und in Ihr Kurzzeitgedächtnis zu übertragen. Lassen Sie sich dabei ruhig Zeit: Allerdings geht es schon darum, sich die Dinge in einer Sitzung zu merken.

Übung 13

Bei Ihrem Spaziergang über das Oktoberfest sehen Sie:

Zuckerwatte
Riesenrad
Geisterbahn
Hot-Dog-Stand
Autodrom
Leere Pappbecher am Boden
Videospielautomaten

Einen Punker und seine Freundin
Schießbude mit Gewehren
Familie mit Zwillingsmädchen
Schießbude mit Bällen
Spiegellabyrinth
T-Shirt-Verkäufer
Eisverkäufer
Schießbude mit Pfeil und Bogen
Ponyreiten
Zwei Betrunkene am Boden
Luftballonverkäuferin
Schießbude mit Dart-Pfeilen
Karussell

Decken Sie den Text nun ab. Es waren diesmal 20 Dinge.

____

____

____

____

____

____

____

____

____

____

____

____

Übung 14

Ihre Mutter bittet Sie recht detailliert, einige Dinge für sie zu erledigen:

1. Fahr in die Stadt.
2. Such einen Parkplatz.
3. Geh in die Post.
4. Kauf 15 55c-Briefmarken.
5. Geh wieder aus der Post raus.
6. Überquere den Platz.
7. Geh in die Apotheke „Zum Roten Falken".
8. Kauf 1 Packung Aspirin und Eukalyptusbonbons.
9. Geh wieder zu deinem Auto.
10. Wirf neue Münzen in die Parkuhr.
11. Sperr das Auto auf.
12. Leg die Sachen ins Handschuhfach.
13. Sperr das Auto wieder zu.
14. Dreh dich drei Mal im Kreis.
15. Kauf dir ein Eis und komm dann heim.

Schreiben Sie nun in der richtigen Reihenfolge und möglichst genau auf, was sich Ihre Mutter so alles von Ihnen wünscht.

1. ______________________________
2. ______________________________
3. ______________________________

4. ____________________

5. ____________________

6. ____________________

7. ____________________

8. ____________________

9. ____________________

10. ____________________

11. ____________________

12. ____________________

13. ____________________

14. ____________________

15. ____________________

Übung 15

Markus erzählt von seiner Interrail-Reise:

1. Erst sind wir nach Holland gefahren,
2. zwei Nächte waren wir in Amsterdam,
3. dann noch kurz in Rotterdam,
4. dann quer durch Belgien und Frankreich,
5. in einem durch mit dem Nachtzug,
6. nach Spanien, erst nach Madrid,
7. dann nach Barcelona,
8. die Sagrada Familia anschauen,
9. dann ein paar Tage an die Costa Brava,
10. dann das Meer entlang zur Côte d'Azur,
11. am Schluss noch nach Italien,
12. bis nach Florenz und Pisa.
13. Dann ist uns das Geld ausgegangen,
14. deswegen sind wir mit dem Nachtzug heim,
15. mit dem Sonnenbrand meines Lebens!

Schreiben Sie nun in der richtigen Reihenfolge auf, wie die Reise von Markus verlaufen ist:

1. ____________________

2. ____________________

3. ____________________

4. ____________________

5. ____________________

6. ____________________

7. ____________________

8. ____________________

9. ____________________

10. ____________________

11. ______________________________

12. ______________________________

13. ______________________________

14. ______________________________

15. ______________________________

Übung 16

Heute haben Sie einen engen Zeitplan. Versuchen Sie, ihn sich auswendig zu merken!

7 Uhr:	Kinder zur Schule bringen
8 Uhr:	Das Badezimmer frei räumen
9 Uhr:	Der Installateur kommt
10 Uhr:	Badezimmer wieder aufräumen
11 Uhr:	Zur Post
12 Uhr:	Mittagessen vorbereiten
13 Uhr:	Fernsehen
14 Uhr:	Kinder von der Schule holen
15 Uhr:	Nachmittagsschlaf
16 Uhr:	Friseurtermin
17 Uhr:	Einkäufe erledigen
18 Uhr:	Hausaufgaben kontrollieren
19 Uhr:	Abendessen zubereiten
20 Uhr:	Kartenspielen mit den Nachbarn
21 Uhr:	Kinder zu Bett bringen
22 Uhr:	Zwei Kapitel in Ihrem Krimi lesen

Schreiben Sie nun Ihren Tagesablauf aus dem Gedächtnis so detailliert wie möglich auf:

7 Uhr: ______________________________

8 Uhr: ______________________________

9 Uhr: ______________________________

10 Uhr: ______________________________

11 Uhr: ______________________________

12 Uhr: ______________________________

13 Uhr: ______________________________

14 Uhr: ______________________________

15 Uhr: ______________________________

16 Uhr: ______________________________

17 Uhr: ______________________________

18 Uhr: ______________________________

19 Uhr: ______________________________

20 Uhr: ______________________________

21 Uhr: ______________________________

22 Uhr: ______________________________

Übung 17

Auch Ihre Tochter Marlene hat einen vollen Terminkalender:

7 Uhr:	Zur Schule mit Mutti
8 Uhr:	Mathe

9 Uhr:	Deutsch
10 Uhr:	Physik entfällt – quatschen mit Gabi
11 Uhr:	Geschichte
12 Uhr:	Erdkunde
13 Uhr:	Turnen
14 Uhr:	Heim mit Mutti
15 Uhr:	Telefonieren mit Gabi
16 Uhr:	Jazz-Gymnastik
17 Uhr:	Telefonieren mit Gabi und Hausaufgaben
18 Uhr:	Computerspielen
19 Uhr:	Abendessen
20 Uhr:	Im eigenen Zimmer fernsehen
21 Uhr:	Zu Bett gehen
22 Uhr:	Heimlich leise weiter fernsehen

Schreiben Sie nun Marlenes Tagesablauf aus dem Gedächtnis so detailliert wie möglich auf:.

7 Uhr: ______________________

8 Uhr: ______________________

9 Uhr: ______________________

10 Uhr: ______________________

11 Uhr: ______________________

12 Uhr: ______________________

13 Uhr: ______________________

14 Uhr: ______________________

15 Uhr: ______________________

16 Uhr: ______________________

17 Uhr: ______________________

18 Uhr: ______________________

19 Uhr: ______________________

20 Uhr: ______________________

21 Uhr: ______________________

22 Uhr: ______________________

Übung 18

Versuchen Sie, sich folgende Sternbilder und ihre deutschen Namen zu merken:

Lynx	Luchs
Gemini	Zwillinge
Capricornus	Steinbock
Taurus	Stier
Virgo	Jungfrau
Reticulum	Netz
Volans	Fliegender Fisch
Aries	Widder
Lepus	Hase
Camelopardis	Giraffe
Auriga	Fuhrmann
Libra	Waage
Musca	Fliege
Lacerta	Eidechse
Pavo	Pfau
Mensa	Tafelberg

Wie lauten die deutschen Bezeichnungen dieser Sternbilder?

Lynx –

Gemini –

Capricornus –

Taurus –

Virgo –

Reticulum –

Volans –

Aries –

Lepus –

Camelopardis –

Auriga –

Libra –

Musca –

Lacerta –

Pavo –

Mensa –

Übung 19

Lesen Sie sich die Sternbilder und ihre deutschen Namen unter Punkt 18 noch einmal gut durch. Beantworten Sie dann die Frage: Wie lauten die lateinischen Namen dieser Sternbilder?

Widder –

Stier –

Jungfrau –

Hase –

Zwilling –

Steinbock –

Netz –

Fliege –

Eidechse –

Pfau –

Tafelberg –

Fliegender Fisch –

Giraffe –

Fuhrmann –

Waage –

Luchs –

Übung 20

Merken Sie sich, wann die folgenden Winde und Sturmarten regelmäßig auftreten:

Blizzard	Winter
Taifun	Juli–November
Buran	Winter
Monsun	Ganzjährig
Pampero	November bis Februar
Hurrikan	August bis Oktober
Suchowei	Sommer
Samum	Sommer
Willy-Willy	November bis März
Southerly Bursters	September bis Februar
Bora	Winter
Föhn	Ganzjährig
Norther	Winter
Tornado	März bis Oktober
Harmattan	Winter
Schirokko	Frühjahr, Herbst

Fügen Sie nun die korrekten Zeiträume des Jahres zu den verschiedenen Windarten hinzu:

Blizzard –

Bora –

Buran –

Föhn –

Harmattan –

Hurrikan –

Monsun –

Norther –

Pampero –

Samum –

Schirokko –

Southerly Bursters –

Suchowei –

Taifun –

Tornado –

Willy-Willy –

Übung 21

Die wichtigsten Superheldencomics werden von den amerikanischen Verlagen „Marvel" oder „DC" herausgegeben. Prägen Sie sich ein, welcher Held zu welchem Verlag gehört. Ein paar zusätzliche Superhelden anderer Verlage sind aber auch dabei!

Spiderman	Marvel
Batman	DC
Superman	DC
X-Men	Marvel
Captain Marvel	DC
Die Fantastischen Vier	Marvel
Die Rächer	Marvel
Hellboy	Dark House
Plastic Man	DC

Legion der Superhelden	DC
Hulk	Marvel
Daredevil	Marvel
Grüne Leuchte	DC
Wondergirl	DC
Thor	Marvel
Silver Surfer	Marvel
Die Gerechtigkeitsliga	DC
Spawn	Image
Der Eiserne	Marvel
Catwoman	DC

Zu welchem US-Verlag gehören folgende Superhelden und Superhelden-Truppen?

X-Men –

Wondergirl –

Thor –

Superman –

Spawn –

Silver Surfer –

Plastic Man –

Legion der Superhelden –

Hulk –

Hellboy –

Grüne Leuchte –

Spiderman –

Die Rächer -

Die Gerechtigkeitsliga -

Die Fantastischen Vier -

Der Eiserne –

Daredevil –

Catwoman –

Captain Marvel –

Batman –

Übung 22

Im Folgenden finden Sie mehrere Namen, die jeweils eine Stadt, ein Land oder einen Fluss benennen. Merken Sie sich die Namen und zu welchen Bereichen sie gehören.

Stadt:
Bagdad – Djakarta – Fuschun – Hanoi – Kairo – New York – Peking – Quito – Rom

Land:
Albanien – Guatemala – Indonesien – Libanon – Syrien – Urugay – Vietnam – Zaire

Fluss:
Colorado – Euphrat – Jordan – Mekong – Ohio – Tejo – Wolga – Xingu – Yukon

Kreuzen Sie nun bei jedem Buchstaben des Alphabets an, ob der gemerkte Begriff, der mit diesem

Buchstaben beginnt, eine Stadt, ein Land oder einen Fluss bezeichnet! Jeder Anfangsbuchstabe kommt nur einmal vor.

Als kleine Hilfe:

In der Aufgabenstellung wurden neun Städte, acht Länder und neun Flüsse genannt, die Sie sich merken sollten.

A: Stadt ☐ Land ☐ Fluss ☐

B: Stadt ☐ Land ☐ Fluss ☐

C: Stadt ☐ Land ☐ Fluss ☐

D: Stadt ☐ Land ☐ Fluss ☐

E: Stadt ☐ Land ☐ Fluss ☐

F: Stadt ☐ Land ☐ Fluss ☐

G: Stadt ☐ Land ☐ Fluss ☐

H: Stadt ☐ Land ☐ Fluss ☐

I: Stadt ☐ Land ☐ Fluss ☐

J: Stadt ☐ Land ☐ Fluss ☐

K: Stadt ☐ Land ☐ Fluss ☐

L: Stadt ☐ Land ☐ Fluss ☐

M: Stadt ☐ Land ☐ Fluss ☐

N: Stadt ☐ Land ☐ Fluss ☐

O: Stadt ☐ Land ☐ Fluss ☐

P: Stadt ☐ Land ☐ Fluss ☐

Q: Stadt ☐ Land ☐ Fluss ☐

R: Stadt ☐ Land ☐ Fluss ☐

S: Stadt ☐ Land ☐ Fluss ☐

T: Stadt ☐ Land ☐ Fluss ☐

U: Stadt ☐ Land ☐ Fluss ☐

V: Stadt ☐ Land ☐ Fluss ☐

W: Stadt ☐ Land ☐ Fluss ☐

X: Stadt ☐ Land ☐ Fluss ☐

Y: Stadt ☐ Land ☐ Fluss ☐

Z: Stadt ☐ Land ☐ Fluss ☐

Übung 23

Im Folgenden finden Sie mehrere Namen, die je einen Baum, eine Blume oder einen Busch benennen. Merken Sie sich die Namen und zu welchen Bereichen sie gehören.

> Baum:
> Esche – Föhre – Nussbaum – Omorikafichte – Redwood – Ulme – Vermintahorn – Yucca – Zeder
>
> Blume:
> Ipheion – Jasmin – Kaiserkrone – Lilie – Strauchpfingstrose – Taglilie – Wilde Tulpe
>
> Busch:
> Akebia – Berberitze – Calycanthus – Dichterlorbeer – Hibiskus – Ginster – Mondsame – Porzellanwein

Kreuzen Sie nun bei jedem Buchstaben des Alphabets an, ob der gemerkte Begriff der mit diesem Buchstaben beginnt, einen Baum, eine Blume oder einen Busch bezeichnet. Jeder Anfangsbuchstabe kommt nur einmal vor. Und Vorsicht: Die Buchstaben „q“ und „x“ fehlen!
Als kleine Hilfe:
In der Aufgabenstellung wurden neun Bäume, sieben Blumen und acht Büsche:

A:	Baum ☐ Blume ☐ Busch ☐	B:	Baum ☐ Blume ☐ Busch ☐
C:	Baum ☐ Blume ☐ Busch ☐	D:	Baum ☐ Blume ☐ Busch ☐
E:	Baum ☐ Blume ☐ Busch ☐	F:	Baum ☐ Blume ☐ Busch ☐
G:	Baum ☐ Blume ☐ Busch ☐	H:	Baum ☐ Blume ☐ Busch ☐
I:	Baum ☐ Blume ☐ Busch ☐	J:	Baum ☐ Blume ☐ Busch ☐
K:	Baum ☐ Blume ☐ Busch ☐	L:	Baum ☐ Blume ☐ Busch ☐
M:	Baum ☐ Blume ☐ Busch ☐	N:	Baum ☐ Blume ☐ Busch ☐
O:	Baum ☐ Blume ☐ Busch ☐	P:	Baum ☐ Blume ☐ Busch ☐
R:	Baum ☐ Blume ☐ Busch ☐	S:	Baum ☐ Blume ☐ Busch ☐

T: Baum ☐ Blume ☐ Busch ☐

U: Baum ☐ Blume ☐ Busch ☐

V: Baum ☐ Blume ☐ Busch ☐

W: Baum ☐ Blume ☐ Busch ☐

Y: Baum ☐ Blume ☐ Busch ☐

Z: Baum ☐ Blume ☐ Busch ☐

Übung 24

Im Folgenden finden Sie eine Liste aller Bundesstaaten der USA. Versuchen Sie, sich alle (es sind 50) gut zu merken!

Alabama	Alaska
Arizona	Arkansas
California	Colorado
Connecticut	Delaware
Florida	Georgia
Hawaii	Idaho
Illinois	Indiana
Iowa	Kansas
Kentucky	Louisiana
Maine	Maryland
Massachusetts	Michigan
Minnesota	Mississippi
Missouri	Montana
Nebraska	Nevada
New Hampshire	New Jersey
New Mexico	New York
North Carolina	North Dakota
Ohio	Oklahoma
Oregon	Pennsylvania
Rhode Island	South Carolina
South Dakota	Tennessee
Texas	Utah
Vermont	Virginia
Washington	West Virginia
Wisconsin	Wyoming

Schreiben Sie nun alle Bundesstaaten zu ihrem jeweiligen Anfangsbuchstaben dazu. Als Hilfe geben wir an, wie viele es pro Buchstabe sind.

A (4): ____________________

____

C (3): ____________________

D (1): ____________________

F (1): ____________________

G (1): ____________________

H (1): ____________________

I (4): ____________________

____

K (2): ____________________

L (1): ____________________

M (8): ____________________

____

N (8): ______________________

____

____

O (3): ______________________

____

P (1): ______________________

R (1): ______________________

S (2): ______________________

T (2): ______________________

U (1): ______________________

V (2): ______________________

W (4): ______________________

____

Das Langzeitgedächtnis

Seinem Namen entsprechend handelt es sich beim Langzeitgedächtnis um ein Reservoir an Informationen, Daten und Fakten, die Ihnen für einen sehr langen Zeitraum zu Verfügung stehen. Für einen sehr langen Zeitraum, aber nicht automatisch für immer! Denn das Langzeitgedächtnis ist ein letzter Filter Ihres Gedächtnisses. Allerdings gehen Informationen, die einmal im Langzeitgedächtnis abgespeichert wurden, nicht mehr verloren. Sie sind als dauerhafte chemische Veränderung in Ihr Gehirn eingebrannt. Dennoch kann man auch einmal im Langzeitgedächtnis eingespeicherte Informationen (scheinbar) vergessen. Genauer gesagt vergisst man sie aber nicht, sie sind vielmehr nicht mehr präsent und sinken in Ihr Unterbewusstsein ab. Die Kennzeichennummer Ihres ersten Autos werden Sie, so lange Sie dieses Auto besessen haben und noch eine Weile darüber hinaus, jederzeit parat und abrufbereit gehabt haben. Zehn Jahre nach dem Verkauf dieses Autos werden Sie das Kennzeichen vielleicht aktiv nicht mehr wissen; würden Sie aber ein altes Foto Ihres Autos sehen oder sonst irgendwie daran erinnert, so würde diese „vergessene" Information wieder aus Ihrem Unterbewussten auftauchen und Sie wüssten, dass Sie das schon einmal gewusst haben. Sätze, die mit „Ja, genau, ich erinnere mich ..." beginnen, sind typisch für ins Unterbewusste abgesunkene Informationen.

Auch dieser Filter bewahrt Sie davor, zu viele Dinge für eine zu lange Zeit immer in Ihrem aktiven Bewusstsein präsent zu haben. Dennoch bleiben diese Daten, die für Sie irgendwann einmal von großer Wichtigkeit waren, erhalten und können durch Input von außen reaktiviert werden.

Es sind übrigens nicht immer die objektiv wichtigsten Daten, wie z. B. Ihre Steuernummer, die im Gedächtnis bleiben. Oft sind es scheinbar nebensächliche Dinge, oft ganz und gar nutzlose. Das hat damit zu tun, wie die Informationen vom Gehirn gespeichert werden, nämlich eher assoziativ und in Verbindung mit Emotionen: im positiven Fall z. B. durch große Glücksmomente, im negativen z. B. durch Schocks.

Wie auch immer. Viele Informationen, wie z. B. der Name des Lieblingsstofftiers Ihres Lieblingsstars zu Teenagerzeiten, werden für Sie später nicht mehr wichtig sein und dürfen ruhig „in Frieden ruhen“. Andere, wie etwa Ihre Englischkenntnisse, sind vielleicht für Ihr Berufsleben wichtig und sollten vor dem Absinken aus dem Langzeitgedächtnis bewahrt werden. Damit auch dieser Teil Ihres Gedächtnisses in Schwung bleibt, empfiehlt es sich, das Langzeitgedächtnis zu trainieren. Etwa mit folgenden Übungen.

Das Langzeitgedächtnis zu trainieren, heißt in erster Linie, Dinge abzurufen, die man schon einmal gewusst hat. Zusätzlich zu den folgenden Übungen, die diese oft lange zurückliegende Speicherung auf verschiedene Art ansprechen, können Sie Ihr Langzeitgedächtnis auch mit den Übungen aus dem Abschnitt „Kurzzeitgedächtnis“ trainieren.

Versuchen Sie dazu, die dort abgedruckten Aufgaben so zu verinnerlichen, dass Sie sie auch nach dem Puffer von 20 Minuten noch im Kopf behalten. Überprüfen Sie etwa, ob Sie sich nach einer Stunde, nach zwei Stunden, nach einer Tag oder nach einer Woche noch an alle 50 US-Bundesstaaten erinnern. Sicher werden Sie einiges vergessen haben. Lernen Sie die Texte daher erneut (vielleicht mit der einen oder anderen in diesem Kapitel beschriebenen Technik) so lange, bis Sie auch nach 1 oder 2 Wochen zufrieden stellende Resultate erzielen.

Nun aber los und trainieren Sie Ihr Langzeitgedächtnis!

Übung 25

Versuchen Sie, mindestens 20 Wörter aufzuschreiben, die mit den Anfangsbuchstaben „Tr" beginnen.

1. ______
2. ______
3. ______
4. ______
5. ______
6. ______
7. ______
8. ______
9. ______
10. ______
11. ______
12. ______
13. ______
14. ______
15. ______
16. ______
17. ______
18. ______
19. ______
20. ______

______

______

Fallen Ihnen vielleicht sogar noch weitere Wörter ein? Schreiben Sie diese auch noch auf:

______

______

Übung 26

Und jetzt schreiben Sie mindestens 20 Wörter auf, die mit „Schl" beginnen.

1. ______
2. ______
3. ______
4. ______
5. ______
6. ______
7. ______
8. ______
9. ______
10. ______
11. ______
12. ______
13. ______
14. ______
15. ______
16. ______
17. ______

18. ______________________

19. ______________________

20. ______________________

Hier ist noch Platz für weitere Wörter:

____

____

Übung 27

Notieren Sie mindestens 20 Wörter, die auf die Silbe „-heit“ enden:

1. ______________________
2. ______________________
3. ______________________
4. ______________________
5. ______________________
6. ______________________
7. ______________________
8. ______________________
9. ______________________
10. ______________________
11. ______________________
12. ______________________
13. ______________________
14. ______________________
15. ______________________
16. ______________________
17. ______________________
18. ______________________
19. ______________________
20. ______________________

Natürlich gibt es viel mehr als 20. Wissen Sie noch mehr?

____

____

Übung 28

Wie hießen die drei letzten Präsidenten der USA mit Vor- und Nachnamen?

1. ______________________
2. ______________________
3. ______________________

Übung 29

Wie hießen die drei letzten Päpste?

1. ______________________
2. ______________________
3. ______________________

Übung 30

Nennen Sie möglichst alle deutschen Bundespräsidenten der Nachkriegszeit in der richtigen Reihenfolge:

1. ____________________
2. ____________________
3. ____________________
4. ____________________
5. ____________________
6. ____________________
7. ____________________
8. ____________________
9. ____________________

Übung 31

Wie heißen alle 16 Bundesländer Deutschlands?

1. ____________________
2. ____________________
3. ____________________
4. ____________________
5. ____________________
6. ____________________
7. ____________________
8. ____________________
9. ____________________
10. ____________________
11. ____________________
12. ____________________
13. ____________________
14. ____________________
15. ____________________
16. ____________________

Übung 32

Österreich hat neun Bundesländer. Wie viele fallen Ihnen ein?

Übung 33

Die Schweiz hat 26 Kantone. Von welchen haben Sie schon einmal gehört?

Übung 34

Es gibt über 100 chemische Elemente, allerdings nur wenige Dutzend bekannte. Wie viele davon fallen Ihnen ein?

______

______

______

______

Übung 35

Unser Sonnensystem hat neun Planeten. Wie heißen sie?
Fleißaufgabe: Nennen Sie alle Planeten in der richtigen Reihenfolge von der Sonne aus!

1. ______
2. ______
3. ______
4. ______
5. ______
6. ______
7. ______
8. ______
9. ______

Übung 36

Nennen Sie alle deutschen Bundeskanzler seit 1949. Am besten in der richtigen Reihenfolge.

1949–1963: ______

1963–1966: ______

1966–1969: ______

1969–1974: ______

1974–1982: ______

1982–1998: ______

1998–heute: ______

Übung 37

Das Zeitalter der Cäsaren (Alleinherrscher im Alten Rom) dauerte von 49 v. Chr. bis 68 n. Chr. Der erste war Julius Cäsar, der von 49 v. Chr. bis 44 n. Chr herrschte. Wie hießen die anderen fünf? Wissen Sie auch, wann diese regierten?

1. ______
2. ______
3. ______
4. ______
5. ______

Übung 38

Im katholischen Glauben spricht man von den sieben Todsünden. Welche sind das?

1. ______
2. ______
3. ______
4. ______
5. ______
6. ______
7. ______

Übung 39

Christus hatte der Bibel zufolge zwölf Apostel. Wie hießen sie? Nennen Sie sie auch mit ihrem jeweiligen Beinamen (nicht alle haben einen!).

1. ______
2. ______
3. ______
4. ______
5. ______
6. ______
7. ______
8. ______
9. ______
10. ______
11. ______
12. ______

Übung 40

Zu Europa zählt man 44 Staaten vom Atlantik bis zum Ural, vom Polarkreis bis zum Mittelmeer. Kennen Sie alle? Und ihre Hauptstädte?
Als Hilfe sehen Sie, wie viele Staaten jeweils mit welchem Buchstaben beginnen.

Land: **Hauptstadt:**

A

1. ______
2. ______

B

1. ______
2. ______
3. ______

D

1. ______
2. ______

E

1. ______

F

1. ______

2. ______

G

1. ______

2. ______

I

1. ______

2. ______

3. ______

J

1. ______

K

1. ______

L

1. ______

2. ______

3. ______

4. ______

M

1. ______

2. ______

3. ______

4. ______

N

1. ______

2. ______

O (Ö)

1. ______

P

1. ______

2. ______

R

1. ______

2. ______

S

1. ______

2. ______

3. ______

4. ______

5. ______

6. ______

T

1.
2.

U

1.
2.

V

1.

W

1.

Übung 41

Nennen Sie mindestens 20 Küchengewürze

1.
2.
3.
4.
5.
6.
7.
8.
9.
10.
11.
12.
13.
14.
15.
16.
17.
18.
19.
20.

Fallen Ihnen noch weitere ein?.

Übung 42

Es gibt viele Gifttiere, die die Gesundheit des Menschen gefährden können. Nennen Sie mindestens zehn. Tipp: Schreiben Sie nicht einfach „Schlange“, sondern nennen Sie verschiedene Giftschlangen.

1.
2.
3.
4.
5.

6. ______________________________

7. ______________________________

8. ______________________________

9. ______________________________

10. ______________________________

Weitere: ______________________________

____

____

i) Atomunfall in Tschernobyl
j) Watergate-Affäre unter US-Präsident Richard Nixon
k) Vertrag von Maastricht
l) Totale Sonnenfinsternis in Mitteleuropa
m) Challenger-Katastrophe:
n) Weltausstellung Expo in Hannover
o) Terroranschlag auf das World Trade Center

Übung 43

Einige Jahreszahlen, private wie historische, hat man meistens im Kopf. Wie sieht es mit den folgenden Ereignissen aus? Können Sie ihnen eine Jahreszahl zuordnen?

a) Ende des Ersten Weltkrieges
b) Olympische Sommerspiele in München
c) Entdeckung Amerikas durch den spanischen Seefahrer Christoph Kolumbus
d) Wiedervereinigung der Bundesrepublik Deutschland
e) Französische Revolution und Sturm auf die Bastille
f) Neil Armstrong landet auf dem Mond
g) Gründung der USA
h) Tod von Lady Di durch einen Autounfall

Übung 44

Was bedeuten folgende Fremdwörter:

a) instruieren
1. einstreuen ☐
2. unterweisen ☐
3. ihre Tage haben ☐

b) Korrosion
1. Unfall (Auto) ☐
2. Verbesserung ☐
3. Auflösung (von Material) ☐

c) Orkus
1. Unterwelt ☐
2. Wirbelwind ☐
3. Kreis (Geometrie) ☐

d) digestiv
1. zerteilt ☐
2. die Verdauung fördernd ☐
3. zerbrochen ☐

e) Adept
1. Anhänger einer Lehre ☐
2. Zusatzgerät zu einem Hauptgerät ☐
3. schwächliches Kind ☐

f) Cluster
1. Schalentier ☐
2. Mönchsklause ☐
3. Anhäufung von Einzelteilen ☐

g) Infant
1. Teenager ☐
2. Prinz (Spanien) ☐
3. Indischer Elefant ☐

h) Sephardim
1. siebter Ton der Tonleiter ☐
2. Engelart ☐
3. spanische und portugiesische Juden ☐

i) polyglott
1. vielsprachig ☐
2. künstlich (bei Werkstoffen) ☐
3. zu Papageien gehörig ☐

j) imperforabel
1. nicht durchbohrbar ☐
2. kaiserlich ☐
3. nicht durchführbar ☐

Übung 45

Die Comic-Familie Duck hat viele Verwandte. Nennen Sie mindestens zehn davon. Es werden Ihnen sicher auch noch mehr einfallen

1. ______
2. ______
3. ______
4. ______
5. ______
6. ______
7. ______
8. ______
9. ______
10. ______

Weitere: ______

______

Lernen, behalten, erinnern

Wahrscheinlich kennen Sie es von sich selbst seit langem oder konnten es durch die vorangegangenen Übungen wieder einmal an sich selbst erleben: Manche Dinge merkt man sich einfach besser als andere! Diese banale Tatsache wird dann interessant, wenn man beobachtet, wie unterschiedlich die Gedächtnisleistungen verschiedener Menschen bei ein und demselben Ereignis sind.

Nehmen wir einen Vortrag über Mathematik. Nach dem Ende der Veranstaltung kann sich der eine noch recht genau an den Inhalt und die Thesen des Vortragenden erinnern. Ein anderer hat bereits fast alles wieder vergessen, weiß aber viel über den Akzent und Dialekt des Vortragenden, inklusive diverser Regionalausdrücke, die er verwendet, und Grammatikfehler, die er begangen hat. Ein Dritter kann sich an beides nicht mehr erinnern, erinnert sich aber noch ganz genau an Form, Farbe und Schnitt der Kleidung des Vortragenden bzw. daran, wie viele Knopflöcher sein Sakko hatte und wie viele davon zugeknöpft waren.

Diese erstaunliche Vielfalt an erinnerten Eindrücken hängt viel mit unserer persönlichen Geschichte, mit unseren Vorlieben und Talenten sowie mit unseren sozialen Prägungen zusammen. Weiß man um diese individuellen Eigenschaften, so kann man sie sich auch zur Erlangung eines besseren Gedächtnisses zunutze machen.

Faktoren, die das Lernen beeinflussen

Es ist nicht egal, wann man was, wo und unter welchen Umständen lernt oder zu lernen versucht. Benötigt der eine strikte Ruhe, kann sich der andere bei leiser Hintergrundmusik viel besser auf das Lernen konzentrieren. So mancher lernt eher im abgedunkelten stillen Kämmerlein zu Hause spät in der Nacht, während der andere beim Spazierengehen an der frischen Luft am frühen Morgen bessere Resultate erzielt. Hier gilt es, individuell herauszufinden, was Ihnen nutzt und was Ihnen schadet. Einige allgemeine Dinge lassen sich über das Lernen aber dennoch formulieren.

Emotionaler Zustand

Am besten lernt es sich in einer äußerlich wie innerlich ruhigen Situation. Wenn Sie sich ruhig, gelassen, aber wach einer Lernphase widmen, wird der Erfolg ungleich größer sein, als wenn Sie gehetzt und besorgt „auf den letzten Drücker" Vokabeln pauken oder die wichtigsten Punkte einer folgenden Geschäftsbesprechung memorieren. Hier helfen oft einfache Entspannungsübungen, die Ihnen die nötige innere Ruhe und eine kurze Atempause verschaffen, bevor Sie sich den eigentlichen Aufgaben widmen.

Arbeitsplatz

Der Arbeitsplatz, also der Platz, den wir zum Lernen nutzen, sollte ange-

Atemübungen

- Atmen Sie ganz langsam und v. a. bewusst. Versuchen Sie besonders lange und viel auszuatmen, damit die verbrauchte Luft ganz aus Ihren Lungen entweichen kann. Dabei hilft es, den Bauch bzw. das Zwerchfell einzuziehen.
- Atmen Sie zur Abwechslung ganz schnell mehrfach hintereinander ein und aus.
- Wenn Sie spazieren gehen, lassen Sie einmal Ihre Schritte den Rhythmus Ihres Atmens bestimmen.
- Stellen Sie sich aufrecht und gerade hin. Am besten bei offenem Fenster oder in der Natur. Lockern Sie Ihre Schultern und Arme. Atmen Sie dann tief durch die Nase ein. So tief, dass sich die Bauchdecke nach außen wölbt. Halten Sie die Luft nun etwas an und atmen Sie danach langsam und bewusst aus.

nehm sein, Raum zur Entfaltung und möglichst wenig Ablenkung bieten. Das bedeutet, dass v. a. das Aufräumen vor dem Lernen helfen kann, um im Anschluss daran eine erfolgreiche Lernphase zu haben. Sie sollten nicht nur genügend Platz für Ihre Unterlagen, sondern diese auch immer in Griffnähe haben. Gleichzeitig sollten sich keine störenden Objekte Ihrem unmittelbaren Sichtbereich befinden. Entfernen Sie alles, was Sie ablenken könnte. Des Weiteren sollten Sie für Ruhe – oder falls Sie damit besser lernen können – für leise, ruhige Hintergrundmusik sorgen. Instrumentalmusik, etwa wie auf Meditations-CDs, oder ruhige klassische Musik sind dafür am besten geeignet. Musik mit starken Rhythmen oder auffälligen Liedtexten lenkt dagegen eher ab.

Schreibtisch

Abgesehen von Dingen wie Gedichte auswendig lernen, was sich je nach persönlicher Vorliebe praktisch überall durchführen lässt, ist Lernen sonst doch mehrheitlich an Bücher, Hefte und andere Arbeitsmaterialien gebunden. Wenn man also an einem Tisch sitzend lernt, sollte man einige Dinge unbedingt beachten: Wichtig ist ein Lernplatz, der von dem Ler-

Entspannungsübungen

- Legen Sie sich entspannt hin, atmen Sie einige Male tief und bewusst durch und versuchen Sie, sich an einen „Ort innerer Harmonie“ zu begeben. Dieser Ort kann ein echter Ort sein, an dem Sie sich etwa in Ihrer Kindheit besonders wohl gefühlt haben. Sie können sich aber auch einen inneren Ort schaffen, einen Tempel, ein Haus oder einen Raum, der Ihnen gefällt. Richten Sie diesen Ort mit Dingen, Geräuschen und Gerüchen ein, die Sie mögen und die Ihnen angenehme Gefühle vermitteln. Versuchen Sie, diesen Ort möglichst gut und in allen Details zu visualisieren. „Besuchen“ Sie diesen Ort in Gedanken immer wieder, bis er sich fix in Ihrem Bewusstsein verankert hat. Sie haben nun einen Platz, an den Sie sich, unabhängig davon, wo Sie sich gerade wirklich befinden, zurückziehen können, um Ruhe und Entspannung zu finden.
- Alternativ können Sie sich auch einfach einen Spaziergang durch die Natur vorstellen: Sie spazieren an einem Bach entlang, hören das Plätschern, hören auch das Zwitschern der Vögel, sehen sich Blumen an, setzen sich ins noch etwas feuchte Gras, atmen die klare, kühle Luft ein und sehen den treibenden Wolken zu.
  Bauen Sie diese Vision jedes Mal mit mehr Details aus und üben Sie diesen „Spaziergang“ oft. Je besser Sie sich all das vorstellen können, desto erholsamer wird Ihr „Traum“-Ausflug werden.

nenden alleine benutzt wird und an dem man alle Arbeitsutensilien übersichtlich anbringen und anordnen kann. Eine Schreibplatte oder ein Schreibtisch sollte daher mindestens eine Abmessung von 100 x 60 cm aufweisen. Die ideale Höhe für einen Schreibtisch beträgt im Allgemeinen zwischen 70 und 80 cm. Weitere Arbeitshilfen wie Seitenfächer, Hängeregistraturen oder Ausziehplatten sind darüber hinaus äußerst nützlich.

Wichtig ist aber auch die Wahl des richtigen Stuhles, ein Faktor, auf den man gar nicht genug Wert

Wichtige Tipps für effektives Lernen:

1. Die ideale Raumtemperatur beim Lernen und anderen geistigen Arbeiten liegt bei 18 Grad. Dabei sollte man unbedingt darauf achten, dass man warme Füße hat!
2. Die Luftfeuchtigkeit sollte möglichst zwischen 50 und 70 % liegen, da das als am angenehmsten empfunden wird.
3. Der Sauerstoffbedarf bei geistiger Arbeit ist sehr hoch: Er liegt bei etwa 50 m^3 pro Stunde! Das bedeutet, dass man einen mittelgroßen Raum alle 15 Minuten lüften müsste. Achten Sie also auf ausreichend frische Luft, auch in der kalten Jahreszeit. Das sog. Stoßlüften, d.h. alle Fenster kurz ganz aufmachen, ist dabei besser, als die Fenster ständig gekippt zu halten.
4. Zugluft unbedingt vermeiden!

legen kann. Denn unter Umständen muss man auf diesem Stuhl jeden Tag mehrere Stunden verbringen.

Wie sieht nun der richtige Stuhl aus? Vor allem sollte er nicht zu hart und nicht zu weich sein, auf jeden Fall bequem und unbedingt in der Höhe verstellbar, sodass man ohne Ermüdungserscheinungen und v. a. ohne Muskelverspannungen mehrere Stunden darauf sitzen kann.

Wichtig ist auch, auf Schattenbildung zu achten: Stellen Sie Ihren Schreibtisch so auf, dass das Tageslicht nicht stört. Künstliches Licht sollte ausreichend hell sein und von vorne oder von links (bei Linkshändern von rechts!) kommen.

Lernstrategien

Einfach, aber wahr: Auch Lernen will gelernt sein! Tatsächlich kommt es sehr darauf an, wie man an einen Lernstoff herangeht, wie man ihn strukturiert und gliedert, in welchen Etappen man ihn lernt etc. Je nach Methode kann man seine Effizienz in vorher nicht für möglich gehaltene Höhen steigern. Stures Auswendiglernen von Vokabeln etwa nützt sehr wenig und bringt den Lerninhalt in den meisten Fällen gerade mal in den Speicher des Kurzzeitgedächtnisses. Wenn man Glück hat, reicht die Erinnerung dann gerade noch für den nächsten Test oder die nächste

Prüfung, bald darauf ist dann aber alles verloren. Verfolgt man aber andere Strategien, in denen man die Inhalte oder den Klang der Vokabel bildlich mit etwas verbindet oder sich Eselsbrücken baut, gelingt auch schon nach viel weniger Wiederholungen ein wesentlich besseres Ergebnis an dauerhaft gemerkten Vokabeln.

Einige Lerntechniken sind sehr alt. Ihre Wurzeln reichen bis in die Antike zurück. Andere Techniken verdanken wir den Erkenntnissen der modernen Psychologie. Allen ist aber gemein, dass derjenige, der sie kennt, beachtet und benutzt, einen eindeutigen Lernvorteil gegenüber anderen hat, die „einfach so dahinlernen" – egal mit wie viel Eifer und Einsatz!

Mnemotechnik

Eine der ältesten modernen Erinnerungsmethoden, die eigentlich aus mehreren Methoden besteht, nennt man Mnemotechnik. „Mneme" ist ein altgriechisches Wort und bedeutet wörtlich übersetzt nichts anderes als Gedächtnis oder Erinnerung.

Wie funktioniert Mnemotechnik nun grundsätzlich? Das Prinzip basiert auf der Erkenntnis, dass Erinnerungen in uns oft durch andere Erinnerungen oder spontane Ereignisse abgerufen werden. Das bedeutet, dass alles, was wir wissen und was uns als Menschen ausmacht, irgendwo im Gehirn gespeichert ist und von Fall zu Fall durch bestimmte Auslöser aktiviert wird. Wenn man etwa das Wort „klein" liest, fällt einem dabei zumeist automatisch auch das Wort „groß" ein, denn viele Dinge, wie Gegensatzpaare (schwarz – weiß, schwer – leicht) oder fixe Assoziationen (Himmel – blau, Wasser – nass), sind ganz fest in uns verankert. Man kann das eine praktisch nicht aktivieren, ohne auch das andere mitzudenken.

Diese natürliche Fähigkeit des Gehirns kann man nun sehr gut dazu einsetzen, um eigene Assoziationen zu schaffen und bewusst zu kontrollieren. Es geht darum, Informationen auf eine Weise aufzuarbeiten, die es uns leichter macht, sie bei Bedarf jederzeit abzurufen. Dabei verknüpft man gedanklich zwei Dinge, die vorderhand nichts miteinander zu tun haben müssen, auf eine Weise, die dazu führt, dass die Erinnerung an das eine automatisch die Erinnerung an das andere hervorruft.

Wussten Sie schon, ...

dass auch berühmte Redner der Antike mit der Mnemotechnik und v. a. mit der Loci-Methode arbeiteten? Um einen maximalen Effekt zu erzielen, deklamierten sie ihre Reden nämlich auswendig. Der berühmte römische Redner Cicero etwa berichtet in seinem Werk *De oratore,* dass er beim Lernen und Wiedergeben seiner langen Reden geistig die Umgebung des Forum Romanum abschritt. Der Erfinder dieser Methode war aber nicht Cicero selbst, sondern vermutlich der um 500 v. Chr. lebende griechische Poet und Redner Simonides von Keos.

In der Mnemotechnik spricht man auch von „Ankern“, die man im Gehirn anlegt, um gewisse Informationen an einem Platz zu fixieren. Zunächst schafft man eine Art Grundstruktur, in der diese Anker angebracht und später mit bestimmten willkürlich gewählten Informationen verknüpft werden. Auf diese Art kann man sich in kürzester Zeit Unmengen von Informationen und Daten merken, die dann auch in beliebiger Reihenfolge wiedergegeben werden können. Das System lässt sich auch erweitern und funktioniert deshalb so gut, weil es der natürlichen Ordnung im Gehirn entspricht. Erinnerungen werden nämlich ortsabhängig gespeichert und assoziativ abgerufen. Angewandt wurden solche Methoden bereits in der Antike oder vielleicht sogar schon früher, da es aus Kosten- und Verfügbarkeitsgründen oft wichtig war, lange Texte oder sogar ganze Bücher auswendig zu lernen.

Die Loci-Technik

Die Loci-Technik wird auch „Die Methode der Orte“ genannt, weil das lateinische Wort „locus“ eben so viel bedeutet wie „Ort, Platz“. Die Loci-Technik gilt als die älteste bekannte Merktechnik der Menschheit und wurde schon von griechischen und römischen Rednern verwendet. Sie ist ideal, um sich eine Reihe von Begriffen, wie beispielsweise die wichtigsten Eckpunkte für lange Reden, zu merken.

Grundsätzlich funktioniert das so: Zuerst überlegt man sich einen Weg, den man gut kennt, wie z. B.

den täglichen Weg zur Arbeit oder zur Schule oder einen Spaziergang, den man öfter unternimmt. Wichtig ist dabei, dass an dieser Strecke besonders markante Orte oder Punkte liegen. Man verbindet nun geistig die wichtigen zu lernenden Begriffe mit den markanten Punkten dieser Strecke. Wichtig ist, sich das nicht etwa nur aufzuschreiben (z. B. „Supermarkt = Karl der Große"), sondern sich die Dinge bildlich mit dem inneren Auge vorzustellen. Denn nur so wird diese Information verankert und man kann sie, wenn man den Weg im Geiste wieder geht, auch richtig verbinden und abrufen.

Die Loci-Technik macht sich die assoziativ-bildliche Art zunutze, mit der unser Gehirn Informationen abspeichert. Besonders geeignet ist sie natürlich für lange Aufzählungen, wie z. B. für eine endlose Reihe geschichtlicher Daten oder für die Reihenfolge der chemischen

Der sagenhafte Ursprung der Loci-Technik

Die Erfindung dieser Merktechnik wird historisch gerne mit einer schauerlichen Geschichte verbunden. Der antike Dichter Simonides von Keos hatte die Aufgabe, vor einer festlichen Tafel einen Lobgesang auf den damals berühmten Faustkämpfer Skopas vorzutragen. Allerdings mischte Simonides in seinen Gesang auch Lob auf die ebenfalls als Kämpfer berühmten Söhne des Zeus, Castor und Pollux. Skopas, der Auftraggeber des Lobliedes, wollte daraufhin nicht den gesamten vereinbarten Lohn zahlen. Der Legende nach zürnten ihm daher die Götter und ließen den Palast, in dem das Festmahl abgehalten wurde, einstürzen. Alle Anwesenden außer Simonides kamen dabei ums Leben. Schlimmer noch: Alle waren von den herabstürzenden Trümmern so übel zugerichtet worden, dass man sie nicht mehr identifizieren konnte. Simonides aber, der als Meister des Gedächtnisses bekannt war, hatte sich die Sitzordnung der Gäste so gut eingeprägt, dass er die Leichen nach dem Ort, an dem sie lagen, korrekt identifizieren konnte, so dass jeder der Toten ein angemessenes und würdiges Begräbnis erhalten konnte.

Wahr oder nur gut erfunden: So soll jedenfalls die Loci-Technik entstanden sein.

Elemente. Gedächtnisakrobaten nutzen sie etwa, um sich damit lange Reihen willkürlicher Ziffern zu merken – der Weltrekord liegt dabei bei 316 Ziffern in fünf Minuten.

Doch nicht nur Denksportprofis, sondern auch jeder durchschnittlich begabte Mensch kann diese Technik mit etwas Übung erlernen. Auch Anfängern gelingt es oft, sich nach einer kurzen Einführung innerhalb von fünf Minuten 40-stellige Zahlen zu merken.

Das Geheimnis liegt u. a. in der effizienten Nutzung beider Gehirnhälften. Seit ein paar Jahren kann man die Vorgänge, die beim Lernen und Wiedergeben von Gelerntem ablaufen, per Scan mit einer Positronen-Emissions-Tomografie (PET) auch sichtbar machen.

Daher weiß man, dass die Hirnrinde analytisch-logische Aufgaben übernimmt. Dagegen ist das sog. Limbische System für Kreativität, Gefühle und Fantasie zuständig. Wenn man nun mit der Loci-Methode Zahlen, Daten oder Fakten geistig mit Bildern verknüpft, sorgt man dafür, dass beide Gehirnhälften zusammenarbeiten. Dadurch erhöht sich die Leistung des Gedächtnisses enorm.

Der Mensch lernt nämlich immer dann am intensivsten und v. a. am effektivsten, wenn alle Sinne an diesem Vorgang beteiligt sind. Dabei ist der Sehsinn des Menschen bekanntlich am weitaus stärksten ausgeprägt, weshalb ihm zur Verarbeitung der einströmenden Bilder auch besonders viel Leistung zur Verfügung gestellt wird. Mehr als für alle anderen.

Also sprach Cicero ...

Der römische Philosoph und Redner Cicero, einer der berühmtesten Benutzer der Loci-Technik, sagte über diese Technik: „Wer das Gedächtnis zu trainieren sucht, muss deshalb bestimmte Plätze wählen und sich die Dinge, die er im Gedächtnis zu behalten wünscht, in seiner Fantasie vorstellen und auf bestimmte Plätze setzen. So wird die Reihenfolge dieser Plätze die Anordnung des Stoffes bewahren, das Bild der Dinge aber die Dinge selbst bezeichnen, und wir können die Plätze an Stelle der Wachstafel, die Bilder statt der Buchstaben benützen."

Übung 46

Stellen Sie sich einen kurzen Weg, den Sie gut kennen, genau vor. Etwa den Weg von Ihrer Wohnung zum nächsten Supermarkt. Suchen Sie zehn markante Punkte, an denen Sie immer wieder in derselben Reihenfolge vorbeikommen. Wiederholen Sie diesen geistigen Weg ein paar Mal und heben Sie die zehn Punkte gedanklich und verbal dabei hervor. Wenn Sie die Punkte gut drauf haben, verbinden Sie die folgenden zehn Wörter oder Vorgänge fix mit ihnen.

1. Rosenstrauch
2. Schuhe binden
3. Papas Geburtstag
4. Stefan Raab
5. Honigglas
6. Quadratwurzel
7. Computerabsturz
8. Onkel Fritz kommt zu Besuch
9. Simbabwe
10. Rissige Fingernägel

Machen Sie im Folgenden den Spaziergang so lange, bis Sie diese Begriffe fix mit den Orten verbunden haben und fehlerfrei wiedergeben können. Diese Übung können Sie überall und jederzeit durchführen.

Übung 47

Wenn Sie sich die oben stehende Liste gut gemerkt haben, dann versuchen Sie, den Spaziergang in umgekehrter Reihenfolge zu machen!

Verbinden Sie wieder die zehn Wörter mit ihren Eckpunkten.

Übung 48

Stellen Sie folgende acht Begriffe im Uhrzeigersinn in die acht Himmelsrichtungen (Nord, Nordost, Ost, Südost ...), d. h. in die vier Ecken und an die vier Wände Ihres Zimmers. Wenn Sie nicht genau wissen wo Norden ist, dann definieren Sie einfach eine Ecke oder Wand als Norden.

N – Hagebuttenmarmelade
NO – Delphin
O – Murmeltier
SO – Computer-Tastatur
S – Gabelstapler
SW – Murmeltier
W – Armbrust
NW – Murmel

Verbinden Sie diese Begriffe fix mit den Orten, so lange, bis Sie bei einer realen oder eingebildeten Hinwendung zu einer beliebigen Ecke oder Wand sofort sagen können, welcher Begriff dort stehen muss.

Die Symboltechnik

Auch die Symboltechnik benutzt die Fähigkeit und übliche Vorgehensweise unseres Gehirns, Informationen mit Bildern zu verknüpfen. Ähnlich der Loci-Methode eignet sich die Symboltechnik besonders gut dazu, sich lange Listen zu merken. Im Gegensatz zur Loci-Methode benutzt man zur Visualisierung aber keine Orte, sondern die Zahlen oder Buchstaben, aus denen die Liste der zu merkenden Dinge besteht. Es wird also die Position des Begriffes in einer Liste (erster, zweiter, dritter ... Punkt) mit einem Symbol verknüpft.

Diese Symbole muss man sich zuvor selbst erarbeiten und sich genau einprägen, am besten in allen Details mit Form, Aussehen, Farbe und eventuell auch mit Geräuschen und Gerüchen. Je besser man sich diese Symbole zuvor zurechtgelegt hat, desto höher ist später die Merkfähigkeit, wenn man sie mit bestimmten Begriffen verbindet.

Nun verknüpft man in Form einer kleinen Geschichte die zu merkenden Punkte bildlich mit den vorbereiteten Stellensymbolen. Dabei sollte man immer zuerst das Symbol setzen, da das den Erinnerungswert hebt. So erhält man einen schnelleren und besseren Zugang auf die gemerkte Szene.

Man kann mit Zahlen oder Buchstabenreihen arbeiten, sollte sich aber auf jeden Fall eine eigene Symbolik zurechtlegen. Wichtig ist v. a., dass man die einmal für sich festgelegte Symbolreihe nicht mehr wechselt, um Verwirrungen und Irrtümer zu vermeiden. Um die Vorteile der Mnemotechnik besonders gut nutzen zu können, ist es vorteilhaft, die Bildsymbole an das optische Erscheinungsbild der Ziffern anzupassen. Gewöhnlich werden bei den Zahlenreihen folgende Symbole vorgeschlagen:

- 0 = Ball (der Ball ist rund wie eine Null)
- 1 = Kerze (die Kerze sieht optisch einer Eins ähnlich)
- 2 = Schwan (die Zwei erinnert an den gebogenen Hals eines Schwans)
- 3 = Dreizack (eine Waffe mit drei Spitzen, die der Gott Poseidon trägt)
- 4 = Koffer (ein Koffer ist fast immer viereckig)
- 5 = Hand (eine Hand hat fünf Finger)
- 6 = Elefant (mit etwas Fantasie erinnert die Sechs an einen gebogenen Elefantenrüssel)

7 = Fahne (eine Fahne, die oben an einer Fahnenstange weht)
8 = Sanduhr (eine Sanduhr hat klassisch eine ähnliche Form wie eine Acht)
9 = Kegel (auf einer Kegelbahn stehen neun Kegel)
10 = Ein Golfschläger mit einem Golfball
11 = Kirche (zwei Türme nebeneinander)
12 = Uhr (die Uhr ist in zwölf Stunden eingeteilt)
13 = Schwarze Katze (die 13 und die schwarze Katze assoziieren Unglück) usw.

Man kann diese Bildreihen nach eigener Vorstellung und Notwendigkeit bis 20, 30 oder noch weiter fortsetzen. Dabei kann man entweder Einzelziffern kombinieren (15 = eine Hand mit einer Kerze) oder aber ein individuelles Bild für jede Zahl suchen.

Je nachdem, was man sich zu merken hat – nehmen wir das simple Beispiel einer Einkaufsliste – kommt es natürlich oft zu absurden und eigenartigen Kombinationen.

Beispiel:
Auf unserer Einkaufsliste für den nächsten Tag stehen Milch, Eier, Brot, Käse, Wurst und Bier.

Mithilfe der Mnemotechnik ergibt sich daraus z. B. folgende Kombination:

„In einer Schüssel mit Milch schwimmt eine Schwimmkerze; der Schwan legt ein Ei; Poseidon hat auf seinem Dreizack ein Stück Brot aufgespießt; ich hab in meinem Koffer ein Stück Käse vergessen – und jetzt stinkt der gewaltig; Tante Olga hat ziemliche Wurstfinger; der Elefant schwankt und kippt, weil er zu viel Bier getrunken hat.“

Dass diese Bilder oft seltsam oder witzig sind, ist kein Nachteil. Im Gegenteil: Diese Absurdität erhöht die Merkfähigkeit sogar zusätzlich, weil man sich an Eigenartiges besser erinnert als an ganz Dinge.

Nimmt man anstelle der Zahlen eine Reihe von Buchstaben, kann man statt der rein optischen Erscheinung der Buchstaben auch Symbolwörter wählen, die mit dem entsprechenden Buchstaben beginnen. Allerdings sollte der Buchstabe so in den gewählten Worten auftauchen, wie man ihn ausspricht. Also: b = Be, d = De, f = Ef usw. So erinnert man sich leichter, da das Gehirn die Buchstaben nicht nur als solche, sondern auch mit ihrem ausgesprochenen Lautwert gespeichert hat.

Das bedeutet, „Beet“ ist besser als „Baum“, „Delfin“ ist besser als „Dschungel“ und v. a. sind für den Buchstaben „f“ Wörter wie „Äffchen“ besser als etwa „Frisur“ und für „n“ ist etwas wie „Ente“ besser als „Nordpol“. Auch wenn das Wort in diesem Fall nicht mit dem jeweiligen Buchstaben anfängt, so schafft hier der Laut die Erinnerung. Die Methode funktioniert aber auch „korrekt“, d. h. mit „Nordpol“ für „n“.

Jedenfalls sollte man auch hier nur eine bestimmte Symbolreihe für sich festlegen und diese nicht mehr verändern. Am besten stellen Sie sich auch hier nicht nur den einfachen Begriff vor, sondern gleich eine detaillierte Szene: Das Äffchen sitzt im Zoo in einer Ecke und knabbert an einer Banane. Je mehr Details, um so besser!

Hier eine mögliche Reihe zur Anregung:

A = Auto
B = Bett
C = Cäsar
D = Delphin
E = Elektriker
F = Äffchen
G = Geschwister
H = Hemd
I = Igel
usw.

Neben Ziffern und Buchstaben kann man auch noch andere Symbole wie z. B. Farbsymbole verwenden. Entweder stellt man sich die zu merkenden Begriffe in der entsprechenden Farbe vor, oder man nimmt Dinge, die fest mit einer Farbe verbunden werden, wie z. B. Grün = Wiese, Weiß = Wolke. Diese kann man dann in seine Merkgeschichte einbauen.

Allerdings hat die Symboltechnik auch Nachteile. Benutzt man die Symbolreihen zu häufig, beispielsweise dann, wenn man sich ähnliche Dinge wie tägliche Einkaufszettel merken will, dann vermischen sich die verschiedenen Geschichten leicht im Kopf und man weiß nicht mehr, ob das Bild zu einer aktuellen oder zu einer schon überholten Reihe gehört. Auch für Dinge, die man sich über einen längeren Zeitraum hinweg merken muss, ist diese Methode weniger geeignet. Das kann man zwar auffangen, indem man sich gleich mehrere unterschiedliche Bildsymbolreihen zurechtlegt (6 = Elefant, Handtasche, Rollstuhl), aber das erfordert we-

Symbolmethode für Fortgeschrittene

Wenn man sich sowohl eine Zahlen – als auch eine Buchstabenreihe zurechtgelegt hat, kann man sich damit auch Kombinationen, wie etwa die Position von Figuren auf einem Schachbrett oder von Bildern bei einem Memory-Spiel, leicht merken. Dabei verknüpft man drei Symbole zu einer kurzen Szene oder Geschichte.

Beispiel:

1. In der linken oberen Ecke des Memory-Spiels (Position A1) liegt eine Karte mit einem Wal. Sie haben nun die drei Symbole Auto – Kerze – Wal zur Hand. Dazu könnte man sich folgende Geschichte ausdenken:
   „Der Wal hat ein Auto verschluckt und der Besitzer geht jetzt mit einer Kerze rund um sein Auto, um einen Ausweg zu finden!"
2. Auf Position D5 liegt das Bild eines Hasen. Die drei Symbole Delfin – Hand – Hase finden Sie etwa in diesem Bild:
   „Jemand versucht, in einem Zoo einen Hasen auf einem Delfin reiten zu lassen und hält ihn dabei mit beiden Händen fest!"

sentlich mehr Übung und ist eher etwas für fortgeschrittene und geübte Nutzer der Symboltechnik.

Übung 49

Lernen Sie die obigen Zahlensymbole oder schaffen Sie sich Ihre eigenen. Wenn Sie die Liste von 1–10 gut gelernt haben, dann verbinden Sie die Symbole mit folgenden zehn Dingen, die Sie vom Baumarkt besorgen wollen. Noch besser: Erfinden Sie mithilfe dieser Symbole eine Geschichte, um sich die zehn Dinge zu merken.

1. Blumenerde
2. Dübel
3. Maurerkelle
4. Fischfutter
5. Besenstil
6. Superkleber
7. Destilliertes Wasser
8. Holzbrett
9. Batterien
10. Glasschneider

Testen Sie in verschiedenen Zeitabständen, wie gut Sie sich noch an die Einkaufsliste erinnern!

Übung 50

Schreiben Sie sich für jeden Buchstaben des Alphabets nach oben stehender Anleitung ein Symbolwort auf. Lernen Sie diese Liste auswendig oder lesen Sie sich die Liste wenigstens mehrmals aufmerksam durch.

Verbinden Sie nun folgende Begriffe aus der Erdkunde mit Ihren Symbolwörtern. Bauen Sie kleine Szenen mit den Begriffen in Kombination mit Ihren Symbolwörtern und machen Sie aus all dem am besten eine kleine Geschichte. Achtung: Manche Anfangsbuchstaben gibt es doppelt oder dreifach – hier ist Ihre Fantasie gefragt!

Ural
Nordpol
Kongo
Atlas-Gebirge
Gelbes Meer
Monsun
Karpaten
Israel
Paris
Amazonas
Golfstrom
Kap der Guten Hoffnung
Himalaja
South Dakota
Riesengebirge
Pyrenäen
Totes Meer
Wüste Gobi
Atlantik
Südpol
Äquator
Amazonas

Testen Sie in verschiedenen Zeitabständen, wie gut Sie sich noch an die Geografiebegriffe erinnern!

Zahlen merken

Viele Leute, oft hat man den Eindruck die Mehrheit, behaupten von sich, ein schlechtes Zahlengedächtnis zu haben. Telefonnummern, Jahreszahlen, Daten, Kontonummer, Sozialversicherungsnummer oder PIN-Code – eine oder alle diese Zahlen bereiten vielen von uns Schwierigkeiten.

Dabei müsste das nicht sein. Gerade auf dem Gebiet des Merkens von Zahlen gibt es eine ganze Reihe von Hilfsmitteln, erprobten Methoden und Eselsbrücken, mit denen man sich das Behalten dieser abstrakten Ziffernfolgen wesentlich erleichtern kann.

Zahlensymbolgeschichten

Diese Methode benutzt die oben beschriebenen Zahlensymbole nicht, um damit andere Begriffe zu verbinden, sondern um damit Reihen von Zahlen leichter merkbar zu machen. Dazu benutzt man die zuvor individuell vorbereitete Zahlensymbolreihe und bastelt sich aus den Symbolen passend zu der zu merkenden Zahl eine kleine Geschichte. Auch hier gilt wieder: Je ausgeschmückter und detailreicher die Story ist, desto besser wird man sie sich und damit auch die zu behaltende Zahl merken.

Beispiel:
Sie wollen sich nun z. B. den Geburtstag eines Freundes – den 24.3.1972 – merken. Es könnte sich daraus folgende Geschichte ergeben:

„Ein Schwan sitzt auf einem Koffer im See, als plötzlich Poseidon mit seinem Dreizack aus den Tiefen auftaucht! Da es Nacht ist, leuchtet er am Strand mit einer Kerze, denn er hat seinen Kegel für eine unterseeische Kegelpartie verloren. Leider kann er ihn nicht finden und alles, was er entdeckt, ist eine Fahnenstange. Der Schwan wird von all dem so gestört, dass er davonfliegt!"

Der Nachteil dieser Methode liegt aber ebenfalls auf der Hand. Wenn man sie zu oft anwendet, beginnen die Geschichten miteinander zu verschwimmen. Wenn man sich Zahlen und Zahlenkombinationen über längere Zeiträume hinweg gut merken möchte, funktioniert diese Technik nicht besonders gut. Zum kurzfristigen Einprägen, d. h. nicht viel länger als einen Tag, eignet sie sich allerdings hervorragend!

Übung 51

Merken Sie sich folgende Zahlen, Telefonnummern und Daten, indem Sie mit den obigen Zahlensymbolen kleine Geschichten aus ihnen basteln.

1.987.234
0043 -1- 245 55
29.6.2004

Testen Sie in verschiedenen Zeitabständen, wie gut Sie sich noch an diese Zahlen erinnern!

Bebilderte Zahlengruppen

Die Methode, Symbole für jede Ziffer oder Zahl anzulegen, ist aus logischen Gründen beschränkt. Selbst wenn Sie sich für 100 oder gar 200 Zahlen je ein passendes Bild zurechtlegen, was bereits eine enorme Gedächtnisleistung wäre, kommen Sie auf die Dauer damit nicht durch. Besser geht es, wenn Sie Zahlen oder Zahlengruppen mit einer individuellen Bedeutung belegen, die aus Ihrer persönlichen Erfahrung schöpft und die Sie also sowieso schon immer parat haben.

Beispiele:
911 – ist beispielsweise sowohl die Nummer eines bekannten Porsche-Modells als auch eine (nicht nur in Amerika) sehr häufige Notrufnummer. 1964 – mag Ihnen eine geläufige Kombination sein, weil es Ihr Geburtsjahr ist. 49 – ist dagegen die Anzahl der Lotto-Zahlen.

Mit diesen und anderen, bereits vorhandenen Kombinationen und Assoziationen schaffen Sie sich ein Reservoir, mit dem Sie dann in anderen Bereichen leicht neue Eselsbrücken schaffen können.

Es empfehlen sich dafür Schuhgrößen, Geburtstage, Postleitzahlen, Autokennzeichen, berühmte Markenartikel usw. Sie können sich diese Symbolgruppen bei Bedarf aus Ihrer Erinnerung suchen. Besser ist es allerdings, sich bereits möglichst viele fix vorzubereiten. Außerdem kann man meist besser damit hantieren, wenn die Zahlengruppen (möglichst) alle gleich lang, d. h. zwei- oder dreistellig sind.

Beispiel:
Zu merken sei nun die Ziffernfolge 392042.
39 ist beispielsweise Ihre Hausnummer, 20 ist Ihre Glückszahl und 42 Ihre Schuhgröße. Die Geschichte dazu kann folgendermaßen aussehen:
„Ich gehe aus dem Haus und da ich mich heute so glücklich und wohl fühle, gehe ich die Strecke zu Fuß!"

Sie sehen, dass der assoziierte Begriff selbst nicht unbedingt in der Geschichte vorkommen muss. Es genügt, wenn etwas damit unzweifelhaft verbunden wird, wie in diesem Falle glücklich = Glückszahl = 20 oder gehen = Füße = Schuhe = Schuhgröße = 42.

Natürlich wird es Ihnen dennoch nicht gelingen, für alle Zahlenkombinationen etwas Passendes und Unverwechselbares zu finden. Das müssen Sie aber auch gar nicht! Es gibt eine Reihe von Möglichkeiten, die vorhandenen Kombinationen zu biegen und zu verändern, bis sie

Zahlengruppen kleistern

Mit den von Ihnen in ausreichender Zahl ausgewählten Zahlengruppen können Sie mit etwas Kreativität und Fantasie praktisch alle zu merkenden Zahlenkombinationen „zusammenkleistern“.

Das beginnt mit einfachen Bildern: 191 merken Sie sich z. B. so, dass der Porsche 911 einen Stoß bekommt, sodass die 9 nach innen rutscht!

Weitere Methoden wären:

1. Zahl verbiegen: 47 – Sie biegen Ihren Schuh mit der Schuhgröße 42 so zurecht, dass aus der 2 eine 7 wird.
2. Zahl ankleben: Eine 8 kann z. B. auch als zwei 3en (eine verkehrt) oder gleich als 33 gesehen werden.
3. Zahlen drehen und kippen: Die 8 um 90 Grad gedreht ergibt 00 und umgekehrt. Die 9 auf dem Kopf wird eine 6.
4. Zahlenteile abbrechen oder ankleben: Die 8 in der Mitte durchgebrochen wird eine 0. Eine 0 mit Gürtel wird zur 8. Klebt man ein Stück an eine 6 oder 9 an, so wird daraus ebenfalls ein 8.
5. Zahlenteil oder Ziffern runterfallen lassen: 471 ist das Parfum 4711, bei der eine 1 runtergefallen ist.
6. Neben diesen optischen Hilfen können Sie auch mathematische Operationen mit einbauen: etwa Multiplikationen, Quadratsummen, Quersummen oder auch die einfachen Grundrechenarten wie Addition und Subtraktion.

passen. Und das Schöne daran ist, dass dieses Herumbasteln und Herumkleistern durch seinen Bildreichtum Ihre Merkfähigkeit sogar noch erhöht.

Übung 52

Finden Sie zu diesen Zahlengruppen passende Bilder/Assoziationen und schreiben Sie diese daneben. Es handelt sich durchgehend um Gruppen, die eine einfache, eindeutige Assoziation zulassen. Versuchen Sie, diese zu finden. Weiter unten stehen unsere Vorschläge dazu. Sollten Sie etwas anderes, für Sie Passenderes gefunden haben, so ist das kein Problem!

007
0815
1918

99
101
1984

(007: James Bond/Spion/Agent; 0815: Routine/Dutzendware/langweilig; 1918: Ende des Ersten Weltkriegs; 99: „99 Luftballons“; 101: „101 Dalmatiner“, 1984: „1984“ – berühmter Buchtitel)

Merken Sie sich nun folgende Zahlen, Daten und Telefonnummern, indem Sie die gemerkten Zahlengruppen verwenden. Aber Achtung: Manchmal müssen Sie die Zahlen (und damit auch die Bilder und Geschichten!) umdrehen, spiegeln oder verbiegen.

15.08.1891
99.101.007
84 91 070

Testen Sie in verschiedenen Zeitabständen, wie gut Sie sich noch an diese Zahlen erinnern!

Telefonnummern merken

Bei allen oben stehenden Techniken kommt es auf fantasievolle Bildungen an. Wenn Sie Methoden kombinieren, geht es oft sogar noch ein wenig besser. Sie können etwa Bilder aus der Symbolliste zu mathematischen Basteleien hinzufügen. So können Sie sich die 27 merken, indem Sie sich Poseidon vorstellen, der die 9 auf seinem Dreizack rotieren lässt. (3 x 9 = 27)

Es gibt aber auch trockenere Methoden, sich Zahlen wie etwa Telefonnummern zu merken. Eine davon beruht auf den Buchstaben, die auf amerikanischen Telefontastaturen und auch auf jedem Handy abgebildet sind:

1	2 = ABC	3 = DEF
4 = GHI	5 = JKL	6 = MNO
7 = PQRS	8 = TUV	9 = WXYZ
*	0	#

1 und 0 haben in diesem System keine zugeordneten Buchstaben und müssen daher anders gemerkt werden. Sie können z. B. mit einem anderen Buchstaben wie Ö oder Ü oder mit einer bestimmten Funktion oder Farbe oder sonst wie belegt werden.

Wörter bilden

Viele Kombinationen ergeben natürlich keinen Sinn, aber durch die Auswahl von drei oder vier Buchstaben pro Ziffer lassen sich schon recht viele Kombinationen bauen. Wenn Sie ein T9-Wörterbuch auf Ihrem Handy haben, können Sie sich davon inspirieren lassen.

Aus 347 wird etwa „dir“ oder „Eis“, 268 wird z. B. „Amt“. Sie müssen das für sich selbst ausprobieren, aber manche Menschen merken sich tatsächlich leichter (ein Fantasiewort wie) „JOXYV“ statt 56978. Wenn Sie nun etwa 1 mit Ö und 0 mit Blau belegt haben, wird die Nummer 10489351 etwa zu „Ö-blau-Huzel-blau“. Dumm? Vielleicht, aber für viele Menschen ist dies leichter zu merken.

Sinnvolle Wörter sind natürlich leichter zu behalten. So kann ein Wort wie „Haus“ Ihren PIN-Code 4287 für Sie auf Dauer unvergesslich machen.

Übung 53

Bilden Sie mit den oben beschriebenen Tastenbuchstaben eigene Wörter zu folgenden Telefonnummern, Zahlen und Daten. Für 0 und 1 wählen Sie bitte selbst etwas Passendes aus.

24.8.1973
7.876.234
65.88.735
34.297.783

Testen Sie in verschiedenen Zeitabständen, wie gut Sie sich mithilfe Ihrer Merksätze noch an diese Zahlen erinnern!

Sätze bilden

Aufwändiger, kreativer und daher aber auch leichter einsetzbar ist die Satzbautechnik. Hier nehmen Sie pro Ziffer einen der Buchstaben, bilden mit diesem ein Wort und somit mit der ganzen Zahl einen richtigen Satz. Natürlich brauchen Sie auch hier für die 1 und die 0 einen Ausweg, aber sonst lassen sich hier viele schöne Dinge kreieren.

Beispiel:
Die obige Nummer 10489351 kann bei 1 = Blau, 0 = Rot etwa so gelöst werden: „Blau? Rot? Herbert versucht wieder das Langweiligere: blau!“

Vorwahlen, zumindest häufig gebrauchte, sollten Sie sich übrigens separat merken. Das vereinfacht die Methode.

Noch etwas: 1 oder 0 können auch mit fixen Begriffen, die fast immer passen, wie z. B. mit „viel“ oder „sehr“, belegt werden. Probieren Sie es aus!

Übung 54

Bilden Sie mit den Tastenbuchstaben eigene Sätze zu folgenden Telefonnummern, Zahlen und Daten. Für 0 und 1 wählen Sie bitte selber etwas Passendes aus.

31.04.1877
34.967.194
027 31 – 58 162
447.862
25.08.1428

Testen Sie in verschiedenen Zeitabständen, wie gut Sie sich noch an diese Zahlen erinnern!

Telefonnummern optisch merken

Eine weitere Möglichkeit wie Sie sich Telefonnummern besser merken können, ist seit der Einführung von Tastentelefonen das Merken der Linienführung beim Telefonieren. Oft ergeben bestimmte Nummern, wenn man ihre Tastenabfolge in die Luft malt, bestimmte Symbole oder Buchstaben. 147-5-369 sieht etwa aus wie ein „H“, 514863(5) könnte hingegen ein Herz sein. Manchmal muss man zwar auch hier ein wenig schummeln, aber viele Nummern lassen sich so tatsächlich einfach optisch merken.

Auch für PIN-Codes ist diese Methode bestens geeignet: 3719 könnte ein großes „X“ darstellen, 6859 ein kleines.

Für längere Nummern kann man die getippten Zeichnungen auch in kleinere Teile aufsplitten. Z. B.: x-H, Herz-U.

Solozahlen, die nicht ins Bild passen, kann man in den „Merk-Code“ integrieren: 2-x-Kreuz-3 usw.

Probieren Sie es aus! Ihre Bilder können und sollen von den hier geschilderten abweichen, denn nur wenn sie für Sie schlüssig sind, werden Sie sich die Kombinationen merken.

Übung 55

Versuchen Sie, zu folgenden Zahlen optische Assoziationen herzustellen:

4587
6859
369852
1235789
2580456

Versuchen Sie nun, sich diese Zahlen optisch zu merken, und wiederholen Sie sie nach einer Weile laut, indem Sie die Ziffern geistig tippen.

Was sich reimt, ist gut!

Eine andere Merkmethode ist die der Reimwörter. Finden Sie für jede Ziffer ein Reimwort oder mehrere. Es muss nicht exakt und kann auch ein wenig geschummelt sein. Also etwa so:

1 = Mainz, Heinz ...
2 = Teil, Geweih ...

3 = Brei, Wei n...
4 = Stier, Bier ...
5 = Strümpfe, Sümpfe ...
6 = Hex(e), Gewächs ...
7 = Rüben, Triebe ...
8 = Schacht, Tracht ...
9 = Scheune, Bäume ...
0 = Müll, Schnuller ...

Beispiel:
Bauen Sie sich nun aus der Telefonnummer oder Zahl eine kleine Geschichte. Die bereits weiter oben erwähnte Nummer 10489351 könnte dann so erzählt werden:

„Heinz fällt vor Schreck der Schnuller des Babys ins Bier! Er hat seine Tracht in der Scheune vergessen! Inzwischen füllt das Baby Brei in die Strümpfe von Heinz."

Tipp:

Achtung: Bei Zwei und Drei, die sich ja selber aufeinander reimen, sollte man gut fixieren, was man wofür verwenden will!

Übung 56

Erstellen Sie eine Reimliste oder benutzen Sie unsere. Lernen Sie die Begriffe auswendig oder lesen Sie zum Ausprobieren der Methode die Liste mehrmals gut durch.

45.678.043
089 – 74 51 61 0
12.12.2001

Merken Sie sich nun oben stehende Zahlen mit je einer kleinen Reimgeschichte.

Informationsreduktion

Viele Dinge kann man sich nie oder nur mit gehörigem Aufwand an Auswendiglernen wörtlich und in allen Details einprägen. Sehr oft ist das aber auch gar nicht notwendig. Sagen wir, Sie müssen für eine Prüfung in Erdkunde den geologischen Aufbau der Eifel lernen. Es wäre sinnlos oder sogar kontraproduktiv, den ganzen Lerntext auswendig zu lernen, da der Prüfer von Ihnen den wesentlichen Inhalt hören möchte. Ähnliches gilt für das Lernen auf die Führerscheinprüfung. Auch wenn Sie die wichtigsten Merkmethoden dieses Kapitels gut behalten wollen, brauchen Sie nicht alle Absätze und alle Beispiele mitzulernen.

Unterstreichen/ mit Leuchtstift hervorheben	Die wichtigsten Teile eines Absatzes oder wichtige Konzepte
Durchstreichen	Unwesentliches, Füllsätze, Verweise auf Irrelevantes
Herausschreiben	Die wichtigsten Punkte und zentrale Begriffe
Kursorisches Lesen	Beim Lesen bereits das Wichtige vom Unwichtigen unterscheiden und nur das Wichtige behalten. Dabei kann man auch schon durchstreichen oder unterstreichen.
Selektives Lesen/Informatives Lesen	Rasches Überfliegen langer Texte. Man liest nicht den ganzen Text Wort für Wort, sondern sucht bereits während des Lesens mit den Augen nach wesentlichen Stichworten und springt von Wichtigem zu Wichtigem.
Eigene Überschriften erstellen	Den Text so strukturieren, dass er für einen selbst in die richtigen Portionen mit den passenden Überschriften aufgeteilt wird.
In eigenen Worten zusammenfassen	Den Text nach dem Lesen selbst neu formulieren und zusammenfassen.

Wichtig ist es daher, den Lerntext auf die wichtigsten Inhalte zu reduzieren und sich nur auf diese zu konzentrieren.

Am besten kombiniert man oben stehende Methoden, indem man sich erst einen allgemeinen Überblick verschafft, dabei wichtige Punkte unterstreicht, die einzelnen Teile neu gliedert etc. Probieren Sie es anhand der nachfolgenden Übung einmal selbst aus.

Übung 57

Lesen und bearbeiten Sie den folgenden Text unter Zuhilfenahme einer beliebigen Kombination der obigen Methoden und bereiten Sie ihn

Die „PQRST"- oder „Fünf-Schritt-Methode" für das Lernen mit Texten

1. Man verschafft sich einen Überblick über den Text.
2. Man formuliert für sich Fragen, die man durch das Lesen des Textes beantwortet.
3. Man liest den Text gezielt auf die eigenen Fragen hin.
4. Man wiederholt das Gelesene, indem man versucht, die eigenen Fragen aus dem Gedächtnis zu beantworten.
5. Man überprüft und vergleicht sein Ergebnis noch einmal mit dem gelesenen Text.

„PQRST" heißt die Methode nach den englischen Worten für die einzelnen Schritte: P: Preview – Q: Question – R: Read – S: Self Recitation – T: Test

so vor, dass Sie nach ca. zehn Minuten ein kurzes Referat zu dem Thema halten können.
Überprüfen Sie dann, wie genau und zutreffend Ihr Vortrag war.

Fantastische Literatur
„Der international größte Bereich der Fantastischen Literatur ist der Science-Fiction zuzurechnen. Unter diesem Genrebegriff, kurz SF genannt, versteht man eine Vielzahl unterschiedlicher Literaturgattungen, denen im Wesentlichen nur eines gemeinsam ist: das fantastische Element. Weitere Unterteilungen führen etwa zu Science Fantasy, Utopischer Literatur, Fantastik, Space Opera oder Endzeitstorys. Nicht direkt dazu gehört allerdings die Fantasy, die wiederum ein eigenes Genre mit zahlreichen Unterteilungen darstellt. So z. B. Sword & Sorcery, Mythisches, Magie, Versunkene Welten etc.

Hier nun ein paar kurze Erläuterungen zu den verschiedenen Bereichen und einige Beispiele:

Science-Fiction handelt meist in einer zukünftigen Welt (Star Trek) oder in unbekannten Regionen des Weltraums (Star Wars). Neigt die Handlung mehr zur Action mit Raumschiffen und Laserpistolen, dann spricht man meist von Space Opera (Stargate). Stehen mystische oder außerirdische Bedrohungen im Zentrum, gegen die unsere Helden antreten müssen, dann verwendet man den Begriff Science Fantasy (Alien). Endzeitstorys spielen nach der Verwüstung der Erde, meist nach einer Nuklearkatastrophe (Planet der Affen). Fantastik dagegen handelt im ganz normalen Hier und Jetzt unseres Lebensraumes, in den aber fantastische Elemente, wie Parapsychologie, mystische Rätsel oder UFOs, eindringen (Akte X). „Echte" Utopische Literatur oder Science-Fiction behandelt meist eben eine „wissenschaftliche Fiktion", d. h., der Autor extrapoliert aus nur einem utopischen Faktor, etwa einem wissenschaftlichen Experiment, dessen gesamte Konsequenzen (Die Fliege, Der Unsichtbare).

Bei der Fantasy spiegeln sich viele dieser Grundelemente auf einer nicht-technischen Ebene wider. Sword & Sorcery sind Action-Geschichten aus einer fiktiven, mystischen Vergangenheit (Herr der Ringe, Conan). Mythisches macht die Helden der Antike und klassischen Götter- und Heldensagen zu Darstellern neuer Abenteuer (Herkules). Bei Versunkene-Welten-Geschichten verschlägt es die Helden auf geheimnisvolle Inseln, in das Erdinnere oder in verborgene Dschungelgegenden, in denen dann entweder antike Zivilisationen oder gar Dinosaurier überlebt haben (Lost World, Dinotopia). Beim Bereich der Magie handelt es sich um Geschichten, die, parallel zur Fantastik, etwas Fantastisches, nämlich Magie, Magische Wesen und anderes in unser heutiges Leben bringen (Harry Potter).

Je nach Gewichtung der Spannungsebene kann jedes dieser Untergenres der SF und Fantasy aber auch in die Bereiche Horror oder auch Humor hinüberspielen (Blade, Buffy, Charmed, Sabrina)."

Landkarten für den Geist

Eine bekannte Methode, Informationen zu ordnen und zu behalten, ist jene, die unter dem eingetragenen Begriff „Mind Mapping" in Buch und Computerprogrammform angeboten wird. Natürlich liegen dieser Methode einige altbekannte und althergebrachte Merkhilfen zugrunde, die allerdings auf den neuesten Stand gebracht und für den Benutzer und seine speziellen Bedürfnisse optimiert wurden.

Der Grundgedanke ist, dass man die zu merkenden Inhalte auf ein Blatt Papier aufschreibt. Dabei macht man sich aber keine Listen oder abgestufte Reihen von Ober-

und Unterpunkten (oder „Baumdiagramme"), sondern zeichnet die Begriffe auf verschiedene Stellen des Blattes und verbindet sie mit Linien untereinander. Allerdings nicht irgendwie, sondern nach einer logischen Hierarchie, so, wie sie der Wichtigkeit der Dinge entsprechen und auch so, wie diese Dinge normalerweise (assoziativ) in unserem Gehirn gespeichert werden.

Meist geht man beim Mind-Mapping in zwei Phasen vor. Nehmen wir die Planung des Büffets einer Party.

Zuerst schreiben Sie alles auf, was Ihnen einfällt: Getränke, Essen, warm, kalt, Süßes, Vegetarisches für Max, Knabbergebäck, Sushi usw.

Danach suchen Sie sich einen Zentralbegriff, z. B. „Getränke", heraus und schreiben diesen in die Mitte Ihres Zettels. Machen Sie einen Kreis oder eine Wölkchenlinie um diesen Begriff. Das ist Ihr Stamm. Führen Sie nun einen Ast (eine Linie) von der Mitte einige Zentimeter weit weg und schreiben Sie „warm" dazu. Von dort führen Sie eine weitere Linie weg zu einer kleinen Liste mit Begriffen wie Tee, Kaffee oder Kakao. Falls nötig, können Sie diese Liste noch einmal mit Begriffen wie Grüner Tee, Schwarztee, Pfefferminz oder Koffeinfreier Kaffee und Espresso erweitern.

Auf der anderen Seite des Stammes schreiben Sie den Begriff „kalt" hin. Von dort führen Sie gleich zwei weitere Linien zu den Knotenpunkten „alkoholisch" und „nicht-alkoholisch". Diese können Sie noch ein paar mal aufsplitten (mit Kohlen-

Wussten Sie schon, ...

dass Mind Maps schon im Mittelalter gebräuchlich waren?

Nicht nur in der Antike, sondern auch schon im Mittelalter beschäftigte man sich mit verschiedenen Methoden der Gedankenstrukturierung. Der spanische Philosoph Ramon Llull (1232/33-1316) verband etwa auf eine bestimmte Art Wort mit Bild und stellte so seine Gedanken als eine Art „Wissensbaum" dar.

Dieser war den Stammbäumen der Ahnenforschung ähnlich und kann durchaus als ein Vorläufer der heutigen „Mind Mapping"-Methode angesehen werden.

säure, ohne Kohlensäure, mit Zucker, zuckerfrei), bevor Sie zu endgültigen kleinen Listen kommen.

Die Vorteile dieser Methode liegen auf der Hand. Durch das Organisieren in verschiedene Bereiche können Sie sich jeweils in einem Bereich besser orientieren, neue Assoziationen finden und sicher gehen, möglichst keine Eventualität zu vergessen. Wird ein Unterpunkt zu ausufernd, dann übertragen Sie ihn einfach als Stamm eines neuen Diagramms auf ein neues Blatt Papier.

Diese Gedächtnislandschaften sind sehr nützlich und vielseitig einsetzbar. Etwa beim Vorbereiten einer Rede zu einem Thema. Aber auch persönliche Ziele und Strategien lassen sich so optisch und damit übersichtlich darstellen und verdeutlichen.

Man kann solche Diagramme auch zum Aufteilen von Lernstoff, oder für den Lernstoff selbst benutzen, da man damit abstraktes Wissen auf individuelle Art darstellen und organisieren kann. Deswegen funktionieren diese Pläne so gut und deswegen sind sie auch nicht gut zum Weitergeben von Informationen geeignet. Denn jeder assoziiert anders.

Als weitere Hilfsmittel kann man die verschiedenen Abzweigungen/ Hierarchien auch noch optisch unterschiedlich darstellen. Etwa durch

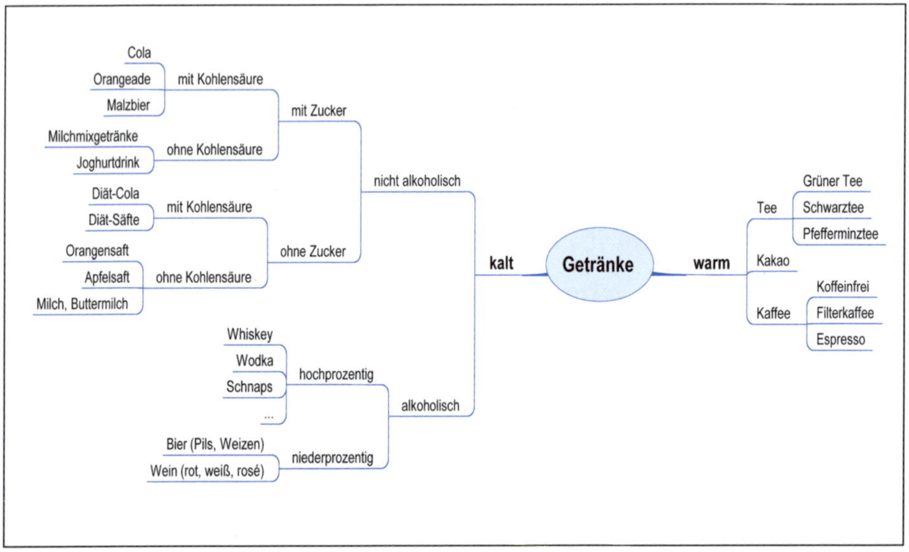

verschiedene Schriftarten wie Großbuchstaben oder Kleinschrift oder durch verschiedene Farben sowie durch verschiedene Formen und Zeichnungen, die den Punkt individuell deutlich hervorheben, wie z. B. eine Flasche als Symbol für kalte Getränke. Verschiedene Endpunkte, die miteinander zu tun haben, kann man aber auch nachträglich – beispielsweise mit gestrichelten Linien – verbinden. All das können Sie natürlich noch durch eigene Ideen und Kreationen ergänzen. Die Möglichkeiten sind fast endlos.

Übung 58

Ergänzen Sie nun die Party-Getränke-„Landkarte" um eine weitere Karte für das Büffet. Beginnen Sie mit dem Stamm „Essen" und arbeiten Sie sich analog zur Karte „Getränke" durch die Bereiche.

Hier ein paar Anregungen. Sie müssen aber nicht alles davon verwenden. Ergänzen Sie diese außerdem noch um eigene Details und Speisen. Eine „richtige" oder „falsche" Karte gibt es übrigens nicht, denn jeder Mensch würde individuell eine eigene Karte je nach seinen Assoziationen schaffen!

Anregungen fürs Büffet: kalt, warm, süß, salzig, Diät, salzlos, Aufstriche, Brotsorten, Besteck, Teller, Pappbecher, Gabeln, Obst, Kuchen, Torte, Fisch, Fleisch, für Diabetiker, Suppen, Huhn, Avocado, Essiggurken, Salate, Soßen usw.

Übung 59

Nutzen Sie nun diese Technik, um auf einem extra Blatt Papier etwas für Sie tatsächlich Wichtiges zu planen oder zu organisieren. Hier ein paar Anregungen:
Urlaubsplanung, Vorbereitung auf eine Prüfung, Wochenendeinkäufe, Arbeitsplan für einen Monat, Aufräumen im Haus, Umgestaltung Ihrer Garage/Ihres Werkraums, Suche nach einem passenden Beruf, Organisation Ihres Kleiderschranks usw.

Abgesehen von den genauer beschriebenen Gedächtnisarten und Techniken, gibt es noch eine ganze weitere Reihe von Bereichen, in denen man seine Merkfähigkeit trainieren kann. Im Folgenden wollen wir einige davon heraussuchen und üben.
Im Detail sind das: das Namensgedächtnis, das Wortgedächtnis, das Formengedächtnis, das Personengedächtnis und das Situationsgedächtnis.

Namensgedächtnis

Übung 60

Testen Sie, wie gut Sie einige bekannte Namen bereits kennen und sich gemerkt haben. Im Folgenden finden Sie je drei Schreibweisen von Namen bekannter Persönlichkeiten. Aber nur eine ist richtig. Kreuzen Sie diese an.

a)
- Woudy Allen ☐
- Wooddy Ellen ☐
- Woody Allen ☐

b)
- Louis Pasteur ☐
- Luis Pasteur ☐
- Louis Pasteure ☐

c)
- Simone de Bouvoir ☐
- Simone den Beauvoire ☐
- Simone de Beauvoir ☐

d)
- Joseph Beuss ☐
- Joseph Boiys ☐
- Joseph Beuys ☐

e)
- André Rieu ☐
- Andreé Rieu ☐
- André Rieux ☐

f)
- Thomas Gottschalck ☐
- Thomas Gottschalk ☐
- Thomas Gotschalk ☐

g)
- Frederico Fellini ☐
- Federico Fellini ☐
- Frederico Felini ☐

h)
- Graham Greene ☐
- Graham Grene ☐
- Graham Green ☐

i)
- Bernhard Gzymek ☐
- Bernhard Grzymek ☐
- Bernhard Grzimek ☐

j)
- Herbert von Karajan ☐
- Herbert von Karayan ☐
- Herbert von Karaian ☐

k)
- Ephraim Kishon ☐
- Ephraim Kischon ☐
- Ephraim Kichon ☐

l)
- Tony Blair ☐
- Toni Blair ☐
- Tony Blayr ☐

m)
Reinhard Messner ☐
Reinhold Messner ☐
Reinhold Messmer ☐

n)
Gerhard Depardieu ☐
Gérard Depardieux ☐
Gérard Depardieu ☐

Übung 61

Merken Sie sich nun folgende Namen und Eigenschaften nach zweimaligem, gründlichen Lesen (Tricks und Merktechniken aus den vorangegangenen Abschnitten sind natürlich erlaubt!).

a) Herr Wotruba: Pensionist
b) Liselotte: Programmiererin
c) Fräulein Gorbach: sexy Stimme
d) Herr Wrbala: E-Mail beantworten
e) Lorraine: anrufen
f) Markus: füttert die Katzen
g) Fräulein Murbach: Pony-Frisur
h) Herr Votruba: Briefmarkensammler
i) Dr. Pochieser: Schnurrbart
j) Marc: Freund von Hans

Schreiben Sie im Folgenden die richtigen Namen zu den jeweiligen Eigenschaften auf:

a) anrufen:

b) Briefmarkensammler:

c) füttert die Katzen:

d) Pony-Frisur:

e) Schnurrbart:

f) Programmiererin:

g) sexy Stimme:

h) E-Mail beantworten:

i) Pensionist:

j) Freund von Hans:

Übung 62

Lesen Sie die folgende Geschichte aufmerksam durch und beantworten Sie dann die Fragen:

„Hans liebt Tiere. Vor ein paar Jahren holte er sich die Katze Jenny vom Bauernhof. Die bekam später Junge, von denen er sich aber nur Tasha behielt. Früher hatte er auch einen Vogel namens Pepi und einen Hund namens Tommy. Auch eine Katze hatte er schon einmal, die hieß Toulouse. Fische hatte er noch nie, er über legt jetzt aber, sich ein Stichlingspärchen, das er Romeo und Julia nennen würde, anzuschaffen. Seine Freundin Claudia hatte auch ein Katze namens Sleepy. Und der Bruder von Hans hatte auch mal einen Hund mit Namen Mary. Auch die Freundin von Hans hatte früher einen Hund und der hieß Tapsi."

Wie heißen die Tiere, die in der Geschichte vorkommen?

Vogel (1): ______________________

Hunde (3): ______________________

Katzen (4): ______________________

Fische (2): ______________________

Und wie heißt der Bruder von Hans?

Übung 63

Lesen Sie die folgende Geschichte konzentriert durch:

„Christine Schiem trifft auf der Straße ihren Onkel Lothar Schlieb. Er erzählt ihr, dass er mit Karl Schlier nach Mexiko fahren will. Anna Schmiel würden sie nicht mitnehmen, weil sie mit Susi Schief an den Tegernsee fährt. Allerdings hätte der Onkel von Renate Schiel, Oliver Schliep, Lust, mitzufahren, aber er muss mit Laura Schien das Büro von Kerstin Schriep in Schuss halten. Aber vielleicht könnte Resi Schiep mit Kerstin darüber sprechen."

Kreuzen Sie die richtigen Antworten aus dem Gedächtnis an:

1. Wie heißt der Onkel von Renate?
   a) Karl Schier ☐
   b) Lothar Schlieb ☐
   c) Oliver Schliep ☐

2. Wen würden Lothar und Karl nicht nach Mexiko mitnehmen?
   a) Anna Schmiel ☐
   b) Laura Schien ☐
   c) Christine Schiem ☐

3. Wer könnte mit Kerstin über die Büroarbeit sprechen?
   a) Susi Schief ☐
   b) Resi Schiep ☐
   c) Renate Schiel ☐

4. Wer trifft auf der Straße seinen Onkel?
   a) Christine Schiem ☐
   b) Anna Schmiel ☐
   c) Resi Schiep ☐

5. Mit wem muss Oliver das Büro von Kerstin in Schuss halten?

a) Susi Schief ☐
b) Laura Schien ☐
c) Anna Schmiel ☐

6. Mit wem will Lothar nach Mexiko?

a) Oliver Schliep ☐
b) Christine Schiern ☐
c) Karl Schier ☐

7. Wer hätte noch Lust, mit nach Mexiko zu fahren?

a) Laura Schien ☐
b) Renate Schiel ☐
c) Kerstin Schriep ☐

8. Wie heißt der Onkel von Christine?

a) Lothar Schlieb ☐
b) Oliver Schliep ☐
c) Karl Schlier ☐

9. Mit wem fährt Anna an den Tegernsee?

a) Resi Schiep ☐
b) Susi Schief ☐
c) Renate Schiel ☐

10. Wessen Büro müssen Oliver und Laura in der Zwischenzeit in Schuss halten?

a) Kerstin Schriep ☐
b) Anna Schmiel ☐
c) Resi Schiep ☐

Wortgedächtnis

Übung 64

Finden Sie für die folgenden Wörter je zehn sinnverwandte Ausdrücke (Synonyme):

a) gut

1. __________
2. __________
3. __________
4. __________
5. __________
6. __________
7. __________
8. __________
9. __________
10. __________

b) schön

1. __________
2. __________
3. __________
4. __________
5. __________
6. __________
7. __________

8. ______________________________
9. ______________________________
10. ______________________________

c) schlecht

1. ______________________________
2. ______________________________
3. ______________________________
4. ______________________________
5. ______________________________
6. ______________________________
7. ______________________________
8. ______________________________
9. ______________________________
10. ______________________________

d) machen

1. ______________________________
2. ______________________________
3. ______________________________
4. ______________________________
5. ______________________________
6. ______________________________
7. ______________________________
8. ______________________________
9. ______________________________
10. ______________________________

e) weg

1. ______________________________
2. ______________________________
3. ______________________________
4. ______________________________
5. ______________________________
6. ______________________________
7. ______________________________
8. ______________________________
9. ______________________________
10. ______________________________

f) frei

1. ______________________________
2. ______________________________
3. ______________________________
4. ______________________________
5. ______________________________
6. ______________________________
7. ______________________________
8. ______________________________
9. ______________________________
10. ______________________________

Übung 65

Versuchen Sie, sich folgende vier Wortreihen zu je fünf Begriffen zu merken. Es geht nicht darum, sich alle auswendig zu merken, sondern nur darum zu wissen, welche Begriffe zu welchen gehören. Sie können dazu gerne eine der früher beschriebenen Techniken verwenden.

a) Hut – Alibi – Manfred – Auto – Gurkensalat
b) Susanne – Tisch – Fahrrad – Motel – Istanbul
c) Eisberg – Afrika – Siebenbürgen – Ringfinger – CD-Rom
d) Zebra – Korb – Leintuch – Asche – Alabaster

Decken Sie den oberen Bereich ab und fügen Sie jetzt die Wörter wieder zu den richtigen Ketten zusammen:

Afrika – Alabaster – Alibi – Asche – Auto – CD-Rom – Eisberg – Fahrrad – Gurkensalat – Hut – Istanbul – Korb – Leintuch – Manfred – Motel – Ringfinger – Siebenbürgen – Susanne – Tisch – Zebra

a) ____________________

____

b) ____________________

c) ____________________

____

d) ____________________

____

Formengedächtnis

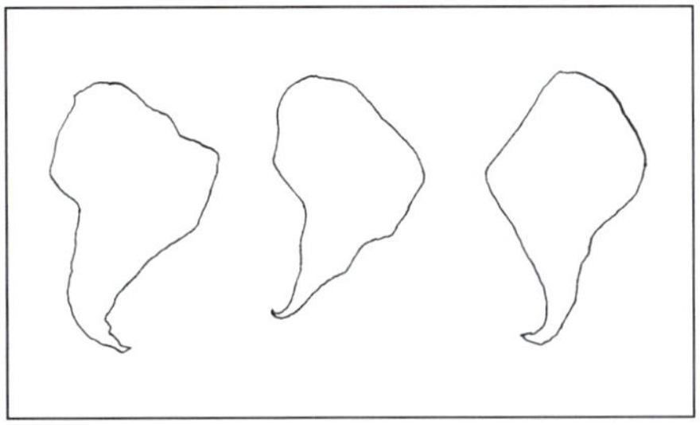

Übung 66

Welcher der oberen Umrisse entspricht am ehesten der Form Südamerikas?

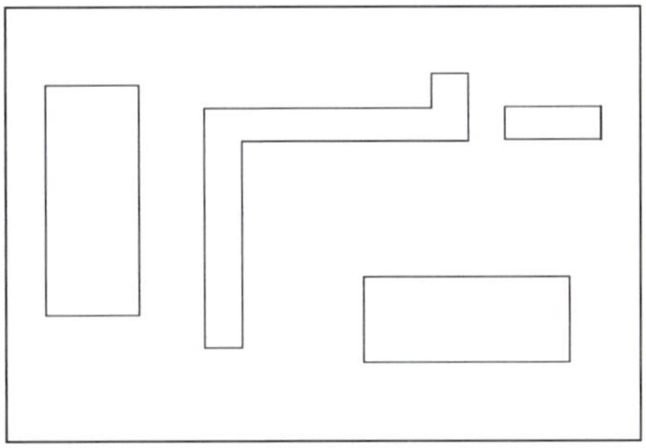

Übung 67

Prägen Sie sich die oberen Formen bzw. Umrisse und ihre Position zueinander gut ein.

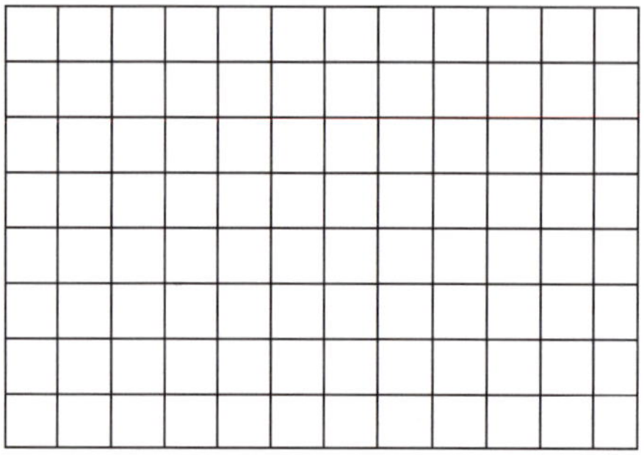

Zeichnen Sie jetzt diese Formen und ihre Position zueinander korrekt in dieses Feld ein.

Übung 68

In oben stehender Abbildung präsentieren wir Ihnen das germanische Runen-Alphabet – prägen Sie sich die Zeichen und ihr Gegenstück in unseren heutigen Buchstaben innerhalb von fünf Minuten gut ein. Finden Sie nun die deutsche „Übersetzung" zu folgenden Runen:

Übung 69

Schreiben Sie nun selbst in Runenschrift folgende Wörter auf:

a) Gedanken: ____________________

b) Platon: ____________________

c) Nordpol: ____________________

d) First: ____________________

e) Hutband: ____________________

Personengedächtnis

Übung 70

Prägen Sie sich die Eigenschaften der folgenden Personen gut ein:

- Ihre Tante machte immer den besten Lebkuchen.

- Ihre Mathematiklehrerin hasste Physik.
- Ihr Gymnastiklehrer stammt aus Ostfriesland.
- Ihre beste Volksschulfreundin hatte wegen eines Unfalls nur einen Arm.
- Ihr Bruder bevorzugt große amerikanische Autos.
- Im Laden an der Ecke grüßt die Verkäuferin Sie immer mit einem Augenzwinkern.
- Der Mann der Haushälterin zieht ein Bein nach.
- Angeblich hat der Bürgermeister der Stadt ein Alkoholproblem.
- 1988 lernten Sie beim Skifahren ein Mädchen kennen, in das Sie sich schrecklich verliebten.
- In der Schule war Ihr Sitznachbar unsagbar dick.
- Ihr erster Arbeitgeber spekulierte viel an der Börse.
- Der Vater Ihrer Freundin war Buchhändler.
- Ihre Großmutter musste im Krieg durch Tirol fliehen.
- Der Wirt Ihres Lieblingslokals hat einen gezwirbelten Schnurrbart.
- Ihr Großonkel lebte früher in Polen.

Nun beantworten Sie folgende Fragen:

1. Wen lernten Sie 1988 beim Skifahren kennen?
2. Wer bevorzugt große amerikanische Autos?
3. Wer grüßt Sie immer mit einem Augenzwinkern?
4. Wer hasste Physik?
5. Wer hat angeblich ein Alkoholproblem?
6. Wer hat einen gezwirbelten Schnurrbart ?
7. Wer hatte nur einen Arm?
8. Wer lebte früher in Polen?
9. Wer machte immer den besten Lebkuchen?
10. Wer musste im Krieg durch Tirol fliehen?
11. Wer spekulierte viel an der Börse?
12. Wer stammt aus Ostfriesland?
13. Wer war unsagbar dick?
14. Wer war Buchhändler?
15. Wer zieht ein Bein nach?

Situationsgedächtnis

Übung 71

Sie machen eine kleine Rundfahrt durch die Stadt. Prägen Sie sich dabei Ihre Fahrtroute und die wichtigsten Stationen und Ereignisse Ihrer Fahrt ein.

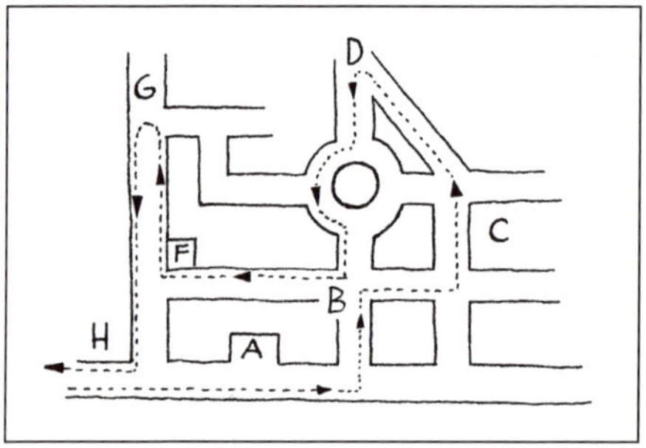

A = Postamt
B = Beinahe-Unfall
C = Park
D = Schluck Kaffee
E = Telefonzelle
F = Tankstelle
G = Radio aus
H = Sonne blendet

Zeichnen Sie nun die Route Ihrer Fahrt und die Punkte A–H ein.

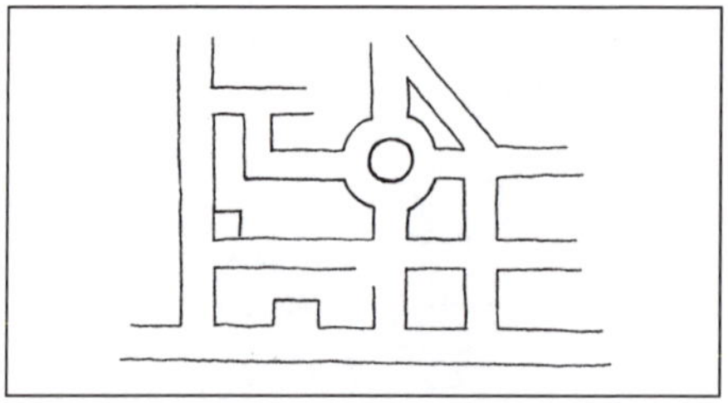

Beantworten Sie nun folgende Frage:

Durch welche Buchstaben werden folgende Situationen repräsentiert?

Tankstelle –
Park –
Telefonzelle –
Sonne blendet –
Radio aus –
Beinahe-Unfall –
Schluck Kaffee –
Postamt –

Übung 72

Prägen Sie sich anhand dieser Skizze Ihre Reiseerlebnisse gut ein:

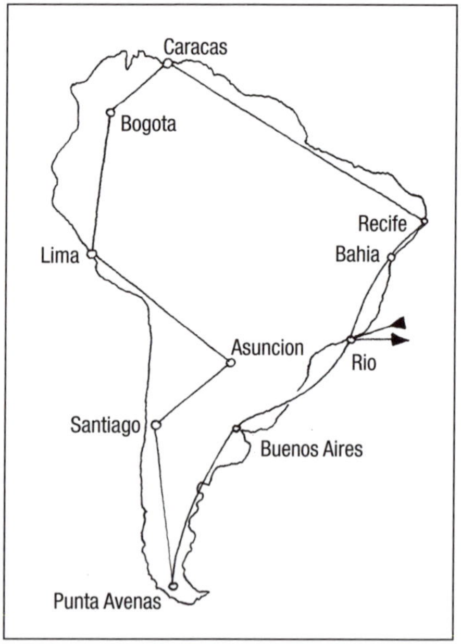

Hier Ihr Reisebericht:

In Rio angekommen, werden Sie bereits auf dem Flugplatz um Ihren Koffer erleichtert. Zum Glück lernen Sie Joao kennen, der Ihnen Kleidung leiht. Per Autostopp geht es nach Bahia. Gefällt Ihnen nicht, also mit dem Taxi nach Recife. Da Sie von den Brüdern der hübschen Georgina gezwungen werden, sie zu heiraten, fliegen Sie fluchtartig nach Caracas. Das haben Sie sich ganz anders vorgestellt, also weiter per Postflugzeug nach Bogota. Hier kaufen Sie wunderhübsche Bergstiefel sowie einen Maulesel und ziehen zu Fuß nach Lima. Zu Ihrem Unglück treffen Sie dort auf den chinesischen Waschsalonbesitzer Wong, der Sie zwingt, acht Wochen ohne Bezahlung bei ihm zu arbeiten. Endlich können Sie nach Asuncion abfliegen, wo Sie schon sehnsüchtig von Hermano erwartet werden, für den Sie 100 Siegelringe mitgebracht haben. Die Busfahrt nach Santiago bekommt Ihnen schlecht. So müssen Sie sich auf dem Bauernhof Ihres Onkels in der Nähe von Santiago erholen. Sie lernen den Schweizer Ludwig kennen und machen mit ihm im Jeep einen Badeausflug nach Punta Arenas. Dort streikt der Motor. Sie lassen den Jeep einfach stehen und setzen sich mit einem geliehenen Fahrrad nach Buenos Aires ab. Weil Sie während einer Theateraufführung nicht gelacht haben, müssen Sie eine Nacht im Gefängnis verbringen. Nun reicht es Ihnen aber gründlich. Sie beschließen, den Kontinent zu wechseln. Zuerst fahren Sie aber von Buenos Aires mit dem Schiff nach Rio, um die geliehenen Kleider zurückzugeben. Sie suchen Joao eine ganze Woche lang, bis Sie ihn endlich in einer Bar entdecken. Nachdem er Sie nicht mehr erkennen will, fangen Sie an, ihn zu beschimpfen und hauen ihm eine runter. Joao hat schließlich ein Herz, nimmt Ihnen die Kleider ab und Sie fliegen Hause.

Wo liegen die folgenden Städte: Asuncion, Bahia, Bogota, Buenos Aires, Caracas, Lima, Punta Arenas, Recife, Rio, Santiago?
Tragen Sie die Städte in die Karte Südamerikas ein.

In welcher Stadt haben Sie die Bergstiefel gekauft?
a) Lima
b) Caracas
c) Bogota

Welche Busfahrt haben Sie überhaupt nicht vertragen?
a) Rio – Bahia
b) Asuncion – Santiago
c) Bahia – Recife

Wo gingen Sie mit Ludwig baden?
a) Santiago
b) Punta Arenas
c) Bogota

Welche Stadt haben Sie sich ganz anders vorgestellt?
a) Caracas
b) Rio
c) Lima

Was haben Sie in Recife gemacht?
a) eine Nacht im Gefängnis verbracht
b) geheiratet
c) gearbeitet

Wie haben Sie die Strecke Buenos-Aires – Rio zurückgelegt?
a) mit dem Postflugzeug
b) mit dem Fahrrad
c) mit dem Schiff

Wo waren Sie im Theater?
a) Rio
b) Buenos Aires
c) Asuncion

Was ist in Santiago passiert?
a) Ludwig kennen gelernt
b) von Wong ertappt worden
c) Maulesel gekauft

Wem hauen Sie eine runter?
a) Ludwig
b) Hermano
c) Joao

Wo haben Sie den Jeep stehen lassen?
a) Santiago
b) Punta Arenas
c) Buenos Aires

Die Konzentration

Konzentration bringt Erfolg

Wenn Sie Auto fahren, einen Fahrplan studieren, jemandem zuhören, eine Prüfungsaufgabe lösen wollen oder einen Freund in der Menge entdecken wollen, dann brauchen Sie für diese Aufgaben eine zielgerichtete Aufmerksamkeit.

Wenden Sie diese nicht auf, dann fahren Sie unter Umständen die falsche Route, suchen lange nach der richtigen Zeile im Busfahrplan, wissen nicht mehr, was Ihnen der andere erzählt hat, finden den Freund nicht usw.

Sie haben es dann nicht geschafft, sich auf Ihr Vorhaben und Ihr Ziel zu konzentrieren. Ärgerlich ist nur, dass Sie dadurch gezwungen werden, sich auch mit lästigen Dingen mehr zu beschäftigen als geplant. Dies raubt Kraft und Zeit.

Konzentrieren ist individuell ausgeprägt

Wir sind in unserem Alltag einer Flut verschiedener Informationen ausgesetzt. Wen wundert es da, dass vielen Menschen die Konzentration abhanden kommt, sich einzelnen Themen gezielt widmen zu können.

Geht Ihnen vielleicht auch manchmal die Übersicht verloren, bringen Sie Dinge durcheinander, obwohl Sie sich eigentlich auch anders kennen? Wenn Sie Routinetätigkeiten erledigen, glauben Sie vielleicht, Sie bräuchten dafür nur wenig Aufmerksamkeit. Ihr Gehirn fängt aber im Hintergrund an, eigene Denkwege zu gehen, und schon sind Sie bei der Liste der Erledigungen für den nächsten Tag – also nicht mehr konzentriert. Und letztlich sind Sie dann für Flüchtigkeitsfehler anfällig und haben Ihre Liste vielleicht auch nicht vollkommen im Gedächtnis.

Bei allen Tätigkeiten im Alltag ist es also nötig, sich auf das Wichtigste zu konzentrieren! Manche Menschen glauben, sie hätten diese Fähigkeit nicht. Sie haben aber sicher schon einmal bemerkt, dass die meisten Menschen bei ihren Hobbys geradezu aufblühen und sich geistig und mit ihrer ganzen Energie in die selbst gestellte Aufgabe vertiefen. Das ist ein Beweis dafür, dass Konzentration für jeden möglich ist. Konzentration hat nämlich

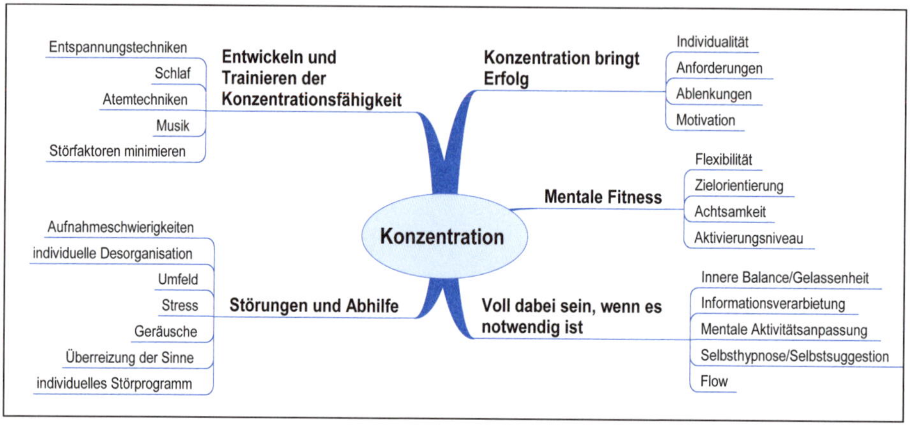

etwas mit Motivation und Interesse zu tun.

Konzentration ist außerdem auch von der Persönlichkeit gesteuert. So kann man in Bezug auf die verschiedenen Persönlichkeiten folgende drei Typen ausmachen:

1. Der Kontakt-Typ
   Er blüht auf, wenn er mit anderen zusammen etwas bereden kann, sich austauschen oder mit anderen gemeinsam etwas planen kann. Diesem Typ fällt es leicht, im Gespräch Zwischentöne herauszuhören. Er kann auch Gesprächsverläufe oder Beziehungsprozesse gut verfolgen.
2. Der Macher-Typ
   Er ist v. a. daran interessiert, dass sich etwas tut und bewegt. Es fällt ihm auf, wenn sich Entwicklungen zeigen, die der Weiterentwicklung seiner Absichten im Wege stehen, und sorgt dann dafür, dass wieder Wind in die Sache kommt.
3. Der Denker-/Tüftler-Typ
   Ihm reicht es, wenn er die Dinge durchdenken kann und möglichst wenig störenden Kontakt dabei hat. Überhaupt gelingen Dinge, die erledigt werden sollen, besser, wenn nicht so viele Störungen vorhanden sind.

Ein wenig Selbstkenntnis tut also gut, wenn Sie Ihre Konzentrationsfähigkeit verbessern wollen. Denn nicht alle Tipps passen für die individuellen Grundhaltungen gleichermaßen gut.

Ein weiterer Aspekt für die Konzentration ergibt sich bei der Informationsaufnahme. Jede Information will konzentriert aufgenommen sein, damit anschließend weniger Kraft aufgewendet werden muss, um in gewünschter Weise damit umzugehen. Informationen werden mit den Sinnesorganen, d. h. mit den Augen, den Ohren, der Nase, dem Mund und der Haut bzw. mit den Händen, aufgenommen. Wir erfahren darüber visuelle (sichtbare), auditive (hörbare), olfaktorische (geruchsbezogene), gustatorische (geschmackliche) und kinästhetische (auf Fühlen, Spüren und Bewegung bezogene) Reize, die wir deuten und verarbeiten.

Dabei hat jeder Mensch individuelle Vorlieben, die lebenshistorisch entstanden sind. Das bedeutet, dass Informationen bevorzugt auf den Lieblingskanälen aufgenommen werden, während auf den anderen besonderer Aufwand nötig ist. Es ist aber lernbar, die eigene Wahrnehmungsfähigkeit zu erweitern. So kann es sein, dass jemand sehr ungern liest, weil es ihm schwer fällt, sich visuell zu konzentrieren. Andererseits kann er vielleicht sehr gut zuhören. Logischerweise fällt ihm dann konzentriertes Zuhören leichter als konzentriertes Lesen.

Es ist also nützlich, dass Sie Ihre eigenen Vorlieben kennen und auch Ihre weniger stark ausgeprägten Fähigkeiten trainieren, um Ihre Leistungen steigern zu können.

Anforderungen

Unser Gehirn kann parallel arbeiten. So können Sie z. B. in einem Straßencafe sitzen, eine Zeitung lesen, die darin enthaltenen Bilder zur Kenntnis nehmen und gleichzeitig die Passanten daraufhin mustern, ob Sie den Bekannten, mit dem Sie verabredet sind, erkennen können. Diese Tätigkeiten belasten Sie nicht allzu sehr. Sie können sehr schnell von der einen auf die andere Tätigkeit (lesen, blättern, sehen, wahrnehmen) umschalten, weil die geistige Beanspruchung in diesem Fall nicht sehr hoch ist.

Etwas anders verhält es sich, wenn Sie z. B. einen Text am Bildschirm lesen wollen, das Telefon klingelt, Sie jemandem eine Auskunft geben müssen, etwas notieren wollen oder jemandem eine Nachricht zurufen – wenn Sie also alltägliche Bürotätigkeiten ausführen. Hier sollen die geistigen Tätigkeiten wie Lesen und Schreiben korrekt und mit Qualität durchgeführt werden, aber auch die anderen dürfen nicht vergessen werden. Dieser Alltag ist schon weitaus belastender und wirkt sich auf die Konzentrationsfähigkeit aus.

Konzentrationsfähigkeit wirkt sich also einerseits in Tätigkeiten aus, die uns geistig, andererseits in Tätigkeiten, die uns mental, d. h. seelisch-geistig, fordern. Geistige Anforderungen zeigen sich in Tätigkeiten, für die Sie auf die inneren Datenbanken Ihres Wissens zugreifen müssen. Mentale Anforderungen entstehen in der Regel aus Ansprüchen, die das Herangehen an Aufgaben, die Qualität der Ausführung oder das Reagieren auf schnell wechselnde Anforderungen betreffen. Wenn Sie hier nicht genauso konzentriert bei der Sache sind, wirkt sich das negativ auf Ihre Leistung aus.

Hierzu gehört auch noch die Fähigkeit zur Unterscheidung, d. h. die Fähigkeit zu unterscheiden, was wichtig ist, damit man sich diesen verschiedenen Wichtigkeiten voll und notfalls auch schnell widmen kann.

Diese Flexibilität ist allerdings anstrengend. Wenn Sie nicht dafür sorgen, dass Ihre Energiespeicher voll sind, fühlen Sie sich überfordert und können nicht mehr konzentriert reagieren. Die Energiespeicher schützen Sie, indem Sie lernen, kräftesparend und zielorientiert an Ihre Aufgaben heranzugehen. Dies erreichen Sie über geeignete Entspannungsmöglichkeiten.

Ablenkungen

Indem Sie sich auf eine Sache konzentrieren, richten Sie Ihre Aufmerksamkeit, also Ihre ganze Energie, darauf. Einer der positiven Effekte von zielgerichteter Aufmerksamkeit ist die Bündelung innerer Kräfte für das Erreichen Ihrer Ziele.

Damit geben Sie den von Ihnen gewollten Dingen einen Wert. Wenn Sie sich Ihren Kindern oder Freunden zuwenden und ihnen zuhören, dann wenden Sie sich ihren Bedürfnissen zu. Ebenso geschieht es mit den eigenen Hobbys, denen Sie sich widmen. Sie lassen sich darauf ein und können sich konzentrieren. Tun Sie dies nicht, dann lassen Sie sich ablenken. Sie springen dann von einem Thema auf das andere, träumen in den Tag, starren in die Luft, malen Strichmännchen usw.

Wann lässt man sich ablenken?

- Wenn man eigentlich etwas anderes tun will.
- Wenn einem das Thema zu schwer erscheint.
- Wenn die Sinneskanäle (siehe Vorlieben und Schwächen) überfordert werden.
- Wenn die Herangehensweise nicht individuell passend ist.
- Wenn einen das Ganze eigentlich nicht interessiert.

- Wenn man im Zustand großer Freude oder Trauer ist, denn dann überlagert diese Stimmung alle geistigen Tätigkeiten.

Sie können sich von diesen Ablenkungen befreien, wenn Sie herausfinden, was Sie genau ablenkt. Andererseits ist es wichtig, die Ziele genau zu kennen, dann fällt Konzentration auch nicht mehr schwer.

Motivation

Für das richtige Ausführen dessen, was getan werden soll, benötigen Sie die Fähigkeit, mental mit den unterschiedlichsten Ansprüchen umzugehen.

Eigene Erwartungen und die Erwartungen anderer treiben uns zu

- Leistungserwartungen (z. B. „Du musst es gut machen"),
- Erfolgserwartungen (z. B. „Du schaffst das schon"),
- Misserfolgserwartungen (z. B. „Ich hab das noch nie gekonnt").

Wollen wir für unsere Leistungen anerkannt werden, so ist dies häufig außengesteuert, man nennt dies auch eine „extrinsische Motivation". Die extrinsische Motivation wirkt sich

Tipp

Setzen Sie die richtige Energie für Ihre Leistungen ein!

Die Motivation für die Leistungen, die Sie zeigen wollen entspringt aus zwei Quellen:

1. **aus der Furcht vor Misserfolg**
2. **aus der Hoffnung auf Erfolg**

Fürchten Sie, Fehler zu machen, dann ist Ihre Aufmerksamkeit nur darauf gerichtet. Die Energie ist dann geteilt und wird einerseits für die Ausführung der Leistung, andererseits für die Vermeidung von Fehlern aufgebraucht.

Hoffen Sie auf eine gute Leistung und gehen Sie mit dem Bestreben an den Start, immer Ihr Bestes zu geben, dann tun Sie auch genau das. Sie stecken all Ihr Wissen und Ihre Kraft in die Ausführung der Leistung. Gedanken an Fehler und Enttäuschungen haben dabei keinen Platz. Die Energie ist einzig und ganz allein auf die Leistung gerichtet.

Prüfen Sie also immer, weshalb Sie eine Leistung überhaupt erbringen wollen und was Sie damit erreichen wollen.

so aus, dass sich Ihr Tun und Ihre Zielsetzung an von außen kommenden Aspekten orientieren. Ein Beispiel hierfür wäre ein Leistungssportler, der trainiert und trainiert – vielleicht sogar über die Erschöpfungsgrenze hinaus –, weil er den Trainer und seine Eltern, die so viel in sein Hobby investiert haben, nicht enttäuschen möchte. Genauso kann es Ihnen auch mit geistigen Tätigkeiten gehen. Sie üben und lernen bestimmte Dinge nur, um die Lehrer, die Eltern, die Mitschüler, die Kollegen oder den Chef zu beeindrucken. Ohne Zweifel können Sie damit auch Erfolge erzielen. Allerdings gehen Sie diese Erfolge gewissermaßen mit gebremster Kraft an, denn eigentlich tun Sie das nur, um andere zu erfreuen.

Etwas anders gelagert ist es, wenn Sie aus sich selbst heraus etwas tun wollen. Dann können Sie Höchstleistungen vollbringen und empfinden den Kraftaufwand dafür geringer. Man nennt dies auch „intrinsische Motivation". Intrinsische Motivation entsteht, wenn Sie selbst an der Erfüllung Ihrer Taten interessiert sind. Dann setzen Sie sich voll dafür ein und sind darauf orientiert, Ihr Ziel richtig und mit für Sie selbst gültigem Qualitätsmaßstab zu erreichen. Der Erfolg stellt sich gewissermaßen als Nebeneffekt ein. Enttäuschungen werfen Sie dann auch nicht so weit zurück, denn Fehler können vorkommen, sind aber Anlass, um sich zu verbessern.

Erfindungen, wie beispielsweise die Glühbirne oder das Automobil, haben bis zu ihrer ersten Gebrauchsfähigkeit viele gescheiterte Vorläufer gehabt, bis der Durchbruch erreicht wurde. Allein die innere Haltung zu ihrem Ziel treibt Erfinder voran. Getragen werden all diese Bemühungen, ein Ziel zu erreichen, durch die Fähigkeit, sich zu konzentrieren. Ein Ziel zu erreichen hängt aber nicht nur von den geistigen Tätigkeiten ab, sondern auch von der Geduld, immer wieder neu anzufangen. Auch dies ist ein wesentlicher Aspekt der Konzentration: Nicht immer gelingt eine Tätigkeit oder eine Leistung sofort. Dann ist Gelassenheit und innere Gewissheit entscheidend dafür, doch noch zum Ziel zu kommen.

Mentale Fitness

Konzentration hat also v. a. mit der mentalen Kraft zu tun, sich auf ein Ziel einzulassen und dafür das eigene Wissen, die gedankliche Geschicklichkeit und Wendigkeit zu entfalten sowie Durchhaltefähigkeit zu entwickeln.

Flexibilität

„Was bringt es mir?“ fragt das Gehirn bei allem, was Sie tun. Denn es braucht Anregung und schaltet nie ab. Es ist süchtig nach Information und Kombination.

Daher wird ein einziges Thema für den Einzelnen schnell langweilig. So kann es sein, dass während des schrittweisen Vokabellernens zwar die linke Hirnhemisphäre beschäftigt ist, sich die rechte aber langweilt. Dann kann es passieren, dass schon während der letzten fünf Vokabeln das Treffen mit den Freunden bedacht wird und die Freude daran überwiegt. Sicher ist das kein Zeichen für Konzentration und das Ergebnis für die letzten Vokabeln dürfte entsprechend schlecht sein. Verschiedene Inhalte überlagern sich und im entscheidenden Moment ist die betreffende Vokabel weg.

Es ist daher nützlich, sich vor dem sturen Pauken und Abfragen von Vokabeln klarzumachen, was die einzelnen Wörter bedeuten und wie sie gebraucht werden. Oder noch besser: Verfassen Sie z. B. ein Gedicht oder eine kleine Geschichte, in der all diese Vokabeln vorkommen. Das sind Ideen, wie man das sture Vokabelpauken durch eine neue Aufgabe ersetzen kann, die vielleicht sogar Spaß bringt oder die eigene Neugier weckt. So fängt das Hirn an, Verknüpfungen zu erstellen, beide Hirnhälften werden mit dem gleichen Thema beschäftigt, die Aufmerksamkeit bleibt erhalten und der Stoff wird interessanter.

Eigentlich neigt unser Gehirn dazu, von einer Sache zur anderen zu wechseln oder die Wahrnehmung von einem Sinnesorgan zum anderen zu verändern. Dadurch kommen sehr viele Informationen zusammen, aus denen ein Gesamtbild erstellt wird. Wir lassen uns dabei von Reizen, die uns auffallen, führen. Dadurch entsteht aber auch oft der Eindruck, wir könnten geistige, automatisch ablaufende Programme ablaufen lassen und nebenbei etwas Andersartiges tun. Aber auch wenn Sie glauben, Sie könnten mehrere Dinge gleichzeitig tun, so ist Ihr Hirn sehr kurzfristig und sekundenschnell immer nur mit einer Aufgabe beschäftigt.

Wenn Sie dann sehr viele verschiedene geistige Tätigkeiten kombinieren und diese jeweils ein neues Durchdenken erfordern, werden Sie bald erschöpft sein und Ihre Aufnahmefähigkeit und Konzentration werden langsam immer mehr geschwächt. Das liegt an den jeweils notwendigen Kontextwechseln, die unser Gehirn beim Hin- und Herschalten zwischen verschiedenen geistigen Tätigkeiten erledigen muss.

Daher ist es wichtig zu unterscheiden, was Sie tun wollen. Mehrere Dinge gleichzeitig zu tun, geht nur dann, wenn Sie völlig automatisierte Tätigkeiten mit geistigen Tätigkeiten kombinieren. Aber bereits eine kleine Störung in dieser automatisierten Routine lässt die Konzentration auf die geistige Tätigkeit zusammenbrechen, denn sie erfordert kurzzeitig die Aufmerksamkeit auf die automatische Tätigkeit.

Zielorientierung

Der Wille zur Konzentration spielt eine wesentliche Rolle bei der Verwirklichung Ihrer Pläne, denn damit sind Sie in der Lage, alles aus dem Weg zu räumen, was Sie zerstreut und auf Abwege bringt. Sie entwickeln dafür eine geistige Selektionskraft, Unwesentliches wegzulassen und das, was Sie auf dem gewählten Weg weiterbringt, herauszugreifen.

Zur Zielorientierung ist aber auch Selbst- und Zeitmanagement nötig,

Es werden zwei Arten von Konzentration unterschieden:

Die erste ist vorhanden und wirkt, ohne dass man sie herbeizwingen muss. Sicher kennen Sie die Spannung, die einen festhält, wenn man einen fesselnden Krimi liest oder im Fernsehen schaut. Dies ist die unbewusste Konzentration. Sie wird durch Interesse erzeugt und kann durch beständiges Üben auch automatisiert werden, indem Sie auch bei zunächst uninteressanten Aufgaben herausfinden, was Sie dabei speziell interessieren könnte.

Die zweite ist die bewusste Konzentration. Sie wird durch Ihren Willen erzeugt und längere Zeit aufrechterhalten. Auch dies lässt sich üben, aber es gilt: Ohne Ihr Interesse werden Sie Ihre Absichten eher durch Konzentrationslosigkeit torpedieren.

denn so beginnen Sie, die für Sie wichtigen Tätigkeiten im Tagesablauf so zu regeln, dass sie mit der nötigen Aufmerksamkeit erledigt werden können.

Achtsamkeit

Durch aktive Aufmerksamkeit können Sie Ihre Konzentration schärfen. Dazu ein Experiment:

Versuchen Sie einmal, inmitten einer Menschenmenge, auf einer Messe oder bei anderen Gelegenheiten, in denen es augenscheinlich etwas unübersichtlich ist, Worte herauszuhören oder bestimmte Dinge zu sehen, die Sie interessieren. Es ist sicherlich erstaunlich, wie viel Sie dabei heraushören können, nur weil Ihre Aufmerksamkeit darauf gerichtet ist. Allerdings ist diese Aufmerksamkeit selektiv und Sie nehmen nur die gerade im Brennpunkt Ihres Interesses stehenden Dinge scharf auf. Alles andere verschwimmt. Den Gesamtzusammenhang erhalten Sie erst durch die Fähigkeit Ihres Gehirns, bei diesem oder jenem Zusammenhang zu verweilen und dann ganze Bilder zu konstruieren.

Aufmerksamkeit können Sie neben anderen Methoden auch durch meditative Unterstützung entwickeln und trainieren.

Aktivierungsniveau

Aus Alltagsbeobachtungen weiß man, dass die Leistungsfähigkeit des menschlichen Gehirns großen Schwankungen unterworfen ist. Trotz konzentrierten Arbeitens treten immer wieder Phasen verminderter Aufmerksamkeit auf. Man fasst diese Phasen auch unter dem Begriff Aktivierungsniveau zusammen.

Die aktive Bereitschaft des Gehirns und des Körpers, geistig tätig zu werden, hängt aber auch damit zusammen, in welchen Zeitrhythmen Sie sich bewegen. Gemeint sind damit Jahresrhythmen, Tagesrhythmen und persönliche Rhythmen. Sichtbar und fühlbar wird dies z. B. am Jetlag nach einem Flug in eine andere Zeitzone. Hier gerät Ihr Biorhythmus so durcheinander, dass Sie die gewünschten Verhaltensweisen nicht mehr aufbringen können. Es kann passieren, dass Sie in einer Besprechung in Übersee einfach einschlafen, weil der Körper in seiner Trägheit noch hinterherhinkt. Im Tagesrhythmus unserer Breiten haben wir generell einen etwa 16-stündigen Anteil Wachzeit und etwa acht Stunden Schlafzeit. Die Wachzeit teilt sich für die meisten Menschen in Abschnitte fremdbestimmter Zeit und in Abschnitte selbstbestimmter Zeit ein.

Die vorbestimmte Zeit ergibt sich aus Schulzeiten, Arbeitszeit oder Studium.

Allerdings unterliegt unsere Aktivität innerhalb dieser Zeiten dem individuellen Rhythmus der Funktionen unseres Körpers. Drüsentätigkeit, Herzschlag, Körpertemperatur, Atemfrequenz und Blutdruck beeinflussen die Reaktionszeit im Laufe des Tages. Dies ergibt Schwankungen, die die Leistungsfähigkeit und damit auch die Konzentrationsfähigkeit beeinflussen.

Wer kennt nicht die berühmten Morgenmuffel oder die ausgeprägten Tages- oder Nachtarbeiter? Beobachten Sie sich also einmal selbst und finden Sie heraus, wo Ihre Phasen hoher Konzentrationsfähigkeit innerhalb eines Tages liegen. In diese Zeiten sollten Sie die Tätigkeiten verlegen, die ein hohes Maß an Konzentration erfordern.

Voll dabei sein, wenn es notwendig ist

Die geistige Beweglichkeit ist gefragt wie nie. Sie ist Ausgangspunkt für denkerische Leistungen und für die Fähigkeit, Probleme des Alltags zu lösen. Dabei sind diese Anforderungen von dem Zwang zu Schnelligkeit begleitet und das macht wiederum immer höhere Konzentration und geistige Leistungsfähigkeit nötig.

Informationsverarbeitung

Möglichst viel Information in möglichst wenig Zeit aufzunehmen und angemessen zu verarbeiten ist für die meisten von großer Bedeutung. Gedächtnis und Konzentration sind dabei sehr wichtig.

Da die meisten Informationen uns inzwischen auf schriftliche Weise erreichen, benötigen wir ein wirksames Verfahren, wie wir das Wesentliche zielgerichtet und konzentriert erfassen können. Sinnvoll ist es z. B., beim Lesen und Verarbeiten von Schriftgut stets einem bestimmten Ablauf zu folgen.

Wesentlich ist es dabei, die eigene Haltung und Bewertung zum Lesestoff zunächst beiseite zu lassen, um nicht emotional und verfrüht zu inhaltlichen Festlegungen zu kommen.

In ähnlicher Form können Sie auch mit Informationen aus Gesprächen umgehen.

Wir sind eher daran gewöhnt, alles Erdachte und Geschriebene in linearisierter Abfolge (z. B. von oben nach unten) zu sehen und zu verarbeiten. Um eine effektive Verankerung des Wissens zu erreichen,

Tipp

Was macht effektives Lesen aus?

Sofortiges Loslesen schafft Verwirrung. Besser ist es, stets mit Überblick zu lesen. Dazu folgende Tipps:

1. Verschaffen Sie sich einen Überblick.
2. Halten Sie das Ziel des Lesens klar vor Augen. Was wollen Sie erfahren?
3. Wenden Sie eventuell Schnelllesetechniken an.
4. Gehen Sie die Texte gegebenenfalls mehrmals mit unterschiedlichen Zielfragen durch, notieren Sie währenddessen nichts, erschließen Sie dabei stets v. a. den Inhalt.
5. Fertigen Sie erst nach dem Lesen eine Zusammenfassung an.

ist es aber nötig, dies in vielen verschiedenen Formen zu speichern. Daher empfehlen sich neben Notizen vor allem Skizzen, Grafiken und speziell Mind Maps, um sich die enthaltenen Informationen in neuen Zusammenhängen merken zu können.

Mentale Aktivitätsanpassung

Die mentale Vorbereitung auf die Situation verhilft dazu, sich zu konzentrieren und sich für die Aktivität und die Leistung bereit zu machen.

Beobachten können Sie das bei Sportveranstaltungen: Immer mehr

Tipp

Aufnahme von Informationen aus Gesprächen:

Durch innere Fragen gelingt es, dem Prozess des Geschehens zu folgen, um anschließend gezielt durch eigene Beiträge in das Gespräch einzugreifen.

1. Worum geht es?
2. Was ist das äußere und das innere Ziel des Gespräches?
3. Welche Rollenverteilung gibt es?
4. Welche Einstellung habe ich?
5. Was will ich oder muss ich erreichen?

Sportler machen eine kurze mentale Pause vor dem Wettkampf. Sie nehmen dann nicht mehr am äußeren Geschehen teil und schließen eventuell die Augen. Dann läuft vermutlich eine mentale Programmierung in ihnen ab: Ihre Motivation wird hergestellt und Bewegungsabläufe werden erinnert und bereitgestellt.

Mit Mentaltechniken lässt sich die Leistung des Gehirns für eine zeitgerechte Konzentration nutzen. Dabei entwickelt man geistige innere Vorstellungsbilder, lässt alte gute Erinnerungen aufscheinen oder entwickelt neue Idealbilder für individuelle Ziele. Der Körper stellt sich funktionell darauf ein, sodass entsprechender Stress oder Glückserfahrungen nachvollzogen werden. Sie können sich so für Leistungssituationen vorprogrammieren und damit die Konzentration voll aufdrehen. Gleichzeitig stimmen Sie sich positiv darauf ein.

Über Gedanken lässt sich die eigene Energie bündeln und zielgerichtet einsetzen. Dieser mentale Zugang zur Aktivität geschieht allgemein über die Visualisierung des Ziels. Zugang zu mentalen Techniken bekommt man in aller Regel über Entspannungsmethoden.

Selbsthypnose und Selbstsuggestion

Suggestiv wirkende Botschaften bestärken Sie und sprechen Ihre Erfolgserwartung an. Ihr Denken wird also über Sie selbst, über die Situation und die Aufgabe positiv beeinflusst. So können Sie auch Ihre negativen Überzeugungen positiv beeinflussen. Suggestive Botschaften wirken wie positive Bestätigungen für das Gehirn. Ein Beispiel hierfür ist beispielsweise die Bestätigung „Ich freue mich aufs Lernen, denn ich lerne schnell und gut".

So schaffen Sie sich die seelischen Voraussetzungen dafür, Ihre Vorhaben so auszuführen, wie es Ihren besten Möglichkeiten entspricht. Wichtig ist es, diese Affirmationen positiv zu formulieren, denn negative Ausdrücke kann das Gehirn nicht auseinanderhalten, ja, es nimmt sie nicht einmal wahr. Sie können das ganz einfach ausprobieren: Sagen Sie z. B. zu jemandem: „Denke nicht an BLAU." Fragen Sie dann im Anschluss: „Woran hast du gedacht?", so erhalten Sie mit Sicherheit die Antwort: „Na, an BLAU natürlich."

So ist z. B. die Selbstbestätigung „Ich habe keine Angst" wenig wirkungsvoll, da sie negativ formuliert ist und Ihr Gehirn nur die Worte

Tipp

Entwickeln Sie Selbstsuggestionen!

Es empfiehlt sich ein Zielbild, das einfach und einprägsam sein soll. Die Formel dazu soll positiv sein und möglichst ein positives Gefühl ansprechen. Beispiel: „Ich bin heiter und gelassen“ oder „ Ich habe Spaß daran, Neues zu lernen und davon zu profitieren“.

„Ich habe“ und „Angst“ versteht. Mit Angst verbindet sich sofort ein Negativprogramm.

Innere Balance – Gelassenheit

Durch Entspannungstechniken können Sie Ihr Hirn bewegen, eine andere Schwingung der Gehirntätigkeit einzunehmen. Die Frequenz der Gehirnwellen nimmt ab. Der Körper wird frei von Muskelanspannung und die Herzfrequenz sinkt.

Über Meditation erreichen wir ebenfalls eine Befreiung für das Hirn. Diese Erfahrung der Ruhe, Stille und des Zu-sich-selbst-Kommens schafft Energie und Konzentration. Meditationstechniken zur besseren Konzentration funktionieren so, dass man die Aufmerksamkeit ohne Unterbrechung wie einen Lichtstrahl auf einen Gegenstand oder eine Tätigkeit lenkt.

Meditieren können wir im Stehen, Sitzen, Liegen oder in Bewegung. Die fernöstlichen Lehren wie Tai Chi oder Qi Gong sowie andere Meditationsformen mit fernöstlichen Kampfsportbewegungen bieten reichlich Unterstützung in dieser Sache. Durch bewusstes Atmen und bewusst durchgeführte Bewegungen wird Konzentration erreicht.

Man versucht dabei zunächst, das Hirn frei zu machen, um sich dann konzentriert dem Atem, einem Gebet, einem Mantra, einem Ritual oder einem inneren Bild zuzuwenden. Es ist empfehlenswert, jede Sitzung mit einer Konzentrationsübung zu beginnen.

Wenngleich diese Formen erst geübt werden müssen und vielleicht nicht jedermanns Sache sind, so bieten sie körperliche und psychische Erholung und auch die Entwicklung von Kreativität.

Flow

Völlige Konzentration auf eine Sache ist möglich. Sie kennen sicher die

Erfahrung, dass Sie etwas hochkonzentriert tun und nicht mehr wahrnehmen, was um Sie herum vorgeht. Sie verschmelzen geradezu mit der Sache, die Sie tun. Dabei tun Sie, ohne genau nachzudenken, die richtigen Dinge und fragen sich auch nicht zwischendurch, ob Sie sie richtig tun. Gleichzeitig vergeht die Zeit wie im Flug. Sie befinden sich dann in einem Zustand, den man „Flow“ nennt. Alles fließt zusammen: Die eigene Energie fließt geradewegs in die Aufgabe, die Erledigung der Aufgabe, die Zeit und die Qualität der Erledigung. Es entsteht gleichzeitig so etwas wie ein Hochgefühl und man taucht wie aus einem anderen Zeitzustand auf, wenn die Aufgabe erledigt ist. Sie fühlen sich dann motiviert, gut, fähig und erfolgreich.

Allerdings ist für das Erleben vorausgesetzt, dass die Aufgabe interessant ist. Sie muss zwar fordern, darf aber andererseits auch nicht überfordern.

Störungen und Abhilfe

Sie haben nun viele Möglichkeiten kennen gelernt, wie Konzentration entsteht und wie man sie beeinflussen kann. Die folgende Tabelle stellt allgemeine Störungen der Konzentration und deren Wirkungen sowie die möglichen Abhilfen dar.

Störungen	Ursachen	Abhilfe
Aufnahme-schwierigkeiten	„Ein voller Bauch studiert nicht gern“, denn nach dem Essen sackt die Körperaktivität in die „Eingeweide“ ab.	Mehrere kleine Portionen essen. Pausen nach den Essenszeiten. Bewegung, z. B. Spaziergang
	Ungenügend Schlaf, oder Schlaf erst in den frühen Morgenstunden.	Ausreichend Schlaf, wobei der Schlaf vor 24.00 Uhr die Regeneration des Hirns fördert

➜

Störungen	Ursachen	Abhilfe
	Zu viele verschiedene geistige Aktivitäten in kurzer Zeit	Ausreichende Pausen zwischen geistigen Tätigkeiten, damit das Hirn wieder reaktiviert werden kann.
Individuelle Desorganisation	Innere Orientierungslosigkeit stiftet Verwirrung	Ziele und Wünsche klären, Interessen entwickeln.
	Springen von einem Thema auf ein anderes	Methodisches und konzentrationsförderndes Arbeiten lernen, Untergliedern der Aufgaben, schrittweises Abarbeiten, Meditation.
	Fehlendes Selbstmanagement fördert Planlosigkeit	Arbeitsmethoden für geistige Tätigkeiten lernen, Zeitmanagement, Lernorganisation.
	Fehlende Ordnung fördert Chaos bei Arbeitmitteln, Unterlagen, Mitschriften usw.	Einführung von bestimmten Ordnungssystemen, eigenes System für Mitschriften entwickeln.
Umfeld	Mitmenschen als Konzentrationskiller	Versuchen, ein Zeitabkommen mit diesen Menschen zu treffen.
	Unzureichende Arbeitsmöglichkeiten	Eigener Raum, wenigstens für intensive Konzentrationsphasen allein und ungestört sein, Bibliothek als Arbeitsort nutzen.

→

Störungen	**Ursachen**	**Abhilfe**
	Fehlende Zeit.	Konsequente Zeitorganisation.
	Unzureichende Arbeitsmittel	Ergonomischer Stuhl und optimale Tischhöhe.
	Unzureichende Lüftung	Regelmäßig verbrauchte Luft ablüften, am offenen Fenster stehen und bewusst aus- und einatmen.
Di-Stress	Ständig wechselnde/ zu hohe Anforderungen	Überlegungen anstellen, ob diese Anforderungen für Sie geeignet sind.
	Unsicherheit	Überlegen, woraus die Unsicherheit gespeist wird. Versuchen, Sicherheit zu entwickeln, oder Aufgabe ändern. Atemtechniken anwenden. Alternative Tätigkeiten oder Hobbys entwickeln.
	Angst	Angsterzeugende Aspekte näher untersuchen. Sind es äußere oder innere Umstände? Innere durch fachliches Training oder Konzentrationstraining beheben, äußere Umstände durch Verlassen der Situation auflösen oder Klärung suchen.

→

Störungen	**Ursachen**	**Abhilfe**
	Unentwegtes Arbeiten oder Üben	Pausen Allgemein: Entspannungstechniken lernen und anwenden. Entspannende Tätigkeiten in der Freizeit suchen.
Geräusche	Verkehrs- oder Baulärm Techno-Musik, diese regt den Organismus auf und setzt ihn unter Stress	Ohrstöpsel Andere Musikrichtungen wie klassische Werke oder Wellness-Musik unterstützen die Herzfrequenz und damit die Konzentration. Autosuggestionsformel einsetzen.
	Telefon	Telefon abstellen oder Telefonzeiten einrichten.
Überreizung der Sinne (außer Hören)	Starke Düfte oder Gerüche	Zwei Möglichkeiten: Gewöhnung oder Gegenduft mit z. B. Bergamottearoma oder Zitrusaromaöl.
	Visuelle Ablenkungen	Abwenden von der Ablenkung, beruhigendes Bild oder Aquarium anschauen.
	Falsches oder unzureichendes Licht	Genügend Licht, mind. 1000 Lux für Arbeitsplatz zum Lernen. Kein Gegenlicht.

➜

Konzentration

Störungen	Ursachen	Abhilfe
	Ständige Bewegung	Einen Arbeitsplatz suchen, der Abschirmung ermöglicht, Ruhepausen ohne Bewegung, Stille, Entspannungstechniken, ausreichend Schlaf.
	Temperatur/ Klima in Räumen	optimal sind 21° Temperatur
Individuelles Störprogramm	Überforderung	Nach Wegen suchen, die Anforderungen in Teile zu gliedern oder geringer zu machen, Atemtechniken zur Stressreduktion anwenden.
	Unterforderung	Aufgaben suchen, die mehr Herausforderung und Kreativität versprechen.
	Sorgen	Die Sorgen aufschreiben. Effekt: Eigene Gedanken werden ernst genommen.
	Mangelndes Selbstbewusstsein	Über Erfolge das eigene Selbstwertgefühl entwickeln, z. B. durch Training der Konzentrationsfähigkeit.
	Zwiespalt zwischen Interesse und Pflicht	Das spezifisch und individuell Interessierende an der Aufgabe herausfinden.

➜

Störungen	Ursachen	Abhilfe
	Interesselosigkeit	Fragen: Was könnte die Sache weiterentwickeln, wie wäre sie interessanter für mich, wie könnte ich mir Spaß dabei erzeugen?
	Langeweile	Eventuell Wechsel der Arbeitsmethode, der Umgebung, die Aufgabe erweitern, persönliche Lernaufgabe dabei kreieren.

Entwickeln und Trainieren der Konzentrationsfähigkeit

Es geht nun darum, Methoden und Übungen aufzuzeigen, um Ihren Einstieg in Konzentration, Entspannung und Gelassenheit einzuleiten und unterschiedliche Zugänge zu passenden Übungsformen zu geben. Die wesentlichen konzentrationsfördernden Elemente und weitere Hilfsmittel werden dabei erläutert.

Der erste Weg zur Konzentration ist über Entspannung möglich. Viele Entspannungsübungen bergen nebenbei bereits auch Übungen zur Konzentration. Zu guter Konzentration und zu den beschriebenen Flow-Zuständen, in denen Höchstleistungen erbracht werden, kommt es, wenn beide Hirnhälften miteinander kooperieren.

Ein weiterer Weg zur Konzentration läuft über die Aktivierung der inneren Energie. So konzentriert man sich einerseits auf den Körper, andererseits entwickelt man die Energie für hohe Leistungsfähigkeit.

Man kann schlussfolgern, dass Konzentration durch zu große Anstrengung, die aufgebracht wird, um ein Ziel zu erreichen, eher beeinträchtigt wird. In diesem Sinne sind auch die fernöstlichen Methoden und Übungen zu verstehen, die im Zentrum stets das Finden der inneren Mitte, die innere Klarheit und die Gelassenheit haben.

Sog. Trainingsübungen für konzentriertes Arbeiten beinhalten viele Möglichkeiten, Zeichen, Signale, Schriften, Codes, Töne und Bilder zu differenzieren oder wahrzunehmen. Vielfach wird dabei im Wesentlichen unsere linke Hirnhälfte beschäftigt. Um hier ein Gleichgewicht zu erzeugen, werden auch Übungen, die die rechte Hirnhälfte beschäftigen, aufgezeigt.

Wählen und probieren Sie die eine oder andere Methode aus, aber seien Sie sich der Tatsache bewusst, dass sich Konzentrationsfähigkeit mit der Zeit entwickelt und deshalb eine regelmäßige Anwendung dazugehört.

Wenn Sie ein Trainingsprogramm durchführen, dann sorgen Sie dafür, dass Sie Ihre Fortschritte auch wahrnehmen. Nehmen Sie sich ein kleines Heft und notieren Sie zunächst, wo Sie in Sachen Konzentration unzufrieden mit sich sind. Notieren Sie regelmäßig Ihre Fortschritte und freuen Sie sich daran. Nehmen Sie sich vor, was Sie verbessern wollen. Vielleicht wollen Sie sich auch für Ihre Fortschritte belohnen?

Entspannung

Um sich optimal zu konzentrieren, ist es gut, weder müde noch angespannt zu sein. Diese Beeinträchtigungen können Sie durch einfache Techniken beheben. Entspannung ist über körperorientierte Techniken, aber auch über mentale Techniken erreichbar. Bekannt sind v. a. das Autogene Training und die Progressive Muskelentspannung nach Edmund Jacobson. Üben Sie in bequemer Kleidung.

Autogenes Training

Das Autogene Training gehört wohl zu den bekanntesten Entspannungsmethoden. 1932 wurde es von dem deutschen Arzt Prof. Dr. J. H. Schulz entwickelt. Die Technik dieses Verfahrens verrät bereits der Name selbst: Autogen wird vom griechischen Wort „autogenis“ (= selbst erzeugt, selbst hervorgebracht) abgeleitet und das englische Wort „training“ steht für Übung. Damit ist diese Entspannungstechnik bereits genau charakterisiert. Man beeinflusst sich selbst so, dass ein Zustand tiefer Ruhe erzielt wird, die Grundvoraussetzung für optimale Konzentration.

Die gewünschte Entspannung erzielt man durch sechs Stufen, also sechs Grundübungen, die innerhalb von ca. sechs Wochen leicht erlernt werden können. Bereits nach dieser kurzen Zeit werden Sie eine erhebliche Verbesserung Ihrer Konzentrationsfähigkeit spüren. Autogenes Training kann leicht und problemlos fast überall durchgeführt werden. Bereits zehn Minuten tägliches Üben erzielen schon einen guten Erfolg.

Bevor Sie mit den einzelnen Übungen dieser Entspannungsform beginnen, sollten Sie Rücksprache mit Ihrem Arzt oder Heilpraktiker halten, ob diese Methode für Sie persönlich geeignet ist. Für Menschen, die einen niedrigen Blutdruck haben, ist Autogenes Training nicht so gut geeignet, da während der Übungen der Blutdruck noch mehr absinkt.

1. Stufe:

Legen Sie sich bequem mit einer Decke auf den Boden und halten Sie die Beine leicht gespreizt. Ihre Arme ruhen locker und entspannt neben dem Körper. Achten Sie darauf, dass die Handflächen nach oben zeigen!

Nun schließen Sie die Augen und konzentrieren sich ausschließlich auf Ihren Arm. Sie spüren ihn und stellen sich vor, dass er schwer wird, damit sich die Muskulatur richtig entspannen kann.

Sprechen Sie jetzt leise folgende Formel vor sich hin: „Mein rechter (linker) Arm wird ganz schwer.“ Sie dürfen sich von nichts ablenken lassen und werden nur von einem einzigen Gedanken geleitet: Es ist völlig angenehm!

Jede Übung wird mit dem Zurückholen beendet: Sie bewegen heftig Ihre Arme, indem Sie diese mehrmals zum Körper hin ziehen. Dann strecken und recken Sie sich, so wie Sie das beim morgendlichen Aufstehen zu tun pflegen. Auch das Zurücknehmen beginnt mit einer Formel: Tief ein- und ausatmen. Augen öffnen und Arme bewegen!

Diese Übung kann zur Abwechslung auch mit den Beinen oder Füßen durchgeführt werden.

2. Stufe:

Diese Übung dient der Wärmeerzeugung und entspannt alle Gefäße. Dadurch kann sich das Herz-Kreislauf-System erholen und der Körper wird verstärkt mit Sauerstoff versorgt.

Tipp:

Eine Muskelentspannung ruft körperliche Schwere, Muskelanspannung dagegen sehr angenehme Wärme hervor. Dies sollten Sie sich für alle Übungen merken.

Legen Sie sich wieder ganz bequem auf Ihre Unterlage auf den Boden. Verwenden Sie nun die Formel: „Mein rechter (linker) Arm wird ganz warm!"

Gerade für Anfänger ist es sehr hilfreich, wenn man sich die Wärme bildlich vorstellt. Denken Sie an einen warmen Tag am Strand oder an ein heißes Bad. Damit die Übungen nicht eintönig werden, können Sie auch mit der Schulter oder den Beinen durchgeführt werden. Nach jeder Übung darf die Rückführung nicht vergessen werden.

3. Stufe:

Legen Sie sich wieder in die vertraute Grundposition. Ihre Formel lautet jetzt: „Mein Herz schlägt ruhig und regelmäßig!"

Gerade bei Anfängern ist oft zu beobachten, dass sie das Gefühl haben, das Herz würde schneller schlagen. Dieses Phänomen verschwindet jedoch nach einiger Zeit. Vergessen Sie nach der Übung bitte nicht das Zurückholen!

4. Stufe:

Um innere Ruhe zu finden, ist richtiges Atmen eine sehr wichtige Voraussetzung. Da die Atmung vegetativ gesteuert wird, findet sie unabhängig von unserem Willen statt. Deshalb finden Sie in Ihrer Übungsformel auch kein „Ich" oder „Mein", sondern nur: Atmung ruhig und regelmäßig!

So passiv wie Ihre Atmung stattfindet, so passiv verhalten auch Sie sich. Spüren Sie einfach nur, wie Ihr Atem durch den Körper strömt.

5. Stufe:

Diese Übung ist ganz dem Sonnengeflecht gewidmet. Um sie durchführen zu können, müssen Sie natürlich erst einmal genau wissen, wo das Sonnengeflecht seinen Sitz hat. Dieses Nervengeflecht liegt zwischen den Brustwarzen und dem Nabel, ganz zentral am unteren Ende des Brustbeines und strahlt zu fast allen Organen im unteren Körperbereich, wie z. B. Milz, Leber und Nerven, positive Energie aus. Ihre Formel lautet jetzt: „Mein Sonnengeflecht strömt warm!"

Vergessen Sie auch bei dieser Übung die Rückführung nicht.

6. Stufe:

Auch die letzte Grundübung ist dem Erreichen von tiefer innerer Ruhe gewidmet. Ihre Formel lautet jetzt: „Meine Stirn ist angenehm kühl!"

Achten Sie darauf, dass Sie Kühle nicht mit Kälte verwechseln, da letzteres von vielen als unangenehm empfunden wird. Vergessen Sie die Rückführung nicht.

Progressive Entspannung nach Jacobson

Hier wirkt das Prinzip Entspannung durch Anspannung. Die sog. Progressive Muskelrelaxation führt durch den Körper und es ergibt sich eine angenehme Entspannung im ganzen Organismus. Wenn Sie diese beherrschen, ist sie in jeder Situation anwendbar, in der Sie eine Anspannung bemerken, z. B. bei Ärger, Frust, Stress oder Leistungsanforderungen. Durch das Anspannen von Muskeln und anschließendem Lockerlassen wird eine befreiende Wirkung erzielt. Klären Sie auch hier mit Ihrem Arzt ab, ob diese Übungen befürwortet werden.

Die Schritte:

Setzen Sie sich aufrecht auf einen Stuhl, lehnen Sie sich nur leicht an der Lehne an, stellen Sie beide Füße auf den Boden oder legen Sie sich flach auf den Rücken. **Achtung:** Bei allen Übungen geht es darum, Muskeln anzuspannen, kurz zu halten und dann loszulassen!

1. Ballen Sie die rechte Hand und spannen Sie gleichzeitig den rechten Unterarm an. Einige Sekunden halten, dann loslassen. (Das gilt auch für alle weiteren Schritte.)
2. Ballen Sie die linke Hand und spannen Sie den linken Unterarm an.
3. Legen Sie die Stirn in Falten.
4. Kneifen Sie die Augenlider zusammen.
5. Spannen Sie die Nackenmuskeln an.
6. Spannen Sie die Mundmuskeln an, indem Sie Ihre Lippen spitzen.
7. Drücken Sie die Zähne leicht aufeinander.
8. Spannen Sie die Hals- und Nackenmuskeln an, indem Sie die Schultern zu den Ohren hochziehen.
9. Spannen Sie die Schultern an, indem Sie die Schulterblätter nach innen ziehen.
10. Spannen Sie die Bauchmuskeln an, ziehen Sie sie nach innen.
11. Spannen Sie die Rückenmuskeln an, sodass der Rücken etwas hohl wird.
12. Spannen Sie beide Pobacken an.
13. Spannen Sie den rechten Oberschenkel an, indem Sie den Fuß nach unten drücken.
14. Ziehen Sie den rechten Fuß hoch, lassen Sie den Fuß mit der Ferse auf dem Boden stehen.

15. Ziehen Sie am rechten Fuß die Zehen wie zum Greifen nach innen unten.
16. Spannen Sie den linken Oberschenkel, indem sie den Fuß nach unten drücken.
17. Ziehen Sie den linken Fuß hoch, lassen Sie den Fuß mit der Ferse auf dem Boden stehen.
18. Ziehen Sie am linken Fuß die Zehen nach unten innen.

Achtung: Wer leicht zu Kopfschmerzen neigt, sollte die den Kopf betreffenden Übungen nicht ruckartig ausführen, sondern sowohl Anspannung wie auch Entspannung langsam auf- und anschließend wieder abbauen.

Wichtig ist, dass Sie den Unterschied zwischen Anspannung und Entspannung auch wirklich deutlich wahrnehmen. Daher ist ein zu starkes, verkrampfendes Anspannen nicht angebracht.

Atmen Sie während der einzelnen Übungen ruhig ein und aus. Lösen Sie mit dem Ausatmen gleichzeitig die Anspannung.

Am Ende kosten Sie den Zustand einige Minuten aus, bevor Sie sich wieder anstrengenden anderen Tätigkeiten zuwenden.

Mentale Entspannung

Manchmal wird ein mentaler Entspannungszustand auch als Trance

Tagtraum

Setzen Sie sich bequem hin, schließen Sie die Augen. Atmen Sie ruhig aus und ein. Beobachten Sie Ihren Atem, den gleichmäßigen Rhythmus des Ein- und Ausströmens Ihres Atems. Gehen Sie von Ihrem Ort aus über eine Straße, einen Weg zu einem Ort, der für Sie schön ist. Das kann ein Strand, eine Wiese, ein Wald, ein See oder etwas anderes sein. Sie finden dort einen Platz zum Sitzen oder Liegen. Sie können sich auch einen realen Ort vorstellen, den Sie schon kennen und vielleicht öfter gesendet haben.

Was sehen Sie? Was hören Sie? Was spüren Sie? Was möchten Sie tun?

Genießen Sie die Stimmung, nehmen Sie Ihre Gedanken wahr. Wenn Sie diese Stimmung aufgenommen haben, gehen Sie wieder über die gleichen Wege zurück in die Jetzt-Situation.

Genießen Sie diesen kleinen Kurzurlaub für die Seele.

bezeichnet. Durch die mentale Entspannung können Sie einen intensiven Kontakt zu Ihrem Unbewussten aufbauen.

Dann sind wir klar und ansprechbar, aber der Kopf ist leer. Mit ein wenig Übung können Sie selbst in die mentale Entspannung gleiten. Der positive Effekt der Entspannung durch diese einfache Trance ist eine Erfrischung für das Hirn. Danach sind Sie in der Lage, wieder Ideen zu produzieren, intensiv weiterzuarbeiten und Aufgaben zu lösen.

Der Tagtraum ist dafür die beste Möglichkeit.

Geräte zur körperlichen und mentalen Entspannung

Es gibt eine Reihe von sog. Mind Machines (Gehirnmaschinen). Die Palette reicht von Biofeedback-Geräten verschiedener Ausprägung über Audio-Kassetten mit spezifisch angeordneten Geräuschen, Musik oder Botschaften, die das Hirn erreichen. Ebenso gibt es Videos mit ähnlichen gehirngerechten Inhalten und computergesteuerte Geräte, die akustische, optische und verbale Reize kombinieren.

Die Biofeedback-Geräte funktionieren so, dass über die Messung des Hautwiderstands, des Blutdrucks oder der Pupillengröße elektrische Reize auf einen Monitor übertragen werden, der damit tiefe oder hohe Erregungszustände aufzeigt. Der Mensch kann lernen, diese Erregungszustände zu beeinflussen und damit erwünschte Ruhezustände erreichen. Ebenso wird die Konzentrationsfähigkeit damit trainiert, denn in der Beobachtung der Signale lernen wir, diese zu steuern.

Sie können sich die Wirkungsweise der Mind Machines folgendermaßen vorstellen:

- Als gesprochene Fantasiereisen mit einer Reihe von Affirmationen zu bestimmten Themen wie Lernen, Erfolg, Schlankheit, Selbstbewusstsein, Leistungen oder Höchstleistungen.
- Als musikalisch unterlegte Fantasiereisen, wobei die Musik bestimmte Rhythmen und Frequenzen hat.
- In Kombination mit Brillen, die Lichtblitze in Weiß oder verschiedenen Farben ausstrahlen.

Der Gewinn für die Konzentration liegt in der geistigen Erholung, die sich v. a. angesichts der häufig linkshirnigen Tätigkeiten in Beruf und Alltag bietet. Denn hier wird über den Alpha-Zustand die Fähigkeit der rechten Hirnhälfte angesprochen.

Eine tiefe wohltuende Entspannung stellt sich ein.

Zur Entspannung einerseits und zur Steigerung der Gehirnleistung andererseits gibt es außerdem noch Maßnahmen des sog. sensorischen Reizentzugs. Die Schlafbrille ist eine einfache Variante. Damit entspannen Sie wesentlich tiefer und leichter und haben damit Zugang zu höherer geistiger Leistung. Eine weitere sind sog. Isolationstanks, in denen die Person im warmen Wasser bis zum Hals bei völliger Dunkelheit liegt. Auch hier kommt es zu tiefer Entspannung und klarem Denken.

Die folgenden Effekte werden all diesen Anwendungen zugeschrieben:

- Stressreduktion bzw. Stressauflösung
- Tiefenentspannung
- Erhöhte Endorphinproduktion („Glückshormon")
- Erleichterung des Zugangs zur rechten Hirnhemisphäre, um diese in die Hirntätigkeit gezielt mit einzubeziehen
- Verstärkte Visualisierungsfähigkeit innerer Bilder
- Erhöhte gedankliche Flexibilität und Auffassung
- Verbessertes Lernen und bessere Vorstellungskraft

Die Anwendung dieser Geräte sollte in jedem Fall unter Anleitung von erfahrenen Pädagogen, Psychologen oder Psychotherapeuten erfolgen.

Schlaf

Das beste Erholungsmittel bei geistiger Leistung ist Schlaf. Aus Untersuchungen ist bekannt, dass ausreichend Schlaf die Konzentrationsfähigkeit begünstigt. Dabei ist auch noch der Schlaf vor 24.00 Uhr der erholsamste. Im Schlaf regeneriert sich der Körper. Wenn wir Nachtarbeiter sind, z. B. weil wir für Prüfungen lernen wollen, stören wir damit die körperlichen Regenerationsprozesse, die dann ablaufen. Leistungstiefs haben wir besonders in der Nacht. Unfälle von Vielfahrern passieren beispielsweise besonders in den frühen Morgenstunden zwischen 3.00 und 4.00 Uhr. Überhaupt stellt man in Untersuchungen immer wieder fest, dass im Tagesrhythmus morgendliche Aktivitäten mit der besten Konzentration ausgeführt werden können.

Wie viel Schlaf jeder braucht, ist individuell, allerdings sollte für Erwachsene wenigstens eine Ruhepause von 6-8 Stunden möglich sein. Für Kinder gilt: je jünger, umso mehr.

Atemtechniken

Ähnlich wirkend wie die oben beschriebenen Entspannungsmethoden, jedoch chemisch und psychisch nebenwirkungsfrei, können Sie Konzentration über gezielte Anwendung des Atemrhythmus erreichen. Atemtechniken wirken einerseits entspannend, andererseits auch aktivierend. Durch die Konzentration auf den Atem wird eine Fokussierung erreicht, die hilfreich für das Erlernen von Konzentrationsfähigkeit ist.

Bei jeder Stimmung verändert sich der Atem. Freude, Trauer, jeder Stress macht sich in der Veränderung des Atemrhythmus bemerkbar. Dadurch, dass Sie die Aufmerksamkeit auf den Atmungsprozess selbst richten, wird Ihr Geist ruhig, klar und ausgeglichen.

Übung 1

Zähltechnik

Setzen Sie sich bequem hin, schließen Sie die Augen und konzentrieren Sie sich auf Ihren Atem. Beobachten Sie das ruhige Fließen Ihres Atems. Sie beginnen nun, mit dem Ausatmen rückwärts zu zählen. Beginnen Sie bei Zehn. Zählen Sie im Geiste bei jedem Ausatmen eine Zahl runter, bis Sie bei Null angekommen sind.

Mit etwas Übung können Sie auch bei Fünf beginnen oder bei Drei und sind dann sofort entspannt und konzentriert.

Übung 2

ZEN-trierung

Setzen Sie sich bequem und aufrecht hin. Gehen Sie mit Ihrer Aufmerksamkeit an den Steg zwischen den Nasenlöchern, wo der Atem vorbeistreicht, oder in Ihren Bauch und atmen Sie ein und aus. Atmen Sie bewusst einige Male tief ein. Ohne Anstrengung nehmen Sie die Empfindungen deutlicher wahr. Lassen Sie nun Ihren Körper atmen, ohne sich einzumischen. Lassen Sie ihn mühelos aus- und einströmen und halten Sie Ihre Aufmerksamkeit ganz bei diesem Vorgang.

Wann immer Ihre Aufmerksamkeit abschweift, bringen Sie sie wieder zurück auf den wechselnden Rhythmus des Ein und Aus.

Nach einer Weile verschwindet das Abschweifen, die Konzentration stabilisiert sich.

Wechselseitiges Atmen

Das sog. Polaritätsatmen ist hervorragend geeignet, um bei Tätigkeiten, bei denen man zu Fehlern neigt, eine Korrektur der Denkleistung und Konzentration zu erzeugen. Es werden nämlich die beiden Hirnhälften aktiviert und animiert, miteinander zu kooperieren. Wann immer die gerade gefragte Denktätigkeit nicht funktioniert, ist diese Übung nützlich. Diese Technik harmonisiert v. a. das Zusammenspiel der rechten und linken Hirnhälfte und vermittelt Klarheit und Konzentration. Sie ist auch geeignet, um in einen Meditationszustand zu gelangen. Sie ist sehr leicht anwendbar und fördert die Konzentration auf das Ist. Sie ist aus dem Yoga entlehnt.

Übung 3

Es wird abwechselnd durch ein Nasenloch geatmet. Sie können das Nasenloch entweder mit dem Zeigefinger zuhalten oder sich nur auf das Nasenloch, durch das Sie atmen wollen, konzentrieren. Lassen Sie einfach den Atem in seinem natürlichen Rhythmus kommen und wieder gehen.

1. Atmen Sie rechts ein und links aus – jeweils dreimal.
2. Atmen Sie links ein und rechts aus – jeweils dreimal.
3. Atmen Sie durch beide Seiten ein – jeweils dreimal.

Wiederholen Sie die einzelnen Schritte dieser Übung einige Minuten lang.

Anti-Angst-, Anti-Ärger-, Anti-Stress-Atmung

In Prüfungssituationen oder auch in Situationen, die starken Stress auslösen, zeigen manche eine schnelle und flache Brustatmung, die zur Hyperventilation führt. Dadurch gerät die Balance zwischen Sauerstoff und Kohlendioxyd im Blut aus dem Gleichgewicht. Unwohlsein, Herzklopfen und Schwindelgefühle können auftreten. Die Angst oder das Stressempfinden steigert sich immer mehr.

Für das Hirn bedeutet dieser Alarmzustand das Umschalten auf Kampf oder Flucht, mit dem Ergebnis, dass auch die Wahrnehmung nur sehr eingeschränkt funktioniert. Das sind keine guten Voraussetzungen, um konzentrierte Leistungsfähigkeit zu zeigen.

Anleitung in akuten Stress- oder Angstsituationen:

1. Wahrnehmen der schnellen und flachen Atmung.
2. Beide Hände gewölbt über Nase und Mund legen, sodass beim nächsten Einatmen die eigene Ausatmungsluft eingeatmet wird.
3. 2–3 Minuten langsam in die gewölbten Hände hineinatmen, bis sich die Symptome vermindern.

Wenn sich in der Zukunft eine Stressreaktion bemerkbar macht, dann kann mit dieser Maßnahme schnell vorab für Abhilfe gesorgt werden:

Anleitung:
Den Mund geschlossen halten und langsam durch die Nase atmen.

Wenn möglich, mit einer der beschriebenen Atemtechniken weitermachen.

Energieübungen, Yoga und Qi Gong

Mittlerweile gibt es sehr viele Einrichtungen, in denen Yoga (indischen Ursprungs) oder auch die chinesische Energieübung Qi Gong vermittelt wird. Allen diesen Übungsformen ist gemeinsam, dass sie körperliche Übung bieten und die Elastizität der Gelenke, Muskeln und Bänder fördern. Durch die Konzentration, die man für das Hineinkommen in die Bewegungsabfolgen benötigt, vermitteln sie gleichzeitig ein gutes Konzentrationstraining. Ein wichtiger Nebeneffekt ist die Ruhe und Entspannung, die sich einstellt. Für manche ist Yoga eine Körperübung, für viele eine meditative Ausübung.

Es gibt verschiedene Formen des Yoga. Es empfiehlt sich, die Grundbewegungen unter Anleitung zu lernen. Ebenso gibt es verschiedene Ausprägungen für Qi Gong.

Die hier aufgeführten Übungen sind leicht anzuwenden und erzeugen eine Zentrierung der Energie. Langes Sitzen und langes Stehen sind so viel leichter auszuhalten und das Hirn ist frei für die Denkarbeit.

Führen Sie die Übungen in bequemer Kleidung aus, möglichst ohne Schuhe, und nehmen Sie sich etwa 20 Minuten Zeit.

Übung 4

Hocke

Nehmen Sie eine Hockstellung ein. Stellen Sie die Füße etwa 30 cm auseinander. Die Ellenbogen sollen

dabei an die Innenseite der Knie gelegt werden und nach außen drücken. Wenn die Hockstellung eingenommen ist, schaukeln Sie leicht vor und zurück, seitlich oder kreisförmig. Atmen Sie und betonen Sie dabei die Ausatmung. Etwa drei Minuten so verweilen. Diese Übung sollten Sie jeden Tag ausüben. Als Bewegung aus der Stellung heraus richten Sie die Knie leicht auf und lassen die Hände nach vorne fallen, bis sie den Boden berühren. Dann heben Sie den Po an und strecken die Beine und rollen langsam die Wirbelsäule in eine aufrechte Haltung auf.

Übung 5

Pyramide

Stellen Sie die Füße mehr als schulterbreit auseinander. Lehnen Sie sich nach vorne, beugen Sie die Knie leicht und legen Sie die Hände auf die Oberschenkel oberhalb der Knie. Verlagern Sie dabei das Körpergewicht von den Beinen auf die Schultern. Schieben Sie die Füße so vorwärts, dass an den Füßen und zwischen Unter- und Oberschenkel rechte Winkel entstehen. Die Knie sollen über den Knöcheln liegen. Arme und Rücken ganz gerade lassen. Die Füße sollen in die gleiche Richtung wie die Oberschenkel zeigen. Ziehen Sie die Schultern zu den Ohren hin an. Die Knie drücken Sie mit den Händen nach außen. Dann bewegen Sie sich leicht auf und ab oder schaukeln von einer Seite zur anderen. Verweilen Sie ungefähr drei Minuten in dieser Haltung. Gehen Sie dann langsam wieder aus der Bewegung, indem Sie die Hände lösen, die Knie strecken.

Diese Übung lässt sich auch auf einem Stuhl ausführen.

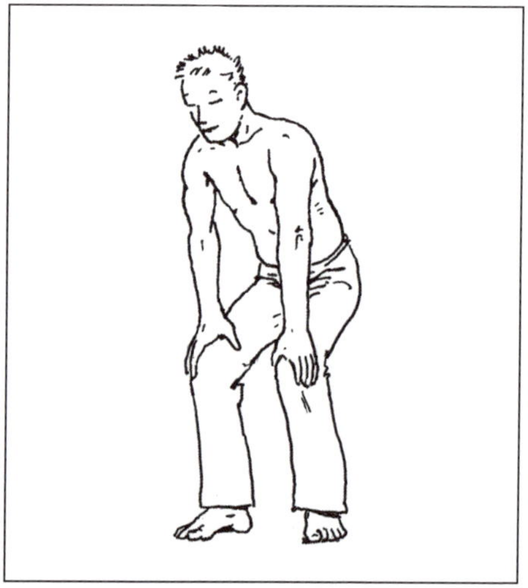

Übung 6

Beine aufstellen

Mit dieser Übung lassen Sie das Blut andersherum strömen. Wählen Sie eine freie Wand aus. Legen Sie sich auf den Boden vor die Wand, sodass der Po die Wand berührt. Stellen Sie dann die Beine hoch und stützen Sie sie an der Wand ab. Die Wirbelsäule bleibt auf dem Boden. Atmen Sie tief ein und aus. Verweilen Sie in dieser Stellung etwa 3-5 Minuten. Gehen Sie aus dieser Stellung, indem Sie sich zur Seite drehen und sich aus dieser Stellung in den aufrechten Stand bringen.

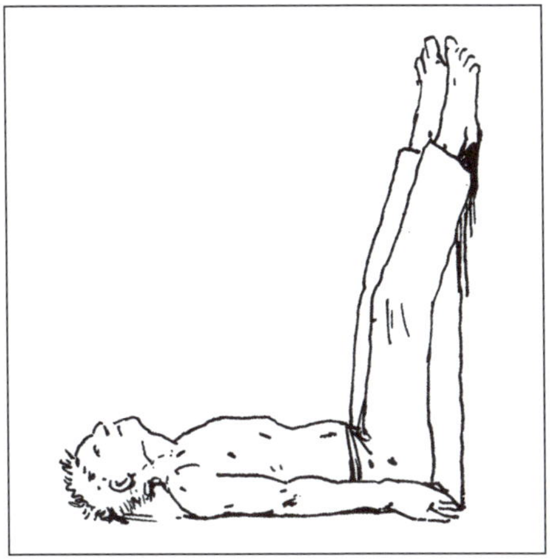

Training der Konzentration auf Dinge

Die Konzentration für die korrekte Ausführung von Tätigkeiten lässt sich trainieren, indem Angebote zur Informationsverarbeitung unterschiedlicher Art gemacht werden. Es geht um das Herausdifferenzieren von bestimmten Zeichen über eine längere Zeit oder über einen Bereich von chaotischen Zeichenfeldern. Oder es geht um das Verfolgen von Linien, geometrischen Formen und Zahlen.

Diese unterschiedlichen Übungen machen einem mal mehr, mal weniger Spaß. Führen Sie diese Übungen durch und finden Sie dabei heraus, welche für Sie besonders interessant sind. Wenn Sie diese sowieso schon gut können, regen wir an, sich besonders den anderen zuzuwenden, um eben das Training der fehlerlosen Bearbeitung anhand anderer Aufgaben zu erproben. Die Übungen sind nahezu in allen Situationen ausübbar und ohne Vorbereitung durchführbar.

Übung 7

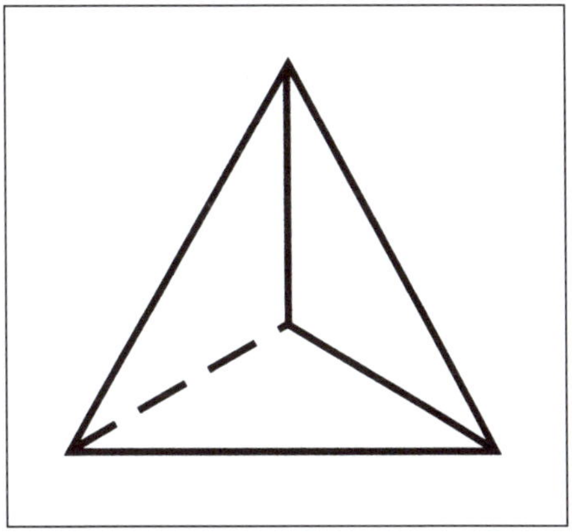

Vor sich sehen Sie ein gleichseitiges Dreieck. Je nachdem, welches Dreieck für Sie den Vordergrund bildet, entsteht daraus ein anderes Dreieck. Lassen Sie die verschiedenen Deutungen möglichst schnell abwechseln.

Übung 8

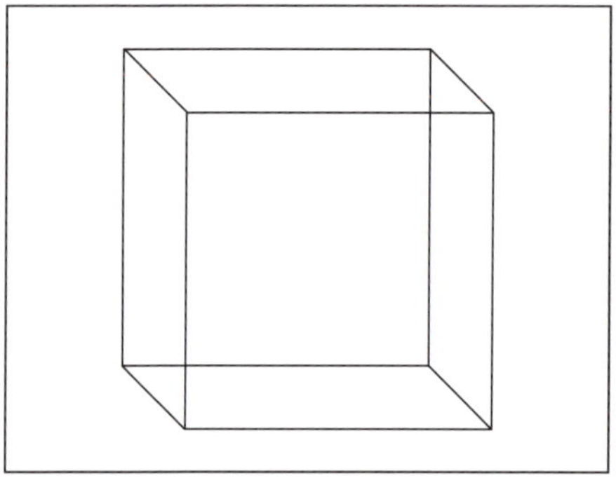

Sie können den Würfel auf zwei Arten wahrnehmen, je nachdem, welches Quadrat für Sie den Vordergrund bildet. Lassen Sie beide Deutungen möglichst schnell abwechseln.

Übung 9

Vor sich sehen Sie viele Dreiecke. Ihre Aufgabe ist es herauszufinden, um wie viele Dreiecke es sich handelt.

Übung 10

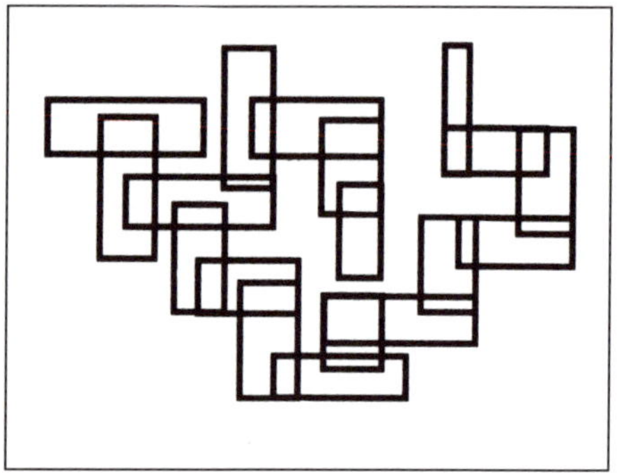

Schauen Sie sich die Rechtecke genau an. Wie viele können Sie entdecken?

Übung 11

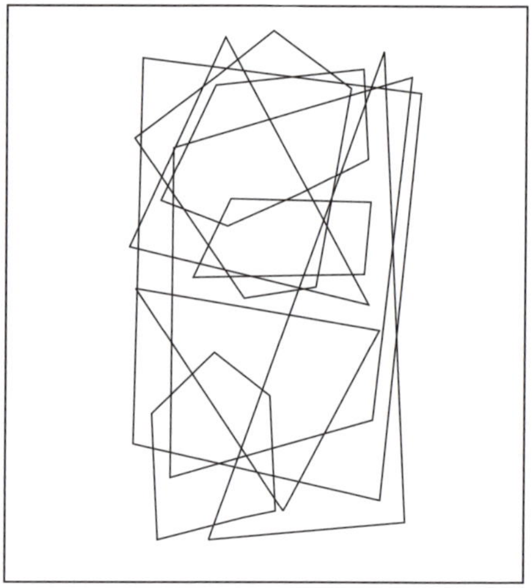

Zählen Sie, wie viele Dreiecke, Vierecke und Fünfecke auf dem Bild zu sehen sind, ohne die Figuren, die sich durch Überschneidung ergeben, mitzuzählen.

Übung 12

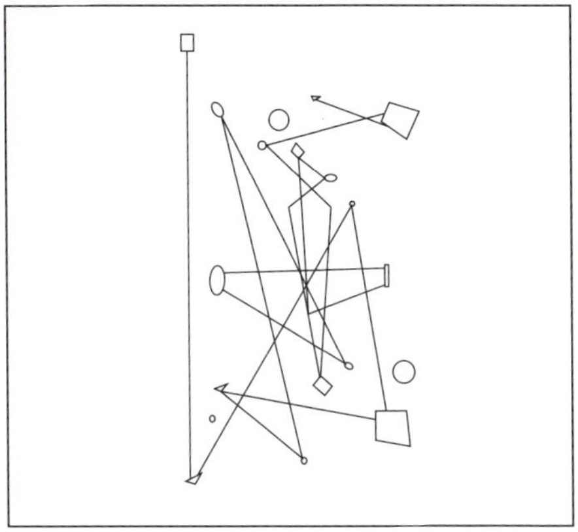

Verfolgen Sie die Linien mit den Augen, ohne sich von den geometrischen Figuren ablenken zu lassen.

Übung 13

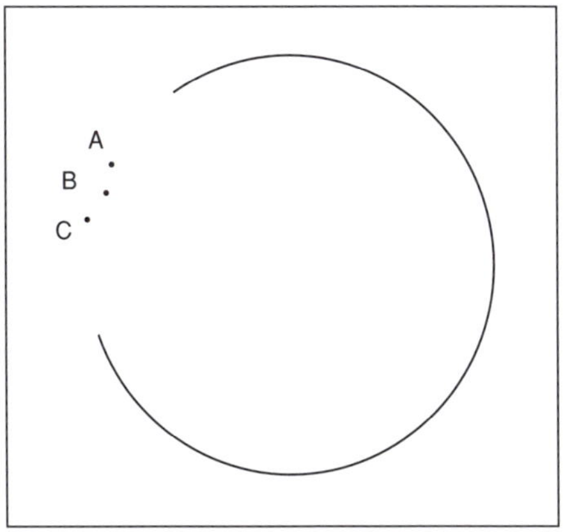

Richten Sie Ihre gesamte Aufmerksamkeit auf das Schließen des Kreises. Versuchen Sie festzustellen, durch welchen der drei Punkte der Kreis geht.

Übung 14

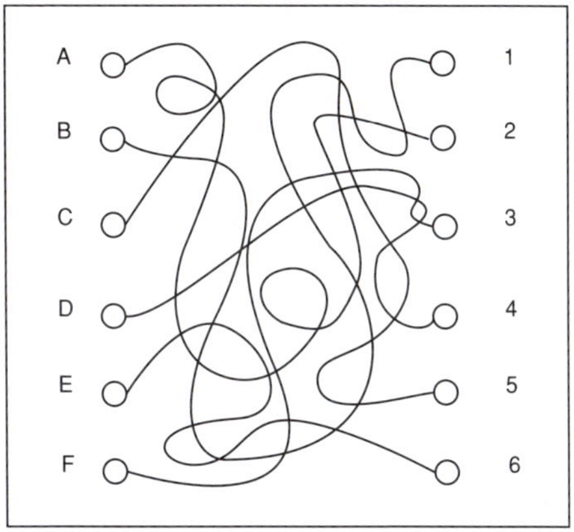

Versuchen Sie mit bloßem Auge zu erkennen, welcher Buchstabe mit welcher Zahl verbunden ist. Sie haben 1 Minute Zeit.

Übung 15

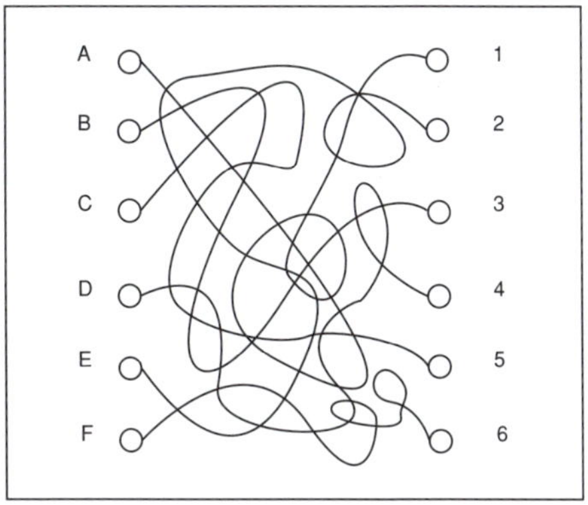

Verfolgen Sie mit bloßem Auge die Linien und finden Sie heraus, welcher Buchstabe mit welcher Zahl verbunden ist. Sie haben 1 Minute Zeit.

Übung 16

Wie viele Dreiecke sind hier abgebildet? Zählen Sie durch Überschneidung entstandene Dreiecke nicht mit.

Übung 17

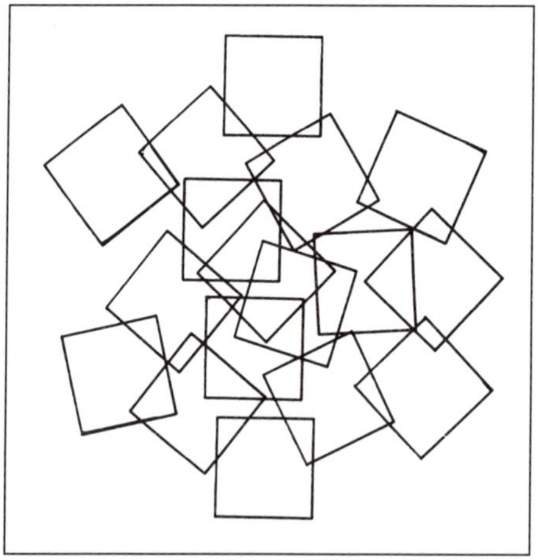

Zählen Sie die Anzahl der hier abgebildeten Vierecke.

Übung 18

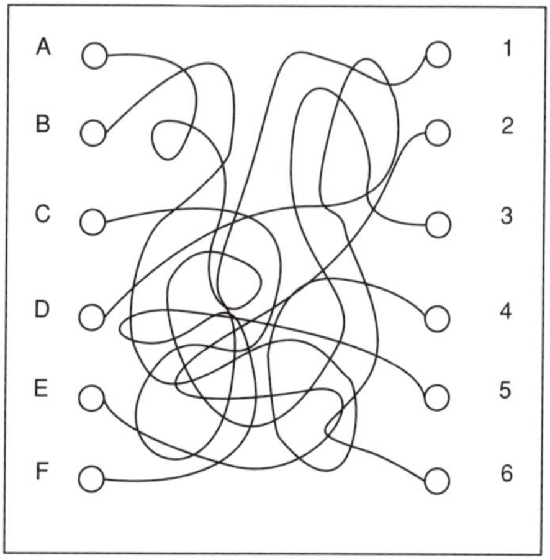

Verfolgen Sie mit bloßem Auge die Linien und finden Sie heraus, welcher Buchstabe mit welcher Zahl verbunden ist. Sie haben 1 Minute Zeit.

Übung 19

Bei dieser Übung finden Sie in jeder Abbildung mehrere Kreise, Striche, Dreiecke und Quadrate. Ein Kreis steht für die Zahl 1, ein Strich für die 2, ein Dreieck für die 3 und ein Quadrat für die 4. Übersetzen Sie die Symbole in ihren jeweiligen Zahlenwert und addieren Sie alle Zahlen zusammen. Sie haben 30 Sekunden Zeit.

Übung 20

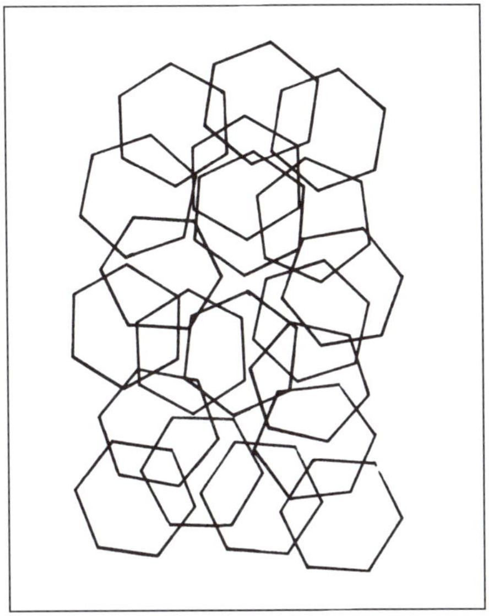

Wie viele Sechsecke sind hier abgebildet? Zählen Sie die durch Überschneidung zustande gekommenen Sechsecke nicht mit.

Übung 21

Bei dieser Übung finden Sie in jeder Abbildung mehrere Kreise, Striche, Dreiecke und Quadrate. Ein Kreis steht für die Zahl 1, ein Strich für die 2, ein Dreieck für die 3 und ein Quadrat für die 4. Übersetzen Sie die Symbole in ihren jeweiligen Zahlenwert und addieren Sie alle Zahlen zusammen. Sie haben 30 Sekunden Zeit.

Übung 22

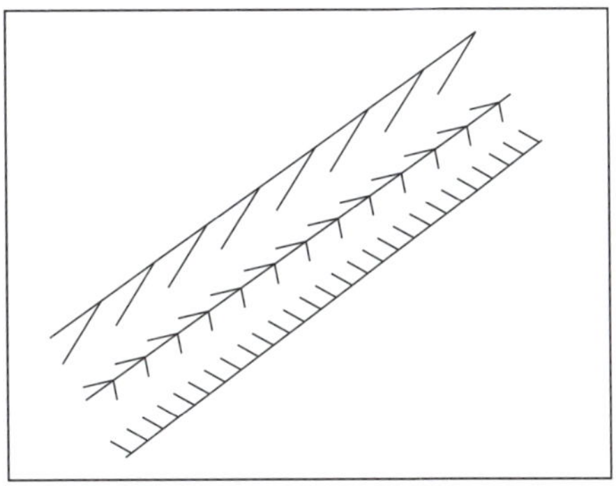

Konzentrieren Sie sich auf die Linien. Versuchen Sie festzustellen, welche der drei Linien parallel verlaufen.

Das Go-Spiel

Go ist ein aus China stammendes, 3000 bis 4000 Jahre altes Brettspiel. Obwohl es im Wesentlichen nur drei Spielregeln besitzt, ist es bei weitem komplexer als Schach und eignet sich daher u. a. besonders gut zur Konzentrationsübung. In den folgenden Übungen werden Ausschnitte aus Go-Partien als Mustervorlagen verwendet. Von den darunter abgebildeten Mustern soll dann dasjenige identifiziert werden, das in der Vorlage enthalten ist. Die ersten drei Übungen haben einen geringeren Schwierigkeitsgrad, da in ihnen die Vorlage ungedreht entnommen wurde. In den folgenden vier Übungen müssen Sie einen der drei Ausschnitte drehen, um ihn in der Vorlage zu finden.

Übung 23

Welches der drei Muster ist in der Vorlage enthalten?

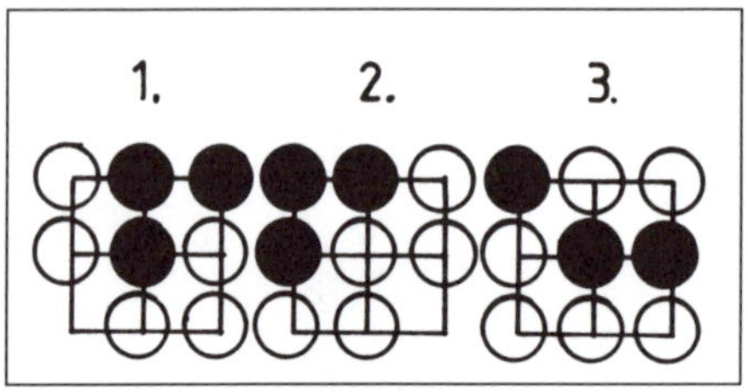

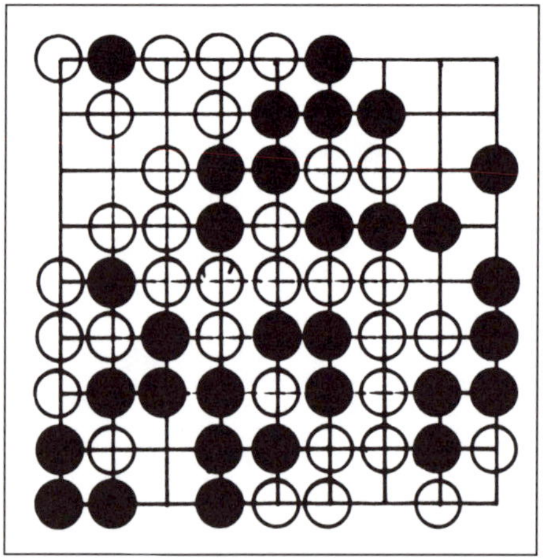

Übung 24

Welches der drei Muster ist in der Vorlage enthalten?

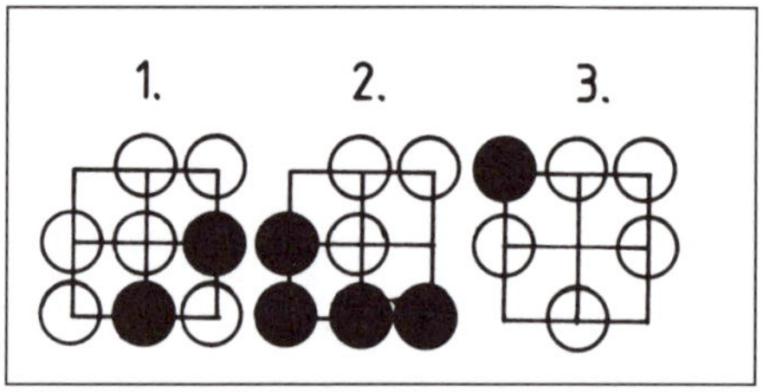

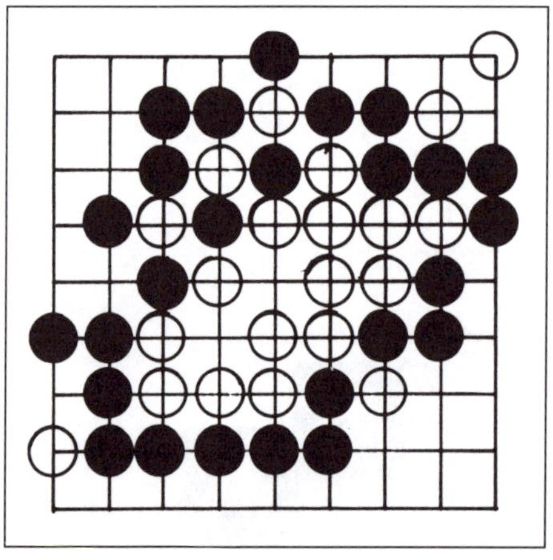

Übung 25

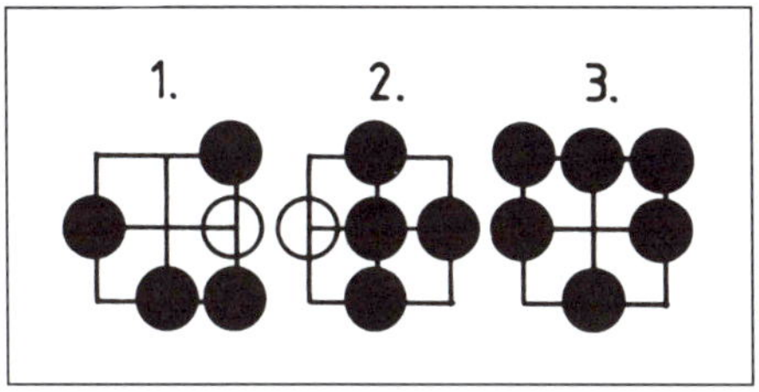

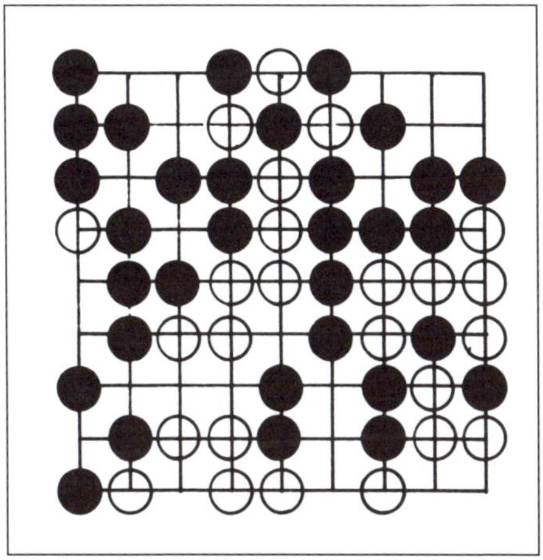

Welches der drei Muster ist in der Vorlage enthalten?

Übung 26

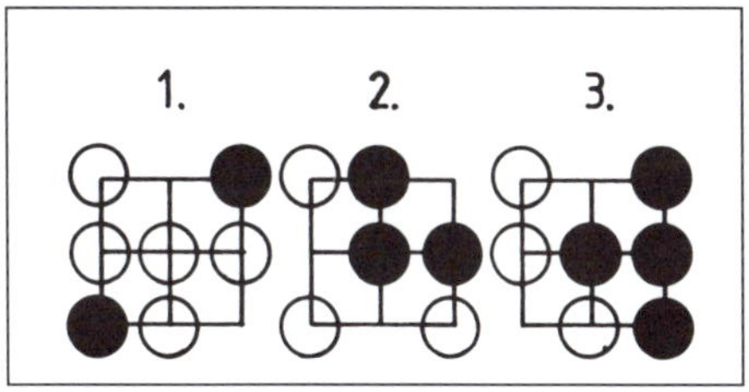

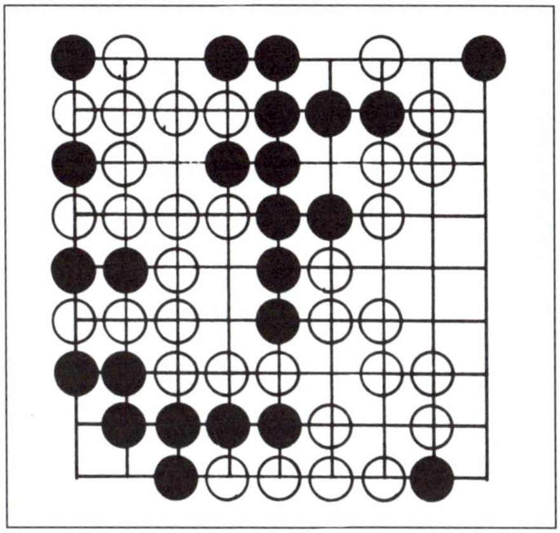

Welches der drei Muster ist in der Vorlage enthalten?

Übung 27

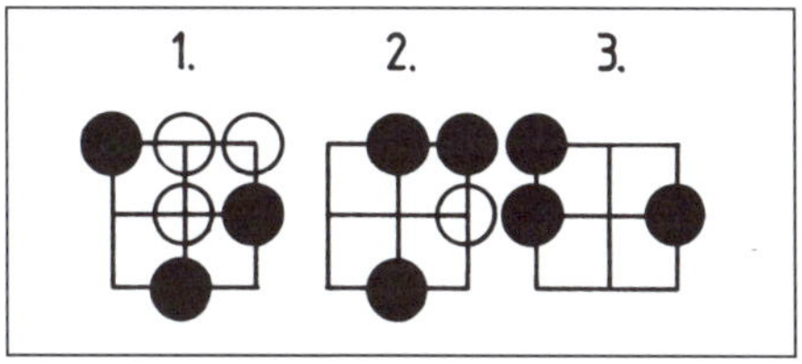

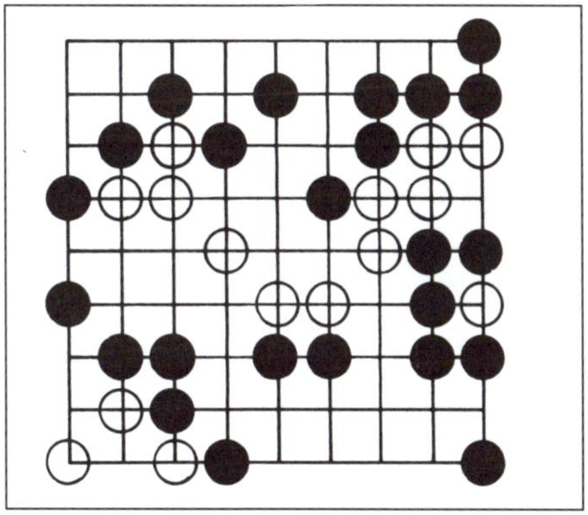

Welches der drei Muster ist in der Vorlage enthalten?

Übung 28

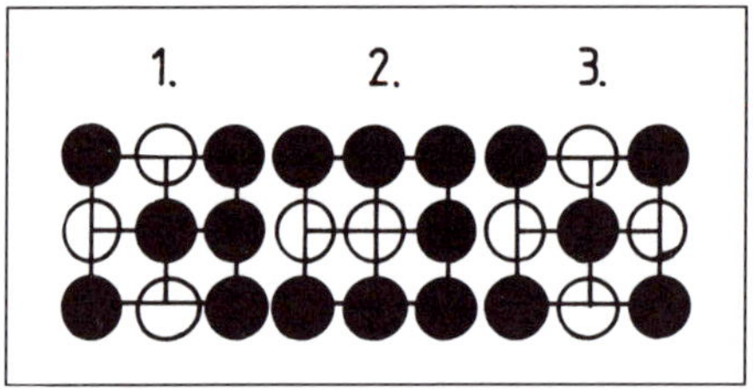

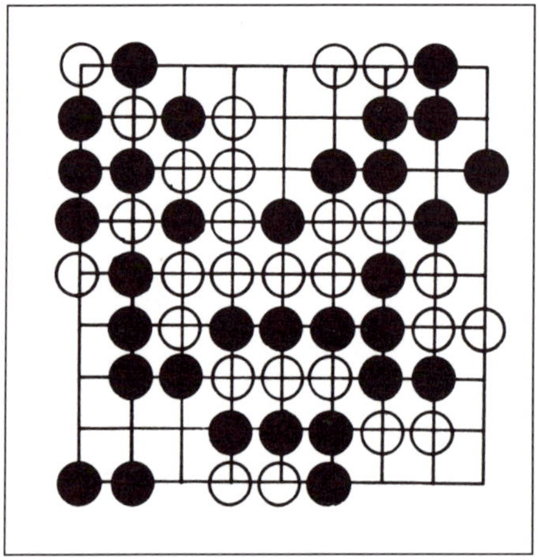

Welches der drei Muster ist in der Vorlage enthalten?

Übung 29

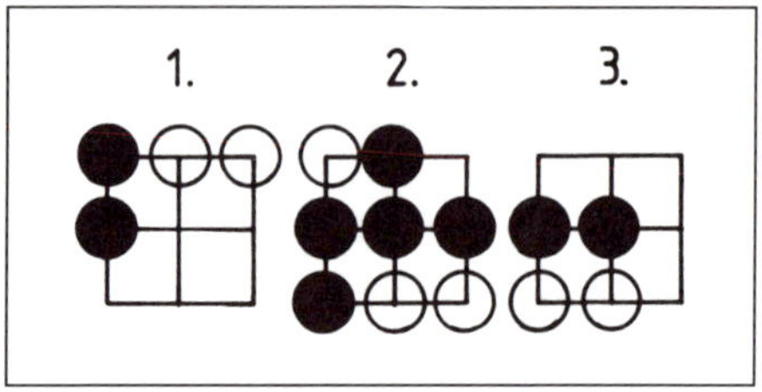

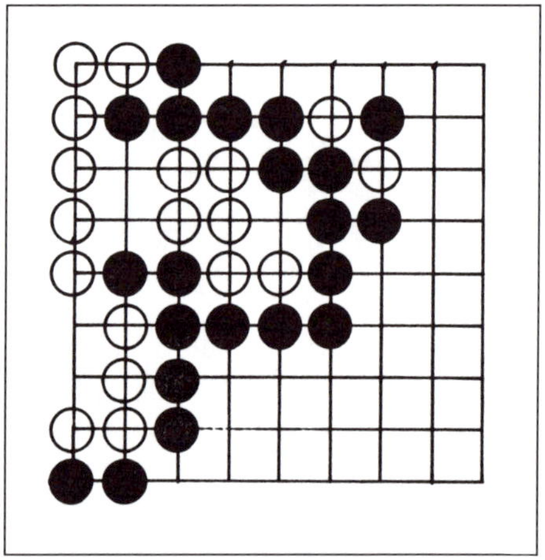

Welches der drei Muster ist in der Vorlage enthalten?

Übung 30

In dieser Übung sehen Sie Dreierkombinationen der Buchstaben b oder d oben, a oder e in der Mitte und p oder q unten. Streichen Sie bitte jeweils die vertikale Kombination.

d
a durch!
p

b	d	d	b	b	d	d	b	b	d	d	b
a	e	a	e	a	e	a	a	e	e	a	a
p	q	p	q	q	p	q	p	q	p	q	p

b d b b d d d b d b d b
a a a e e e e a a e a e
p q q q p p p q q q p p

d b d b d d b b b d d b
a e e e e a a e e a e a
p q q p p p q q q p p q

b d b d b d b d d b d d
a e e e a a e e a a e e
p q q p q p q q p p p q

d b d b d b d b d b d d
a a e e a e e a a a e e
p p p q p q q p p q q p

b d d b b d d b b d d d
a e e e e a a a e e a a
p q q p q q p q q p p q

b d b d d b d b d b d d
a a e e a a e e a a e e
p q q q p p p q q q p q

b d d b b d d b b d d b
a a a e e e a a e e a a
p p p q q q q p q p p p

b d b d d b b b d b b d
a a e e a a a e e a e a
p q p q q q p q p q p q

d	b	b	d	b	d	d	b	b	d	b	d
a	a	e	e	a	a	a	e	e	a	a	a
p	q	p	p	q	q	q	q	p	p	q	q

Übung 31

In dieser Übung finden Sie Dreierkombinationen der Buchstaben d und k oben, u oder e in der Mitte und y oder q unten. Streichen Sie bitte jeweils die vertikale Kombination

k
e durch!
q

d	k	d	k	d	k	d	k	d	k	d	k	d
e	e	u	u	u	e	e	e	u	u	u	e	e
q	q	y	y	q	q	y	q	y	y	q	q	y
k	k	d	k	d	d	k	k	d	k	d	d	k
e	e	e	u	u	e	e	u	u	e	e	e	u
q	y	q	y	y	q	q	y	y	q	q	y	y
d	k	d	k	d	k	d	k	d	k	d	k	d
e	e	u	u	e	e	u	u	e	e	u	e	u
q	q	y	y	q	y	y	q	y	q	y	q	q
k	d	d	k	d	k	d	k	d	d	k	k	d
e	e	e	u	u	e	u	u	e	e	e	u	u
q	y	q	y	q	y	q	q	y	y	y	q	q
d	k	k	d	k	k	d	d	k	d	k	d	k
e	e	e	u	u	e	e	u	u	u	e	u	e
y	y	y	q	y	y	y	q	q	q	y	y	y

d k d k d d k d k d k d k
e e u u u e e u e e u e u
q y y q q q y y y q q q y

k d k d k d k d k d k d k
e e u u e u e u u e u u e
q q q y y q q y q y q y q

d k k d k k d d k k d k k
e u u e u e e u e u u e e
y y q q y y q q y y y q q

d k k d d k d k d k k d d
e e u u e e u u e e u u e
q y y q q q y q y q y q y

k d k d k d k k d k k d d
e e u u u e e u u e u u e
q y y y q q y y q y y q q

d k d k d k d k d k d k d
e e u u u e u e u e u u e
q y y q y q y q y q y q y

Übung 32

Verbinden Sie die Buchstaben, mit dem „A“ beginnend, in alphabetischer Reihenfolge!

G		M		T		
	X		O		A	
E		K			V	
	Z		I	Q		B
		S			F	
H	C			R		
			Y			
	D	L			U	
			P			
	W					J
				N		

Übung 33

Lesen Sie den ohne Interpunktion und Wortzwischenräume geschriebenen Text möglichst schnell!

ESWAREINMALEINKÖNIGDERWA
RKRANKUNDDACHTEESWIRD-
WOHLDASTOTENBETTSEINAUF-
DEMICHLIEGEDASPRACHERLAS-
STMIRDENGETREUENJOHAN-
NESKOMMENDERGETREUEJO-
HANNESWARSEINLIEBSTERDIE-
NERUNDHIESSSOWEILERIHM-
SEINLEBENLANGSOTREUGEWE-
SENWARALSERNUNVORDAS-
BETTKAMSPRACHDERKÖNIGZUI
HMGETREUESTERJOHANNESICH

FÜHLEDASSMEINENDEHERANNA
HTUNDDAHABEICHKEINEANDE-
RESORGEALSUMMEINENSOHNE-
RISTNOCHINJUNGENJAHREN-
WOERSICHNICHTIMMERZURA-
TENWEISSUNDWENNDUMIR-
NICHTVERSPRICHSTIHNZUUN-
TERRICHTENINALLEMWASERWIS-
SENMUSSUNDSEINPFLEGEVA-
TERZUSEINSOKANNICHMEINEAU-
GENNICHTINRUHESCHLIESSEN-
DAANTWORTETEDERGETREUE-
JOHANNESICHWILLIHNNICHT-
VERLASSENUNDWILLIHMMITT-
REUEDIENENWENNSAUCHMEIN-
LEBENKOSTETDASAGTEDERALTE
KÖNIGSOSTERBEICHGETROSTU
NDINFRIEDEN.

Übung 34

Lesen Sie den folgenden Text, in dem die Buchstaben der einzelnen Wörter von rechts nach links gelesen werden müssen.

NED NETTIRD GAT MAK RED
ETOB REDEIW KCÜRUZ DNU
ETLHÄZRE: „EUEN NEMAN EBAH
HCI NENIEK NEGIZNIE NEDNIF
NENNÖK, REBA EIW HCI NA
MENIE NEHOH GREB MU EID
EKCEDLAW MAK, OW SHCUF
DNU SAH HCIS ETUG THCAN

NEGAS, OS HAS HCI AD NIE SENI-
ELK SUAH, DNU ROV MED SUAH
ETNNARB NIE REUEF, DNU MU
SAD REUEF GNARPS NIE RAG ZU
SEHCILREHCÄL NEHCNNÄM,
ETFPÜH FUA MENIE NIEB DNU
EIRHCS: „ETUEH KCAB HCI,
NEGROM UARB HCI, NEGROM-
REBÜ LOH HCI RED NIGINÖK RHI
DNIK. HCA EIW TUG TSI, SSAD
DNAMEIN SSIEW, SSAD HCI NEH-
CZLITSLEPMUR SSIEH!“ AD
TNNÖK RHI NEKNED, EIW EID
NIGINÖK HORF RAW, SLA EIS
NED NEMAN ETRÖH, DNU SLA
DLAB HCANREH SAD NIELNNÄM
TARTNIEREH DNU ETGARF: „NUN,
AURF NIGINÖK, EIW SSIEH HCI?“
ETGARF EIS TSRE: „TSSIEH UD
ZNUK?“ „NIEN“. „TSSIEH UD
ZNIEH?“ „NIEN“. „TSSIEH UD
AWTE NEHCZLITSLEPMUR?“
„SAD TAH RID RED LEFUET TGA-
SEG, SAD TAH RID RED LEFUET
TGASEG“, EIRHCS SAD
NIELNNÄM ...

Übung 35

Der folgende Text, der Anfang eines Ihnen sicherlich bekannten Märchens, steht auf dem Kopf. Drehen Sie das Buch nicht herum, sondern beginnen Sie mit der Lektüre rechts unten!

IN DEN ALTEN ZEITEN, WO DAS
WÜNSCHEN NOCH GEHOLFEN
HAT, LEBTE EIN KÖNIG, DESSEN
TÖCHTER WAREN ALLE
SCHÖN, ABER DIE JÜNGSTE
WAR SO SCHÖN, DASS DIE
SONNE SELBER, DIE DOCH SO
VIELES GESEHEN HAT, SICH
VERWUNDERTE, SOOFT SIE IHR
GESICHT BESCHIEN. NAHE BEI
DEM SCHLOSS DES KÖNIGS
LAG EIN GROSSER DUNKLER
WALD, UND IN DEM WALDE
UNTER EINER ALTEN LINDE
WAR EIN BRUNNEN. WENN NUN
DER TAG RECHT HEISS WAR, SO
GING DAS KÖNIGSKIND HINAUS
IN DEN WALD UND SETZTE SICH
AN DEN RAND DES KÜHLEN
BRUNNENS. UND WENN SIE
LANGEWEILE HATTE, SO NAHM
SIE EINE GOLDENE KUGEL,
WARF SIE IN DIE HÖHE UND
FING SIE WIEDER. UND DAS
WAR IHR LIEBSTES SPIELWERK.
NUN TRUG ES SICH EINMAL ZU,
DASS DIE GOLDENE KUGEL
DER KÖNIGSTOCHTER NICHT
IN IHR HÄNDCHEN FIEL, DAS SIE
IN DIE HÖHE GEHALTEN HATTE,
SONDERN VORBEI AUF DIE
ERDE SCHLUG UND GERADEZU
INS WASSER HINEINROLLTE ...

Übung 36

Zählen Sie von 1-35, indem Sie mit dem Finger oder einem spitzen Stift (ohne zu markieren) auf die jeweilige Zahl im Kästchen tippen. Sie haben 1 Minute Zeit.

Übung 37

Zählen Sie von 1-35, indem Sie mit dem Finger oder einem spitzen Stift (ohne zu markieren) auf die jeweilige Zahl im Kästchen tippen. Sie haben 1 Minute Zeit.

Übung 38

Zählen Sie von 1-35, indem Sie mit dem Finger oder einem spitzen Stift (ohne zu markieren) auf die jeweilige Zahl im Kästchen tippen. Sie haben 1 Minute Zeit.

Übung 39

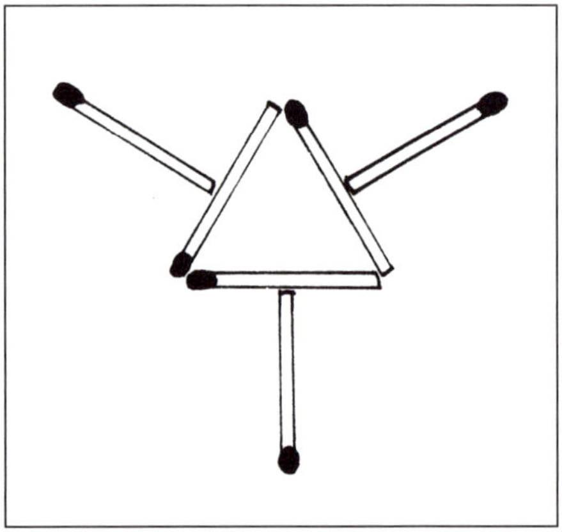

Legen Sie drei Hölzchen so um, dass vier gleichseitige Dreiecke entstehen, ohne die drei anderen Hölzchen zu verändern.

Übung 40

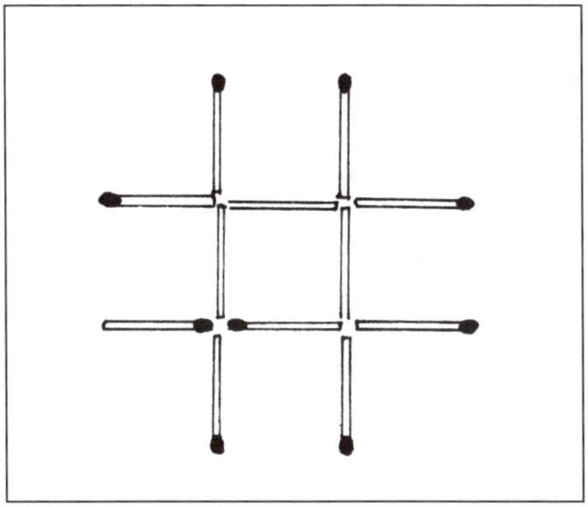

Legen Sie drei Hölzchen so um, dass drei gleich große Quadrate entstehen.

Übung 41

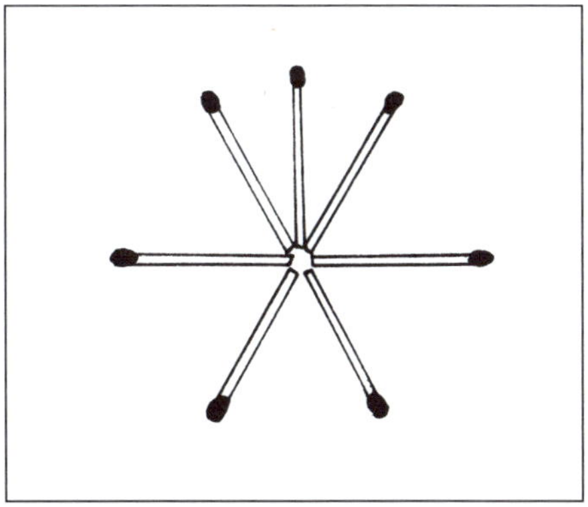

Legen Sie drei Hölzchen so um, dass drei gleich große Dreiecke entstehen.

Übung 42

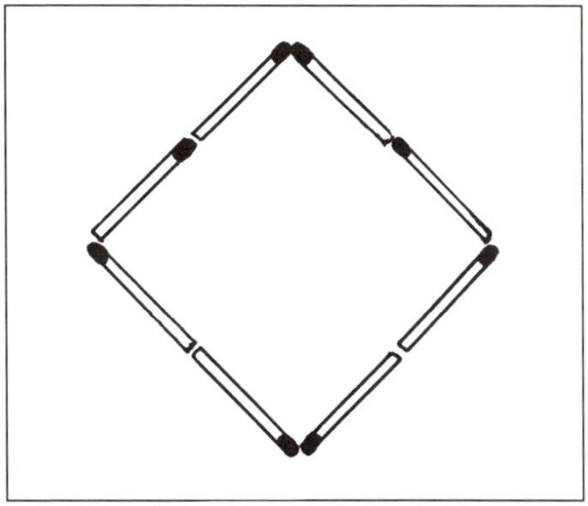

Legen Sie vier Hölzchen so um, dass zwei Quadrate entstehen.

Übung 43

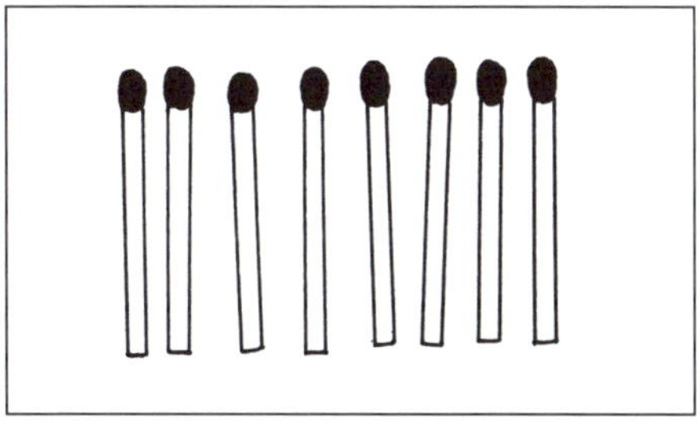

Legen Sie die acht Streichhölzer so um, dass zwei Quadrate und acht Dreiecke entstehen.

Übung 44

Richtiges Sehen

Nehmen Sie sich ein Stück Holz. Schauen Sie es genau an. Jede Rille, jeden Schnitt, jede Kante, jede Fläche. Fahren Sie mit den Fingern darüber, ertasten Sie die Oberfläche.

Legen Sie das Holz aus Ihrem Blickfeld. Nun schließen Sie die Augen und vergegenwärtigen Sie sich das Stück Holz, möglichst in allen Einzelheiten. Und dann nehmen Sie ein Blatt Papier und geeignete Stifte und malen bzw. skizzieren Sie das Stück Holz noch einmal. Schauen Sie das Holz dabei nicht mehr an. Erst wenn Sie glauben, Sie hätten die wesentlichen Züge des Holzstückes dargestellt, vergleichen Sie.

Wie nah an der Realität waren Sie?

Übung 45

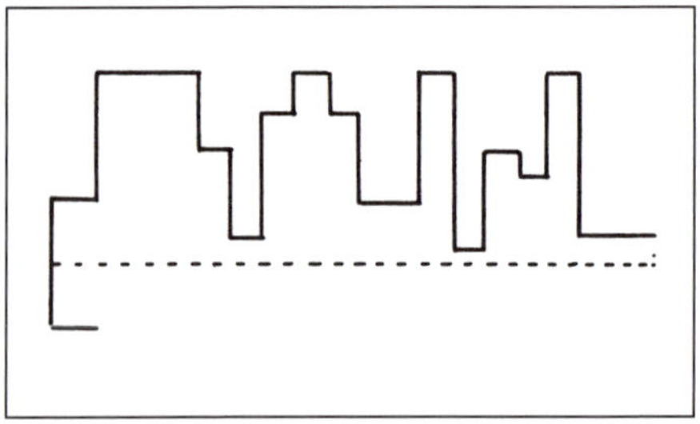

Zeichnen Sie die Zickzacklinie spiegelbildlich zur gestrichelten Linie nach! Beginnen Sie unten links.

Übung 46

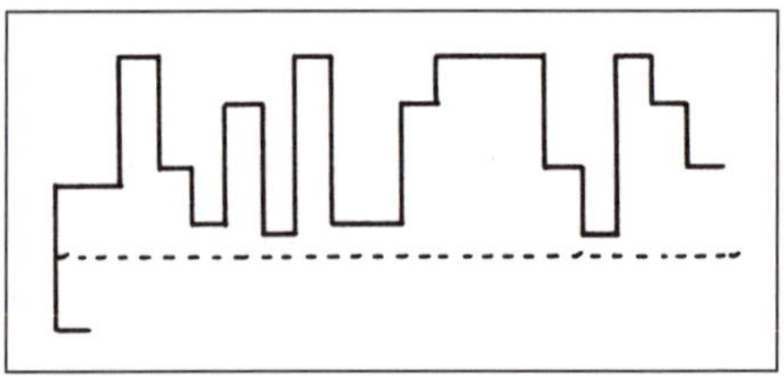

Zeichnen Sie die Zickzacklinie spiegelbildlich zur gestrichelten Linie nach! Beginnen Sie unten links.

Übung 47

Zeichnen Sie die Zickzacklinie spiegelbildlich zur gestrichelten Linie nach! Beginnen Sie unten links.

Übung 48

Pendel

Erstellen Sie sich ein Pendel, indem Sie an einem Bindfaden einen kleinen Stift, Stein oder einen Metallgegenstand befestigen. Nehmen Sie nun das Pendel zwischen Daumen und Zeigefinger, stützen Sie den Ellenbogen auf den Tisch und lassen Sie das Pendel schwingen. Folgen Sie der Bewegung mit den Augen.

Nehmen Sie nun ein Blatt mit einem Kreuz, legen Sie es unter das Pendel und stellen Sie sich vor, das Pendel würde über die Kreuzlinien wandern. Was passiert?

Zeichnen Sie nun Spiralen und Schlangenlinien auf ein Papier und stellen Sie sich vor, das Pendel würde den Linien folgen. Was passiert?

Rhythmus

Das Konzentrationstraining schlechthin ist das Üben mit Rhythmen. Nun wollen wir kein Drummertraining absolvieren, aber ein wenig Takte üben können wir schon.

Nehmen Sie einen Gegenstand, mit dem Sie entweder trommeln, schlagen, rasseln oder scheppern können. Es gibt dafür eine Reihe von Musikinstrumenten, eine Babyrassel oder ein Kochlöffel tun es aber auch. Wichtig ist, dass Sie einen Takt schlagen können. Diese Übungen dürften für diejenigen ideal sein, die sich gerne bewegen, denn es werden mehrere Sinne gleichzeitig angesprochen. Am besten werden diese Übungen täglich ausgeführt.

Übung 49

Dreivierteltakt

Schlagen Sie mit einem Gegenstand im Dreivierteltakt, d. h. drei gleichlange Schläge nacheinander. Machen Sie das so lange, bis Sie das Gefühl haben, Sie sind mit dem Rhythmus vertraut. Üben Sie mindestens 5–10 Minuten. Auch bekannte Trommler haben stundenlang geübt. Es kommt dabei auf den gleichmäßigen Schlag an. Spüren Sie dem Rhythmus nach und singen Sie vielleicht ein Lied dazu. Bewegen Sie sich dazu, tanzen Sie z. B. einen Walzer.

Übung 50

Viervierteltakt

Im Viervierteltakt ergibt sich die nächste Übung zur Konzentration. Schlagen Sie hier vier gleich lange Schläge nacheinander. Wichtig ist die Stetigkeit des Schlages. Üben Sie auch hier wieder mindestens 5-10 Minuten.

Übung 51

Probe mit zwei Takten

Spannend wird es mit zwei Takten. Nun nehmen Sie ein Instrument in die eine, ein anderes in die andere Hand. Nehmen Sie den Dreivierteltakt mit der einen Hand auf und fallen Sie dazwischen ein mit dem Viervierteltakt mit der anderen Hand. Das ist gar nicht so schwer und man gewöhnt sich an die unterschiedliche Koordination der Hände. Wie hört sich das an? Was fällt schwer? Wenn Sie es ein wenig üben, merken Sie, wie sich Ihre Konzentrationsfähigkeit erweitert.

Die Kreativität

Was ist Kreativität?

Der Begriff „Kreativität“ wird oft etwas mystisch verbrämt und mit einer Art Ehrfurcht geäußert. Ein „Kreativer“ etwa ist nicht nur ein Mensch mit guten Ideen, sondern es handelt sich dabei um eine Art Berufsbezeichnung, etwa in Werbeagenturen. So ein Kreativer ist – zumindest in der Vorstellung – offenbar eine Art Genie, das mit gefurchter Denkerstirn von Geistesblitz zu Jahrhundertidee springt, lange aufbleibt, spät am Morgen aufsteht und sich vorwiegend von Zigaretten und Kaffee ernährt.

Ein ähnliches Bild hat man ja auch gemeinhin von Künstlern. In zerschluderter Kleidung warten sie auf Inspiration, um dann vom göttlichen Funken getrieben ans Werk zu gehen, um mit Kraft und heiliger Wut ihre Kreativität an wehrlosen Stücken Papier oder Marmor auszuleben. Nun, ganz so ist die Realität nicht. Auch nicht bei Künstlern. Nicht zuletzt heißt es ja: „Kunst ist zu 10% Inspiration und zu 90% Transpiration!“ Und diese 90% schweißtreibende Arbeit kann auch nicht in einem einzigen wilden Kreativschub erledigt werden. Nein, auch für Künstler oder Werbemenschen gehört da viel Vorbereitung, Überlegung, Ausprobieren und konsequente, langweilige Routinearbeit dazu.

Überhaupt ist es ein Fehler, den Begriff „Kreativität“ auf derart wenige Individuen unserer Gesellschaft zu beschränken. Jeder ist kreativ und muss es auch sein, denn sonst könnten wir gar nicht richtig existieren. Sie finden keine Parklücke, müssen aber rasch zu einem wichtigen Termin? Da ist Kreativität gefragt! So können Sie etwa das Auto kurz bei einer nahen Tankstelle abstellen und dem Tankwart dafür fünf Euro in die Hand drücken. Oder Sie parken, wenn es die Zeit erlaubt, absichtlich weiter weg und steigen für die kurze Strecke zurück in den Bus oder sogar in ein Taxi. Banal? Vielleicht, aber all das und viele andere denkbare Möglichkeiten müssen wir erst erschaffen, sonst würden wir ewig sinnlos um das Haus, in dem die Besprechung stattfindet, kreisen, und niemals hineinkommen – schon gar nicht rechtzeitig.

Nein, Kreativität findet sich überall. Wenn die Hausfrau aus den vorhandenen Zutaten kreativ ein Abendessen zaubert ebenso wie wenn der liebe Nachwuchs im Wohnzimmer endlich eine Möglichkeit gefunden hat, den Schrank mit dem Porzellan trotz Kindersicherung zu öffnen. Sogar Tiere brauchen Kreativität. Egal ob sich Ihr Hund ein Leckerchen aus der Küche stibitzt oder eine Ameise einen Weg um ein großes Hindernis findet. Zugegeben, in den letzteren Fällen handelt es sich auch einfach oft um einen Versuch oder Irrtum, aber die Grenzen zur kreativen Eigenleistung sind gerade beim heranwachsenden Kleinkind fließend.

Um das Bild abzurunden: Auch in den trockensten Jobs ist Kreativität gefragt. Das gilt für den Buchhalter, der sich eine bessere, arbeitssparende Ablageart schafft, ebenso wie für einen Fließbandarbeiter, der einen Weg findet, seine routinemäßigen Handgriffe auf eine andere Art durchzuführen und der so keine Nackenschmerzen mehr bekommt.

Egal ob in Job, Freizeit oder Liebes- und Privatleben: Eigentlich sind wir immer kreativ tätig. Denn dauernd müssen neue Lösungen für neue (oder auch alte) Probleme geschaffen werden. Und genau darum geht es. „Creare", das lateinische Wort, von dem sich der Begriff Kreativität ableitet, bedeutet nichts anderes als „erschaffen, schöpfen". Und nolens, volens (d. h. ob wir wollen oder nicht), müssen wir alle jeden Tag aufs Neue schöpferisch sein.

Allerdings fällt das manchen leichter als anderen. Die, denen es besonders leicht fällt, kreativ zu sein und neue Ideen zu entwickeln, suchen sich dann auch meist Beschäftigungen aus, wo diese Fähigkeiten besonders zum Tragen kommen. Aber auch alle anderen kommen nicht umhin, ihre Kreativität zur Problemlösung einzusetzen. Vielleicht haben Sie ja schon die Logikübungen im Kapitel „Intelligenz" gemacht. Logik und Kreativität sind enge Geschwister, die sich oft ergänzen und nur gemeinsam die besten Lösungen erbringen. Denn die kreative Idee alleine weist oft nur den Weg, den man durch eine praktische logische Umsetzung erst begehbar macht. Das hat wieder mit unserem Gehirn und der Zusammenarbeit unserer beider Gehirnhälften zu tun. Denn erst wenn beide etwas zu einer Problemlösung beitragen, kommt eine wirklich sinnvolle und machbare Lösung heraus. Und ebenso wie man die Logik, d. h. die Intelligenz, trainieren und fördern kann, so kann man das auch mit der Kreativität tun.

Kann man Kreativität lernen?

Ja und nein. „Lernen" ist wahrscheinlich der falsche Ausdruck. Denn jeder von uns wird mit einem gewissen Maß an Kreativität geboren. Je nach der persönlichen Entwicklung, etwa ob wir als Kind besonders gefördert wurden oder ob es in unserem Leben oft notwendig war, die verschiedensten Probleme kreativ zu lösen, hat sich diese Fähigkeit dann besser oder schwächer entwickelt – wie ein Muskel, den man trainieren kann. Mancher von uns hat vielleicht genetisch die besseren Anlagen für starke Muskelbildung, aber erst das regelmäßige und konsequente Training wird die Muskeln bilden. Ein genetisch schwächer angelegter Muskel, der konsequent trainiert wird, kann sich oft besser entwickeln als ein genetisch hervorragend disponierter Muskel, der nie eingesetzt, geschweige denn trainiert wird.

Genau so kann man auch Kreativität trainieren. Und das Schöne daran ist, dass das Training von Kreativität im Gegensatz zu anderen körperlichen Übungen oder geistiger Arbeit wie Auswendiglernen ganz und gar nicht anstrengend ist. Im Gegenteil, Kreativität zu trainieren, ist ein rein spielerischer Vorgang und das muss es sogar sein! Das bedeutet, Sie haben Spaß und werden sich sicher sogar oft über Ihre eigenen Ergebnisse amüsieren. Und dennoch tun Sie etwas, was für Sie und Ihren persönlichen Erfolg in jeder Hinsicht, egal ob beruflich oder privat, sehr wichtig ist.

Visualisierungen und Assoziationen

Ein wesentlicher Punkt beim Erüben von Kreativität sind Visualisierungen und Assoziationen. Visualisierungen sind eigentlich für alle Bereiche unserer Denkarbeit sehr wichtig. V. a. im Bereich des Gedächtnisses lassen sich, wie wir bereits gesehen haben, durch das Bebildern von Informationen enorme Fortschritte erzielen. Visualisieren kann jeder Mensch und jeder Mensch macht das täglich, wenn auch oft eher unbewusst und oberflächlich. Wenn Sie etwa von sich glauben „Ich kann mir überhaupt nichts bildlich vorstellen!", dann irren Sie. Tatsächlich arbeitet Ihr Gehirn zu einem großen Teil mit Bildern und visuellen Eindrücken. Dazu gehören auch Traumbilder. Nein, es geht nur um besseres Visualisieren – und das kann man trainieren.

Ähnlich sieht es bei den Assoziationen aus. Viele kreative Übungen basieren auf assoziativem Denken. Und auch dieses ist bereits fix in Ihrem Hirn eingebaut und wird täglich ausgeübt. „Mir fällt nie was ein" ist daher ein grundlegend falscher Satz, da wir beständig auf unsere Kreativität und Assoziationsfähigkeit angewiesen sind. Haben Sie den Eindruck, an Ideenmangel zu leiden, dann lassen sich gerade diese Zustände sehr leicht mit etwas Übung beseitigen. Wie das geht, sehen Sie im Folgenden.

Negative Gedanken und positives Denken

Es gibt aber noch weitere Faktoren, die die Kreativität beeinflussen. Dazu gehören auf der Minusseite vor allem negative Gedanken und Zustände wir Stress, Frust, Müdigkeit und geistige Erschöpfung. Wenn Sie auf die eine oder andere Art unruhig oder negativ eingestellt sind, wird es Ihnen, solange diese Zustände anhalten, schwer fallen, positive, kreative und erfolgreiche Lösungen und Ideen zu entwickeln. Ist Ihr Kopf in einer kritischen Situation etwa auf Schadensbegrenzung bedacht oder darauf,„nur das Schlimmste zu vermeiden", so wird Ihnen auch nur etwas einfallen, das den Schaden begrenzt und gerade mal das Schlimmste vermeidet – nicht aber etwas, was Ihre Situation oder Ihr Problem nachhaltig verbessert. Zwar gelingt einem gerade auch in Stress- und Notsituationen eine oft genial erscheinende Lösung, aber diese ist meist das Ergebnis von unbewussten Vorarbeiten Ihres Gehirns, die schon sehr viel früher durchgeführt wurden. Darauf kommen wir beim Thema „Geistesblitz" noch einmal zu sprechen.

Das alles heißt nun aber nicht, dass Sie erst ein rein positiv denkender Mensch werden oder eine jahrelange Psychotherapie absolvieren müssen, um kreativer zu werden. Oft genügt es einfach, sich eine ruhige Insel zu schaffen und die Probleme und Belastungen für kurze Zeit auszusperren, um zu sich und zu innerer Ruhe zu finden. Entspannung ist da das Stichwort. Und es gibt reichlich Möglichkeiten, sich in eine entspannte Stimmung zu bringen. Man muss es sich nur erlauben und sich die Zeit dafür nehmen. Bei manchen funktioniert Entspannung am besten mit einem Lieblingsmusikstück, das man mit geschlossenen Augen genießerisch verfolgt oder, im Gegenteil, laut mitsingt. Auch viele Meditations- und Entspannungsübungen helfen auch dem Anfänger, sehr schnell von einem „Puls von 180" zu einem aus-

Lichtmeditation

Eine gute Methode, zu innerer Ruhe und damit zu einer entspannten, die Kreativität fördernden Stimmung zu kommen, ist die sog. Lichtmeditation. Es gibt viele verschiedene Varianten, es geht aber immer darum, „Licht einzuatmen" und damit den Körper zu reinigen und mit Energie zu füllen.

Man kann farbiges Licht für verschiedene Zwecke einsetzen (Grün vertreibt Krankheiten, Gold heilt ...), hier genügt es aber, sich einfach weißes Licht vorzustellen. Auch deswegen, weil laut Farblehre in weißem Licht alle anderen Farben enthalten sind. Für die Grundübung genügt es, sich einfach vorzustellen, Licht durch Mund und Nase einzuatmen.

1. Legen Sie sich bequem und entspannt hin und atmen Sie einige Male tief durch. Stellen Sie sich vor, wie Sie mit jedem Atemzug Licht einatmen und wie sich dieses Licht in Ihrem Körper verteilt. Beginnen Sie mit Ihrem Kopf. Spüren Sie, wie sich das Licht in Ihrem Kopf verteilt und dabei negative, dunkle Gedanken vertreibt. Diese können Sie dann gleich bewusst ausatmen! Ihr Kopf wird so frei für Neues.
   Stellen Sie sich weiter vor, wie das eingeatmete Licht in Ihrem ganzen Körper zirkuliert, Sie ganz erfüllt und durchdringt. Überall vertreibt das Licht Schmerzen, Spannungen und negative Energien und ersetzt sie durch ein angenehmes, warmes und energiegeladenes Gefühl.
2. Als Fortgeschrittenenübung können Sie sich vorstellen, wie Sie das Licht durch Ihren Kopf einatmen. Sie atmen das „kosmische" Licht, die „kosmische" Energie ein und lassen das Licht beim Ausatmen durch die Fußsohlen „in die Erde" herausfließen. Atmen Sie nun zur Abwechslung z. B. rotes, energievolles Licht „aus der Erde" durch Ihre Beine und lassen Sie es beim Ausatmen durch Ihren Scheitel „in den Kosmos" strömen. Beenden Sie die Übung, wenn Sie sich wach, kraft- und energievoll fühlen!

geglichenen Ruhezustand zurückzufinden.

Suchen Sie nach solchen Methoden, probieren Sie einige davon aus und führen Sie sie durch, bevor Sie mit den Kreativitätsübungen beginnen.

Positives Denken kann man nicht verordnen. Im Gegenteil: In einer Welt, die vielerorts von Hektik, Sorgen und Krisen geprägt ist, werden Menschen, die positiv denken oder es zumindest versuchen, oft belächelt oder sogar angefeindet und als naive Optimisten verspottet. Dabei geht es beim positiven Denken um etwas ganz anderes. Sie müssen nicht gleich glauben, dass sich alle kriegerischen Konflikte der Welt innerhalb eines Jahres lösen werden, um positives Denken auszuüben. Es genügt schon, wenn Sie an eine bestimmte Übung mit der Zuversicht herangehen, diese gut bewältigen zu können und davon viel zu profitieren. Dieser kurze Moment des positiven Denkens wird Ihnen dann tatsächlich dabei helfen, Ihr Ziel zu erreichen. Wenn Sie negativ gestimmt an dieselbe Sache herangehen, wird Ihr Ergebnis in den meisten Fällen auch nicht so berauschend ausfallen. Das Schlechteste zu erwarten, um sich dann positiv überraschen zu lassen, klingt wie eine vernünftige Taktik, funktioniert allerdings leider nur ausgesprochen selten. Denn mit einer negativen Einstellung programmieren Sie sich gewissermaßen selbst auf einen negativen Ausgang der Dinge. Und sei es nur, um sich dann selbst sagen zu hören „Ich hab's ja gewusst!". Zu diesem Thema gibt es ausreichend Literatur, mit der Sie sich auseinander setzen können, wenn Sie jetzt neugierig geworden sind. Für unsere Zwecke reicht es, wenn Sie sich vor den Kreativübungen in eine ruhige und entspannte Stimmung bringen.

Blockaden und wie man damit umgeht

Auch professionellen Kreativen passiert es immer wieder einmal, dass einfach nichts weitergeht. Besonders berühmt ist in diesem Zusammenhang die sog. Schreibblockade, die auch als die „Angst vor dem weißen Blatt Papier" bekannt ist. Diese Angst betrifft in erster Linie Schriftsteller, kann aber auch Journalisten oder ganz andere Menschen, die etwas schreiben müssen, wie z. B. Studenten, betreffen. Ähnliches berichten manchmal auch Maler, wenn sie mit gemischten Farben vor der Staffelei stehen und meinen, keinen sinnvollen Strich auf die Leinwand zu bekommen.

Hinter diesen Blockaden und Hemmungen steckt meist nichts anderes als Angst. Das kann die Angst davor sein, nichts Vernünftiges aufs Papier zu bekommen, schlechter zu sein als das letzte Mal, von Kollegen oder Kritikern verspottet zu werden oder auch einfach den eigenen Ansprüchen nicht zu genügen. So verschieden die Ursachen für diese Ängste und Blockaden auch sind, sie lassen sich meist relativ leicht durchbrechen. Außer es handelt sich um schwerwiegende, pathologische Zustände, dann ist ein Arzt oder Therapeut gefragt.

Da wäre zum einen wieder die Entspannung. Denn auch die Versagensangst ist ein Art von Stress. Sich selbst in eine ruhigere Stimmung zu versetzen, Zuversicht zu tanken und negative Gedanken und Emotionen abzubauen und auszuatmen kann enorm dabei helfen, diese Situation rasch zu überwinden.

Gerade bei der Schreibblockade hilft aber auch einfach ein Ortswechsel. Wenn Sie gebannt wie die Schlange vor dem Kaninchen vor Ihrem leeren Blatt Papier oder dem leeren Bildschirmdokument sitzen, dann verstärken Sie Ihre Ängste nur ins Unermessliche. Manchmal genügt der Weg in die Küche, das Ritual des Teekochens oder ein Blick aus dem Fenster, um sich wieder in eine entspanntere und schreibfreundlichere Stimmung zu versetzen. In hartnäckigeren Fällen empfiehlt es sich, die Wohnung oder das Büro für einen kurzen Spaziergang zu verlassen. „Einmal um den Häuserblock“ kann da schon viel ausmachen. Nehmen Sie aber unbedingt Block und Stift oder ein Diktaphon mit! Denn sehr oft verschwinden die Hemmungen gleich in dem Moment, in welchem Sie den Ort des Schreckens, also Ihren gewohnten Schreibplatz, verlassen haben.

Wenn Sie dann in einer besseren, ruhigeren Stimmung sind, können Sie gleich noch ein paar unserer Kreativitätsübungen anhängen, um sich geistig noch mehr aufzulockern. Und dann hilft nur mehr eines: Einfach drauflos schreiben! Egal ob Sie den ersten Absatz oder sogar die erste Seite später wieder ändern oder gar wegschmeißen müssen – Hauptsache, Sie kommen mal in Schwung! Der Trick dabei ist, einfach einmal eine Weile weiterzuschreiben. Auf keinen Fall dürfen Sie aber schon nach einem Satz oder Absatz unterbrechen und das bislang Verfasste kritisch beäugen. Wetten, dass Ihnen da sofort Fehler und Unzulänglichkeiten auffallen, die Sie schlimmstenfalls gleich in die nächste Blockade-Runde werfen.

Nein, nach ein oder zwei Seiten können Sie innehalten und den bisherigen Text durchlesen. Vielleicht ist vieles davon Schrott, aber garantiert nicht alles, wodurch Sie sich selbst beweisen, dass es eben doch geht. Außerdem bringt eine Fülle von Dingen, die Ihnen so nicht gefällt, gleich eine ganze Reihe von Assoziationen und Ideen wie Sie es besser machen können mit sich. Und das tun Sie dann, am besten auch gleich.

Haben Sie Spaß!

Eine der wichtigsten Voraussetzungen für kreatives Arbeiten ist die Freude am Handeln. Nun macht einem natürlich nicht jede Art von Arbeit, selbst wenn sie kreative Elemente enthält, unbedingt immer Spaß. Versuchen Sie dennoch, das Freudvolle in Ihrem Tun zu erkennen und positiv zu verstärken. Bald werden Sie auch positiver gestimmt sein und leichter zu Ergebnissen kommen, was wiederum Ihre Laune heben wird.

Weiter oben haben wir Ihnen bereits versprochen, dass das Üben und Trainieren der Kreativität Spaß macht. Nun wollen wir das zu Beginn erst einmal mit einer Aufwärmübung versuchen:

Übung 1

Überlegen Sie sich, was man alles mit einem Handtuch anfangen kann, außer sich abzutrocknen. Denken Sie sich mindestens 20 Möglichkeiten aus und schreiben Sie diese auf ein Blatt Papier!

Noch ein paar Tipps: Versuchen Sie, die Antworten möglichst locker und ohne Stress zu finden. Lassen Sie sich Zeit und lassen Sie Ihre Gedanken schweifen. Blicken Sie in Ihrer Umgebung herum und stellen Sie sich bildlich vor, was Sie alles mit einem Handtuch an den verschiedenen Stellen anfangen könnten. Lassen Sie dabei auch scheinbar dumme und widersinnige Ideen zu!

Hier einige der unzähligen Möglichkeiten:

- als Mundschutz bei Rauchentwicklung verwenden
- eingerollt als Nackenrolle benutzen
- jemandem damit die Augen verbinden
- gegen Zugluft vor eine Fensterritze legen
- mit dem Baby „Kuckuck“ damit spielen
- als Armbinde bei einem verletzten Arm benutzen
- als Decke benutzen
- nach Fliegen damit schlagen
- als Schal umhängen
- als Wandschmuck aufhängen
- als Liegeunterlage auflegen
- zum Einwickeln zerbrechlicher Gegenstände verwenden
- zum Verdunkeln über eine Lampe werfen
- ein Geschenk darin einwickeln
- als Kleidungsstück tragen
- als Einlage in den Schrank legen
- mehrere Handtücher als Bettüberwurf oder Patchworkdecke zusammennähen
- als Vorhang verwenden
- dem Hund als Hundedecke geben
- zum Polieren des Autos verwenden
- als Turban aufsetzen

Und? War das schwer für Sie? Hatten Sie Spaß oder war es mühsam, Ihre Assoziationsgaben mit dieser Aufgabe zu beschäftigen? In den meisten Fällen dürfte diese Übung Spaß gemacht haben. Falls aber nicht, dann sehen Sie sich unsere Vorschläge an und vergleichen Sie diese mit Ihrer Liste oder mit Dingen, die Sie dann doch nicht aufgeschrieben haben. Vielleicht hatten Sie zu hohe Erwartungen an sich selbst oder hielten einige Ideen für zu albern. „Zu albern“ gibt es aber gerade bei Kreativitätsübungen gar nicht. Oft enthemmt gerade die dümmste Idee am meisten, lockert Blockaden und hilft so der Entstehung von sinnvollen kreativen Ideen.

Übung 2

Machen Sie die Übung gleich noch einmal. Diesmal mit einem Bleistift! Wozu kann man diesen Bleistift benutzen?

____

____

____

____

____

____

____

____

____

____

____

Geistesblitze hat man einfach, oder?

Diese Aufwärmübungen können und sollten Sie immer wieder mit neuen Gegenständen ausprobieren. Sie sind unaufwändig und helfen, verrostete Gehirnwindungen durchzuputzen. Jetzt aber wie angekündigt noch kurz zu den Geistesblitzen und spontanen Eingebungen. Natürlich gibt es die. Nur entstehen diese Ideen meistens weder so spontan noch so blitzartig, wie man glauben möchte. Denn wie kreativ Ihre Ideen auch sind: Im Prinzip bestehen sie immer aus der neuen Kombination von Wissen, das Sie bereits besitzen. Denn ob bewusst oder unbewusst, Ihr Gehirn kann immer nur das kombinieren, was bereits in ihm ist. Darum brauchen kreativ arbeitende Menschen auch immer neuen Input, sei es durch Kino- oder Theaterbesuche, durch das Lesen von Büchern, den Besuch von Seminaren oder durch permanente Fortbildung.

Haben Sie einen Geistesblitz, dann können Sie ziemlich sicher sein, dass Ihr Kopf oder zumindest der unbewusste Teil Ihres Geistes schon seit geraumer Zeit an dieser Idee oder Problemlösung arbeitet. Sei es, dass Ihnen endlich eine Idee kommt, wie Sie Ihren Garteneingang schöner gestalten können, sei es, dass Ihnen die rettende Idee für ein bereits zum Scheitern verurteiltes Firmenprojekt einfällt. In all diesen Fällen war Ihnen das Problem schon länger vorher, bewusst oder unbewusst, bekannt und Ihr Geist hat im Hintergrund unter Ausnutzung all seiner Ressourcen daran gearbeitet. So entstehen auch Ideen, die einem im Schlaf kommen. Denn auch wenn Sie schlafen, schaltet Ihr Gehirn nicht völlig ab, sondern arbeitet weiter an der Zuordnung von an diesem Tag Erfahrenem und Gelerntem und auch an der Lösung von Problemen. Das Ergebnis kann sich dann plötzlich und unerwartet mitten in einer ganz anderen Situation als Geistesblitz manifestieren! Besonders kreativ ist man übrigens kurz vor dem Einschlafen und in der Aufwachphase, weshalb kurze Nachmittagsschläfchen oft sehr kreativitätssteigernd wirken!

Ist man in der kreativen Lösung von Problemen geübt, hat man viel öfter solche Geistesblitze und kann sie auch kurze Zeit nach einer Problemstellung haben. Freilich kann man es nicht trainieren, Geistesblitze zu haben. Übt und verbessert man seine kreativen Fähigkeiten aber konsequent, dann wird auch die Häufigkeit von spontanen Eingebungen deutlich zunehmen.

Verbesserung der bildlichen Vorstellungskraft

Da unser Gehirn vorwiegend mit Bildern und bildlichen Assoziationen arbeitet, empfiehlt es sich, das bildliche Denken und Visualisieren zu trainieren und zu schulen. Denn einerseits kann man dieses bildhafte Denken dazu verwenden, um das Gedächtnis zu verbessern und sich Dinge besser zu merken. Andererseits ist leichtes Visualisieren auch eine wichtige Voraussetzung, um kreativ zu arbeiten. Unser Gehirn speichert Informationen meist bildlich (oder in Kombinationen aus Bildern, Geräuschen, Gerüchen, Emotionen ...) ab und findet daher auch neue kreative Verbindungen leichter, wenn es auf einen Vorrat an gut abgespeicherten Bildinformationen zurückgreifen kann. Das heißt, wenn Sie sich etwas bewusst bildlich vorstellen, schlagen Sie damit fast automatisch Brücken zu anderen ebenfalls mit Bildern abgespeicherten Informationen und geben so den Weg frei für neue, innovative Verbindungen.

Nun können Sie einfach damit beginnen, sich beliebige Begriffe und Dinge vor Ihrem inneren Auge vorzustellen. Besser trainieren Sie Ihre Vorstellungskraft aber mit den beiden weiter unten stehenden Techniken, der Kettenworttechnik und der Schlüsselworttechnik. Beide Techniken werden auch in der Gedächtnisschulung verwendet, da man sich auf diese Weise Informationen besser merken kann. Aber gerade für die Aktivierung und Verbesserung Ihrer visuellen Vorstellung sind sie ebenfalls bestens geeignet.

Zum Aufwärmen vorher zwei reine Visualisierungsübungen:

Übung 3

Stellen Sie sich folgende zehn Wortpaare in einem Bild in Ihrem Kopf vor. Wie Sie die Begriffe verbinden, ist egal, aber es sollten unbedingt beide im selben Bild vorkommen. Lassen Sie sich damit Zeit. Wenn Sie aber ein festes Bild gefunden haben, gehen Sie zum nächsten Paar über.

Pferd – Strohhalm
Mauer – Rose
Bikini – Elefant
Eisenbahn – Bleistift
Computer – Hot Dog
Ehering – Autoreifen
Bach – Schraubenzieher
Fernseher – Grießbrei
Klavier – Hose
Buch – Mücke

Schreiben Sie nun die jeweils zugehörigen Begriffe zu den folgenden dazu:

Autoreifen –
Bach –
Bikini –
Bleistift –
Buch –
Computer –
Grießbrei –
Hose –
Pferd –
Rose –

Und? Ist es Ihnen gelungen? Kein Problem, wenn Sie nicht alle Paare ergänzen konnten. Das ist besonders am Beginn und bei im Visualisieren ungeübten Menschen durchaus normal. Am besten versuchen Sie es gleich noch einmal.

Aber Achtung: Es geht nicht darum, die Begriffspaare auswendig zu lernen. Zwar ist das Visualisieren und die bildhafte Methode eine effektive Lernhilfe, aber uns geht es hier jetzt darum, Ihr inneres Auge zu schulen. Ein Auswendiglernen ohne Visualisierung, nur um möglichst viele Paare zu behalten und nachher richtig aufzuschreiben, ist nicht das Ziel. Es ist ja keine Prüfung, niemand gibt Ihnen Noten. Nur wenn Sie den Begriff beim Erinnern wieder deutlich in Verbindung mit dem zweiten Begriff bildhaft vor Augen haben, war die Übung erfolgreich.

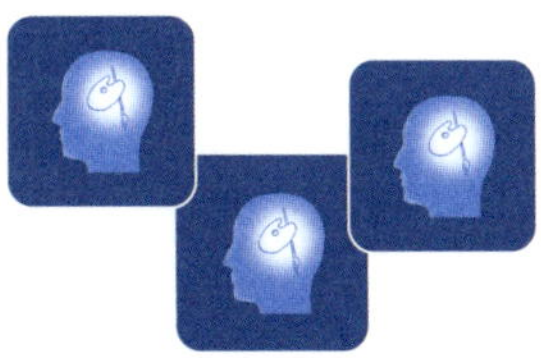

Übung 4

Stellen Sie sich folgende zehn Wortpaare in einem Bild in Ihrem Kopf vor. Wie Sie die Begriffe verbinden, ist egal, aber es sollten unbedingt beide im selben Bild vorkommen.

Tastatur – Tennisball
Skulptur – Lenkrad
Gitarre – Weinflasche
Sand – Ohrläppchen
Brille – Skischuh
Handtuch – Buchstabe
Laterne – Gummiball
Nasenspitze – Müllwagen
Telefonbuch – Rechtsanwalt
Küchenwaage – Sonnencreme
Bluse – Wohnwagen
Augenbinde – Kartoffelknödel
Roulette – Golfschläger
Sanduhr – Pinsel
Flugzeug – Abflussrohr

Und nun zur Überprüfung der Wortpaare:

Bluse –
Brille –
Buchstabe –
Flugzeug –
Gitarre –
Kartoffelknödel –
Laterne –
Lenkrad –
Müllwagen –
Ohrläppchen –
Pinsel –
Roulette –
Sonnencreme –
Tastatur –
Telefonbuch –

Wie ist es Ihnen ergangen? Keine Bange, das wird immer besser! Sie können nach einer Weile noch einmal mit denselben Listen trainieren und damit Ihre Bilder weiter festigen oder sich selbst neue Listen schreiben.

Doch nun zu den angekündigten Techniken.

Kettenworttechnik

Auch hier gilt es, sich Begriffe bildlich vorzustellen – allerdings als Kette, um genau zu sein: kreisförmig. Das bedeutet, Sie beginnen irgendwo in der Wortliste, es muss gar nicht unbedingt oben sein, und stellen sich den Begriff möglichst genau und mit vielen Details vor. Dann gehen Sie zum nächsten in der Liste und stellen sich diesen vor. Wichtig für die Merkfähigkeit ist es, die zwei benachbarten Begriffe optisch miteinander zu verbinden. Das bedeutet, Sie suchen für jedes Bild gleich zwei Verbindungen, erst zum vorherigen, dann zum nächsten! Nach dem letzten Begriff stoßen Sie wieder am Anfang an und schließen die letzte Verbindung.

Im Idealfall gelingt es Ihnen, sich alle Begriffe tatsächlich im Kopf im Kreis angeordnet vorzustellen – wie in einer eigenen inneren Landschaft. Am Anfang ist das allerdings noch recht schwer; als Hilfsmittel können Sie sich daher die Begriffe auch selbst kreisförmig auf einem Zettel aufschreiben. Wichtig ist aber, sie korrekt zu visualisieren und danach als Ganzes und auch in Teilen mit der jeweiligen Verbindung nach links und nach rechts wiedergeben zu können.

Schlüsselworttechnik

Recht ähnlich zur Kettenworttechnik funktioniert die Schlüsselworttechnik. Dabei geht es wieder darum, sich eine Reihe von Begriffen zu merken, indem man sie sich intensiv mit allen Details und möglichst vielen Assoziationen ihr Umfeld betreffend vorstellt. Weiter noch: Versuchen Sie, zu dem jeweiligen Begriff ein passendes Bild zu „malen“. Sollen Sie etwa das Wort „Hase“ visualisieren, dann stellen Sie sich einen wachsamen Hasen in einer Frühjahrswiese vor. Er schnuppert, stellt die Löffel auf, knabbert an einem Löwenzahn. In der Nähe plätschert ein Bach vorbei, in der Ferne ruft ein Kuckuck. Rund um den Hasen tollen viele kleine verspielte Hasenkinder, während langsam weiße Wolken über den blauen Himmel ziehen.

Na, können Sie sich das vorstellen? Diese Technik hat den Vorteil, dass sie sowohl Ihre Vorstellungskraft als auch zugleich Ihre Assoziationsfähigkeit trainiert. Nebenbei können Sie die Schlüsselworttechnik, wenn Sie einmal darin geübt sind, auch dazu verwenden, sich wichtige Dinge zu merken, wenn Sie gerade keine Chance haben, sie sich zu notieren. Während Sie gerade mit dem Fahrrad losfahren, ruft Ihnen ein Kollege zu, dass morgen früh ein wichtiger neuer Kunde namens Müller zu Ihnen kommen wird. Assoziieren und malen Sie schnell ein Bild zum Thema „Müller“. Die Vielzahl an Verbindungen, die Sie damit schaffen, garantiert, dass Sie sich zumindest bis zum nächsten Morgen an den Namen erinnern werden.

Übrigens geht das auch mit komplizierteren Begriffen oder ausländischen Namen wie z. B. Eichgraber oder Nemeth. Hier muss man nur ein bisschen kreativ tricksen und so kommt man beispielsweise auf die Verbindungen „jemand gräbt bei einer Eiche“ oder Jesus sagte „Nehmet und esset alle davon“.

Kreativitätsstrategien

Neben diesen einfachen Übungen zur Anregung Ihrer Kreativität gibt es auch eine ganz Reihe von bewährten und ausgefeilten Techniken, sog. Kreativitätsstrategien, mit denen sich gezielt kreative Lösungen und Ideen finden lassen.

Brainstorming

Eine der zumindest namentlich bekanntesten Strategien ist das sog. Brainstorming. Diese Methode hat – fast als einzige Denktrainingsmethode überhaupt – sogar Eingang in unsere Alltagssprache gefunden. Sobald jemand intensiv über etwas nachdenken möchte oder sich eine Gruppe von Leuten zur Ideenfindung zurückzieht, so wird gleich von Brainstorming gesprochen. Die wenigsten wissen aber, wie die Technik des „Gehirnsturmes" wirklich funktioniert.

Die Methode des Brainstormings trennt in erster Linie die Phase der Ideenfindung von der Phase der Kritik. Ihr Erfinder ging davon aus, dass bei einer Besprechung, in der jemand eine Idee äußert, eine sofortige Kritik von jemandem anderen den Fluss der spontanen Ideen behindern oder sogar zum Versiegen bringen würde. Er meinte, wenn man heißes Wasser (= Ideen) und kaltes Wasser (= Kritik) gleichzeitig durch einen Hahn fließen ließe, so wäre das Ergebnis immer lau.

Brainstorming ist eine Methode der Ideenfindung in Gruppen. Alle Teilnehmer setzen sich gemeinsam hin und jeder erhält ausreichend Papier und einen Stift. Es kann aber auch nur eine Person bestimmt werden, die die Ideen der anderen Teilnehmer protokolliert. Am Anfang wird das Problem präsentiert, dann

Wussten Sie schon, ...

dass Brainstorming eine ganz bestimmte und konkret entwickelte Methode zur Ideenfindung ist? Sie wurde in den 1950er Jahren von dem amerikanischen Werbeprofi Alex F. Osborn (1888–1966) entwickelt und wird bis heute erfolgreich in Unternehmen aller Art eingesetzt. Sie basiert zum Teil auf einer alten Technik indischer Hindu-Lehrer namens Prai-Barshana (Prai bedeutet „außerhalb von dir selbst" und Barshana heißt „Frage").

geht es los. Jeder darf und soll möglichst viele Ideen spontan und ungeordnet äußern. Alles, was gesagt wird, egal ob genial, banal oder scheinbar dumm, wird mitgeschrieben. Im Anschluss daran wird ein Protokoll erstellt, gute Ideen werden von schlechten getrennt, Verbindungen zwischen Ideen und Vorschlägen werden hergestellt.

Im Einzelnen beinhaltet die Methode des Brainstorming vier wichtige Punkte bzw. Regeln:

1. Kritik ist verboten. Negative Stellungnahmen zu Ideen werden für später zurückgehalten.
2. Hemmungslosigkeit wird eingefordert: Jeder soll alles äußern, was ihm einfällt, egal wie absurd oder scheinbar unmöglich es klingt.
3. Quantität geht vor Qualität: Es sollen möglichst viele Ideen geäußert werden. Man soll alles sagen, was einem einfällt.
4. Kombinationen und Verbesserungen sind in jeder Phase erwünscht: Man darf und soll schon auch die Ideen anderer mit eigenen kombinieren und Vorschläge zur Optimierung machen – nur eben ohne Kritik!

Diese Methode bringt fast immer erstaunliche und erstaunlich nützliche Ideen zutage und wird seit Jahrzehnten von großen und kleinen Firmen und Institutionen weltweit genutzt.

Natürlich basiert die Methode des Brainstormings auf einer Gruppenarbeit. Sie können aber einige Aspekte, wie das Befreiende am Einfach-drauf-los-Assoziieren auch alleine simulieren. Und zwar ganz einfach so:

Übung 5

1. Bereiten Sie ein Tonbandgerät oder Diktaphon vor.
2. Gehen Sie herum, um die fehlende Aktivität der Gruppe durch eigene Aktivität zu ersetzen.
3. Sprechen Sie ungeordnet Ideen zu einem gegebenen Thema aufs Band.
4. Sagen Sie einfach alles laut, was Ihnen in den Sinn kommt.
5. Lassen Sie sich durch Ihre eigenen Ideen zu neuen anregen: Achten Sie auf den Klang Ihrer Stimme, auch auf Versprecher und andere Irrtümer – gerade die könnten Ihnen weiterhelfen.
6. Blicken Sie sich um. Vielleicht hilft Ihnen etwas, was Sie sehen, dabei, Ihr konkretes Problem zu lösen. Seien Sie dabei fantasievoll: Wie könnte Ihnen der Besenstiel bei Ihrem Problem helfen? Wie die Kaffeemaschine?

7. Beenden Sie die Übung, wenn Ihnen nichts mehr einfällt.
8. Hören Sie das Tonband ab und notieren Sie sinnvolle Ideen. Vielleicht kommen Ihnen beim Abtippen sogar neue?

Methode 635

Die Methode 635 ist eine bestimmte, reglementiertere Form des Brainstormings. Kurz gesagt: Es sollen sechs Personen je drei Ideen in 5 Minuten entwickeln. Ein besonderes Augenmerk wird dabei auf das Aufgreifen und Weiterentwickeln von Ideen der anderen Teilnehmer gelegt. Eine Sitzung der Methode 653 dauert 40 Minuten. Die Teilnehmer sitzen dabei am besten um einen Tisch. Zur Hilfe gibt es eigene 635-Formulare. Der genaue Ablauf richtet sich nach folgenden Punkten:

Ideenfindung

1. Jeder Teilnehmer bekommt ein 635-Formular oder ein leeres Blatt Papier, auf dem er sich nun eine Blattnummer und die Namen der Beteiligten notiert.
2. Das Thema wird von einem Gruppenleiter kurz dargelegt und definiert. Diese Definition wird ebenfalls auf dem Blatt notiert.
3. Alle Teilnehmer notieren sich jetzt drei Ideen – bei Verwendung eines 635-Formulars horizontal in die oberste Zeile. Das sollte innerhalb von ca. 5 Minuten abgeschlossen sein.
4. Nach Ablauf dieser Zeit wird der Notizzettel oder das 635-Formular an den rechts sitzenden Tischnachbarn weitergereicht.
5. Nun hat jeder das Formular eines anderen Teilnehmers vor sich. Auf diesem befinden sich bereits drei Lösungsideen oder -ansätze. Nun muss jeder, wiederum innerhalb von 5 Minuten, drei weitere Ideen auf den Zettel schreiben. Im Falle des 635-Formulars in die nächste (darunter liegende) Tabellenzeile. Diese neuen Ideen können die darüber stehenden Notizen ergänzen, dürfen aber auch aus eigenen, ganz neuen Ideen bestehen.
6. Nach 5 Minuten werden die Zettel wiederum um einen Sitzplatz weitergereicht. Das geht so lange, bis jeder Teilnehmer jeden Zettel einmal vor sich hatte.

Bewertung

1. Mithilfe dieser ausgefüllten Formulare lässt sich auch gleich eine Gruppenbewertung der Ideen anschließen. Bis zu diesem Zeitpunkt ist – wie beim Brainstorming – jede Kritik untersagt. Die

Bewertungsphase läuft folgendermaßen ab:

2. Die Zettel oder Formulare werden noch einmal reihum gereicht.
3. Nun hat jeder die Aufgabe, auf jedem Zettel drei Ideen oder Vorschläge anzukreuzen, die er selbst für die besten zur Lösung des Problems hält. Man soll natürlich auch Ideen ankreuzen, die schon ein anderer vor einem angekreuzt hat – natürlich nur, wenn man sie wirklich für gut hält!

So bekommt jeder Zettel oder jedes 635-Formular am Ende 16 Bewertungskreuze.

Der Leiter der Sitzung präsentiert dann jene Punkte, die am meisten Kreuze erhalten haben!

So erhält man einen ersten Überblick über die Ideen, die von den meisten Anwesenden für gut und zielführend befunden wurden. Darüber hinaus kann man dann diskutieren oder mit weiteren Methoden ergänzen und verfeinern.

Die Methode 635 bringt sehr effektive Ergebnisse in verhältnismäßig kurzer Zeit.

Natürlich kann man sie, je nach Notwenigkeit, auch variieren, etwa als 734, 375 oder 922 Methode.

Im Übrigen gibt es keinen Zwang, in jedes Feld etwas einzutragen. Man kann aber auch auf einen gemeinsamen Pool zurückgreifen, und das geht so: Sollten einzelne Teilnehmer in den 5 Minuten mehr als drei Ideen haben, müssen sie nicht auf das nächste Formular warten, sondern können ihre überschüssigen Ideen auf ein leeres Blatt notieren. Diese Blätter sollten in der Mitte des Tisches liegen. Teilnehmer, denen dafür weniger einfällt, dürfen sich aus diesem Ideenpool bedienen und sich so zu weiteren eigenen Ideen für ihre Kästchen anregen lassen. Die genauen Regeln für dieses Nebenverfahren sollten vorher genau ausgemacht werden. Allerdings steht sowieso das gemeinsame Ergebnis im Vordergrund und nicht die kreative Einzelleistung eines oder mehrerer Teilnehmer.

Auch diese Methode kann simuliert werden, sozusagen als Methode 153.

Übung 6

Bereiten Sie sich dazu mehrere (z. B. drei) Formulare vor. Überlegen Sie sich drei Lösungsmöglichkeiten zu einem Problem und tragen Sie diese ein. Nach 5 Minuten nehmen Sie ein neues Blatt und tragen wieder drei Ideen ein. Nach dem dritten Formular nehmen Sie wieder das erste und lassen sich von den eigenen früheren Ideen zu neuen inspirieren, die Sie anschließend darunter schreiben.

Alternativ können Sie sich auch zwei verschiedene Probleme stellen und Formulare mit Problem A und Problem B abwechseln. Dieses Wechseln von Thema zu Thema wird Ihre Kreativität ebenfalls ankurbeln!

Brainwriting

Das Brainwriting oder der Brainwriting-Pool ist eine weitere schriftliche Form des Brainstorming. Brainwriting ist etwas ungeordneter und spontaner als die Methode 635, kann aber ebenso kreative und gute Lösungen für die gestellte Aufgabe erbringen.

Vier bis acht Personen setzen sich dazu um einen Tisch, auf dem Papierblätter und Schreibutensilien liegen. Der Leiter stellt das Problem vor und legt ein oder zwei Blätter in die Mitte des Tisches, auf denen schon ein paar mögliche Lösungsansätze notiert sind. Jeder Teilnehmer nimmt nun ein leeres Blatt Papier und notiert seine eigenen Ideen zur Problemlösung, ohne dass eine bestimmte Zeit dafür vorgegeben ist. Wenn jemandem nichts mehr einfällt, legt er sein Blatt in die Mitte des Tisches und nimmt ein anderes, bereits beschriebenes heraus und lässt sich von dem dort Geschriebenen zu weiteren Ideen anregen.

Kreativitätsspiele

In den folgenden Übungen geht es um die freie Entfaltung Ihrer Ideen. Lassen Sie keinerlei Beschränkungen zu, denn alles ist erlaubt und möglich! Es geht nicht um sinnvolle Antworten oder Plausibilität, sondern darum, Ihren Geist aus festgefahrenen Bahnen zu befreien und neue Verbindungen zwischen Ihren Synapsen im Gehirn zu schaffen.

Schreiben Sie die Antworten auf – das verstärkt den Effekt!

Übung 7

Überlegen Sie sich mindestens fünf Dinge, die passieren würden wenn

a) die Meere der Welt austrocknen würden?

____

____

____

____

b) wir statt Benzin Milch tanken würden?

c) Bäume keine Blätter hätten?

d) alle Menschen barfuß gehen würden?

e) es keine Computer gäbe?

f) jeder Mensch einen kleinen Computer um den Hals tragen würde?

g) alle Menschen dieselbe Sprache sprechen würden?

h) die Männer die Kinder bekämen?

i) Ihre Urenkel aus der Zukunft zu Besuch kämen?

j) nur noch Frauen Politiker sein dürften?

Übung 8

Überlegen Sie sich selbst möglichst ausgefallene Fragen und beantworten Sie diese je fünf Mal.

Was wäre wenn,

Was wäre wenn,

Was wäre wenn,

____

____

____

____

____

Übung 9

Schreiben Sie möglichst viele Ideen und Assoziationen zu den folgenden Worten auf.

Alles ab 50 Antworten ist gut. 100 wären besser. Auch zu schwierigen Wörtern und Begriffen aus einem scheinbar engen Umfeld lassen sich viele Assoziationen finden. Versuchen Sie, verschiedenste Bereiche abzudecken, dann geht es viel leichter!

Zunächst einige Beispiele zum Begriff „Blume“:
Blumenarten: Rose, Tulpe, Nelken ...
Handlungen: kaufen, pflücken, gießen, schenken ...
Umfeld: Wiese, Blumenhandlung, Vase ...
Farben: Rot, Gelb, Violett ...
Geruch: süß, herb, keiner ...
Teile: Blüte, Blätter, Dornen ...
Literatur: „Der Name der Rose“, „Sah ein Knab` ein Röslein stehen“ ...
Filme: „The Rose“, “Wilde Orchideen“ ...
Personen: Hans Rosenthal, Otto Lilienthal ...
Diverses: Blumenerde, Eisblumen, Frühling ...

Versuchen Sie es jetzt selbst:

a) Auto

____

____

____

____

____

____

____

____

____

____

____

____

____

____

____

b) Mutter

c) Hunger

d) Maske

e) Raumschiff

Überlegen Sie sich auch Assoziationen zu folgenden Begriffen: Mc Donald's, Helmut Kohl, Irland, Fingernagel.

Übung 10

Überlegen Sie sich nun selbst möglichst ausgefallene Wörter und Begriffe und finden Sie möglichst viele Assoziationen dazu!

Übung 11

Nutzen Sie nun Ihre Kreativität und Assoziationsgabe, um folgende Probleme möglichst elegant zu lösen. Finden Sie je zehn Lösungen. Auch hier kann auf den ersten Blick Absurdes eine sinnvolle Möglichkeit sein. Aber bleiben Sie bei dieser Übung auf dem Boden der Realität. D. h., schreiben Sie nur, dass Sie Ihrer Frau oder Ihrem Mann wegen des vergessenen Hochzeitstages ein Schloss kaufen würden, wenn Sie sich das auch leisten können!

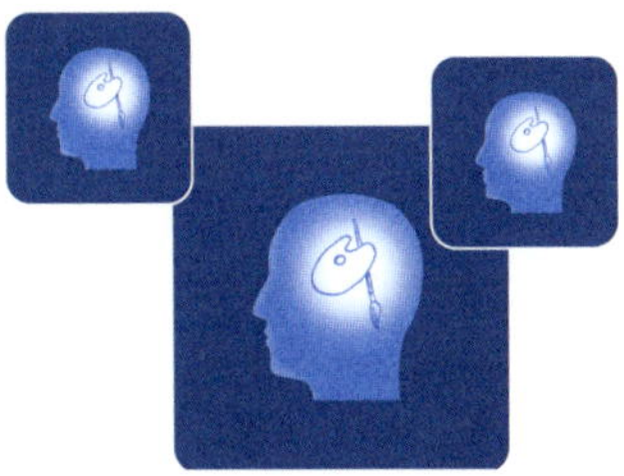

a) Sie haben den Hochzeitstag vergessen!

1. ______________________
2. ______________________
3. ______________________
4. ______________________
5. ______________________
6. ______________________
7. ______________________
8. ______________________
9. ______________________
10. ______________________

b) Der Schlüssel steckt und die Autotür ist zu!

1. ______________________
2. ______________________
3. ______________________
4. ______________________
5. ______________________
6. ______________________
7. ______________________
8. ______________________
9. ______________________
10. ______________________

c) Sie müssen zur Arbeit und alle vier Reifen sind platt!

1. ______
2. ______
3. ______
4. ______
5. ______
6. ______
7. ______
8. ______
9. ______
10. ______

d) Sie sind am Flughafen und Ihr Urlaubsflieger hat 48 Stunden Verspätung!

1. ______
2. ______
3. ______
4. ______
5. ______
6. ______
7. ______
8. ______
9. ______
10. ______

e) Am Skiurlaubsort angekommen, stellen Sie fest, dass überhaupt kein Schnee liegt!

1. ______
2. ______
3. ______
4. ______
5. ______
6. ______
7. ______
8. ______
9. ______
10. ______

f) Totaler Stromausfall in der ganzen Gegend! Das E-Werk sagt, die Behebung wird zwei Tage dauern!

1. ______
2. ______
3. ______
4. ______
5. ______
6. ______
7. ______
8. ______

9. ______________________________

10. ______________________________

g) Mitten im Einkaufszentrum fällt Ihnen Ihre Brille zu Boden und zerspringt in Tausend Scherben!

1. ______________________________
2. ______________________________
3. ______________________________
4. ______________________________
5. ______________________________
6. ______________________________
7. ______________________________
8. ______________________________
9. ______________________________
10. ______________________________

h) Sie gewinnen im Lotto zehn Millionen Euro!

1. ______________________________
2. ______________________________
3. ______________________________
4. ______________________________
5. ______________________________
6. ______________________________
7. ______________________________
8. ______________________________
9. ______________________________
10. ______________________________

Übung 12

Stellen Sie sich fünf weitere schwierige oder unangenehme Situationen vor und finden Sie je zehn Lösungen.

Übung 13

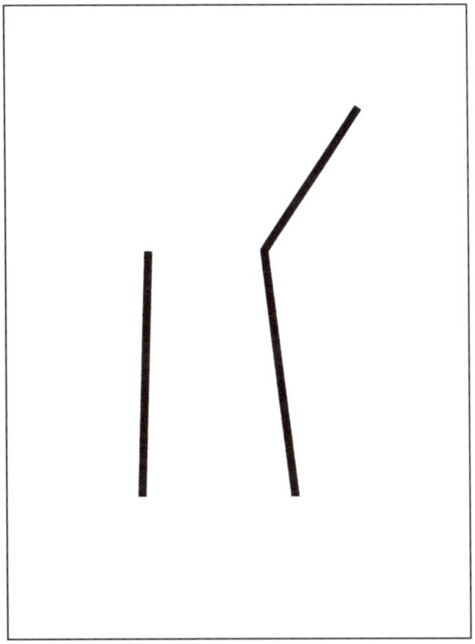

Bei dieser Übung sehen Sie eine Zeichnung vor sich. Der Maler hatte wohl keine Lust, diese zu Ende zu bringen, deshalb ist das jetzt Ihre Aufgabe. Zeichnen Sie die Zeichnung fertig.

Übung 14

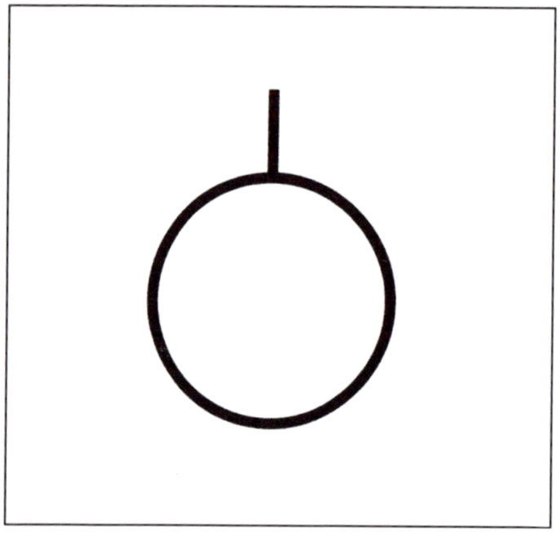

Zeichnen Sie die Zeichnung fertig. Suchen Sie dabei auf einem extra Blatt Papier zwei völlig unterschiedliche Möglichkeiten.

Übung 15

Zeichnen Sie die Zeichnung fertig. Suchen Sie dabei auf einem extra Blatt Papier zwei völlig unterschiedliche Möglichkeiten.

Übung 16

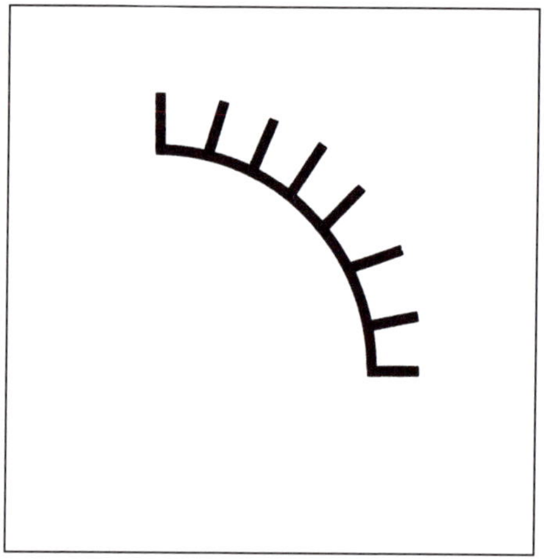

Zeichnen Sie die Zeichnung fertig. Suchen Sie dabei auf einem extra Blatt Papier zwei völlig unterschiedliche Möglichkeiten.

Übung 17

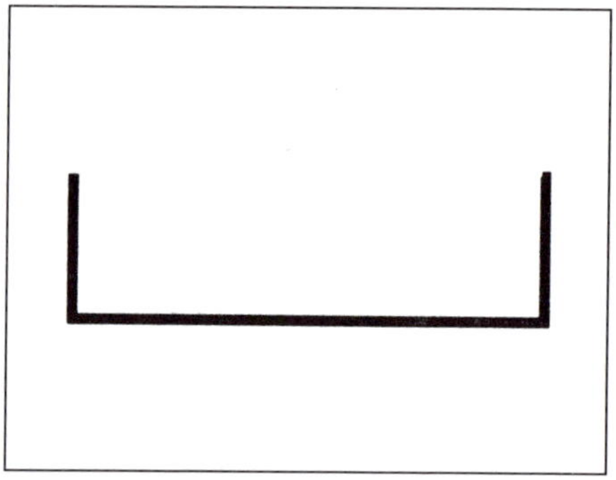

Zeichnen Sie die Zeichnung fertig. Suchen Sie dabei auf einem extra Blatt Papier zwei völlig unterschiedliche Möglichkeiten, die wenigen Striche zu ergänzen.

Übung 18

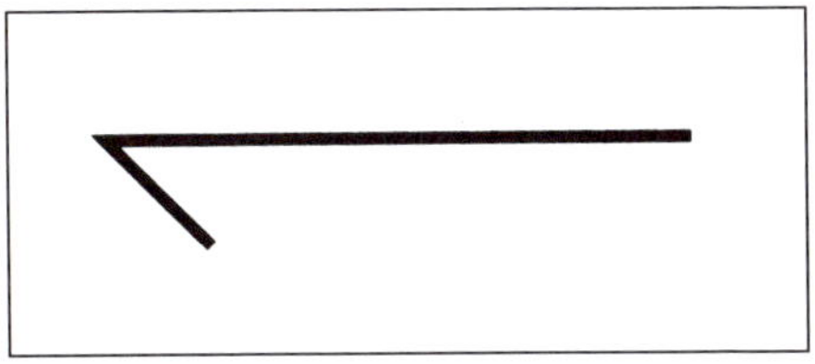

Zeichnen Sie die Zeichnung fertig. Suchen Sie dabei zwei völlig unterschiedliche Möglichkeiten, die wenigen Striche zu ergänzen.

Übung 19

Dichten Sie folgendes Gedicht fertig. Ergänzen Sie dabei jeweils die zweite Zeile. Noch besser wäre es natürlich, wenn das Ganze am Schluss einen Sinn oder zumindest so etwas wie eine Handlung ergäbe!

Wir verließen diesen Ort

Der Elefant, der schritt voran

Dadurch blieben alle stehen

Weiße Pracht, wohin man schaut!

Zwerge, die sind meistens schlau

Weil das diesen Mann sehr kränkte

Darum mussten wir schnell weg!

Immer wieder zogen sie

Doch war alle Müh' vergebens

Und die Moral von der Geschicht':

Übung 20

Dichten Sie folgendes Gedicht fertig. Ergänzen Sie dabei jeweils die erste Zeile. Noch besser wäre es natürlich, wenn auch hier das Ganze am Schluss einen Sinn oder zumindest so etwas wie eine Handlung ergäbe – Ihrer Fantasie sind natürlich keine Grenzen gesetzt!

denn er war ein armer Mann.

was er schließlich gerne tat.

immer wieder hin und her.

weil das Bein ihn ziemlich schmerzte.

„Gut, dann soll es so geschehen!"

schließlich wurde es auch Zeit.

Blätter hatte er genug!

weil das Mädchen ihm gefiel ...

doch zu Hause blieb er nie!

Übung 21

Versuchen Sie, zur Melodie bekannter Lieder neue eigene Texte zu finden!

Hier als Beispiel einige Kinderlieder – Sie können aber auch Schlager nehmen. Bedingung ist: Es sollte sich reimen und eine sinnvolle Handlung ergeben. Natürlich sind auch Parodien der Lieder erlaubt – Ihrer Fantasie sind beim Texten keine Grenzen gesetzt Sie können aber auch etwas ganz eigenes, zu Ihrem Leben passendes dichten! Schreiben Sie Ihren Text in die Zeile unter das Original, so können Sie Rhythmus und Reim besser überprüfen.

a) Hänschen klein

Hänschen klein

geht allein

in die weite Welt hinein;

Stock und Hut

stehn im gut,

ist gar wohlgemut.

Aber Mama weinet sehr,

hat ja nun kein Hänschen mehr!

Da besinnt

sich das Kind,

kehrt nach Haus geschwind.

b) Hopp, hopp, hopp! Pferdchen lauf Galopp!

1. Hopp, hopp, hopp!

Pferdchen lauf Galopp!

Über Stock und über Steine,

aber brich dir nicht die Beine,

immer im Galopp,

hopp, hopp, hopp, hopp, hopp!

2. Tipp, tipp, tapp!

Wirf mich ja nicht ab!

Zähme deine wilden Triebe,

Pferdchen tu es mir zuliebe,

wirf mich ja nicht ab!

Tipp, tipp, tipp, tipp, tapp!

c) Ein Männlein steht im Walde

1. Ein Männlein steht im Walde ganz still und stumm,

es hat von lauter Purpur ein Mäntlein um.

Sagt, wer mag das Männlein sein,

das da steht im Wald allein

mit dem purpurroten Mäntelein.

2. Das Männlein steht im Walde auf einem Bein

und hat auf seinem Haupte schwarz Käpplein klein,

sagt, wer mag das Männlein sein,

das da steht im Wald allein

mit dem kleinen schwarzen Käppelein?

Übung 22

Übersetzen Sie folgenden Nonsens-Dialog in einen richtigen Dialog. Beachten Sie dabei die Wortanzahl und die Wortlänge! Am besten wäre es, wenn Ihr Dialog, der auch einen sinnvollen Zusammenhang ergeben soll, exakt die gleiche Buchstabenanzahl wie die Vorgabe hätte! Satzzeichen können Sie bei Bedarf ändern. (Die Buchstaben sind nur Platzhalter – Sie müssen keine von diesen verwenden!)

Petra: Bln hdats hkjz kkkl?

____

____

Martin: Bhkjh szteh hgf leweu jeef jfjkfkkhh.

____

____

Petra: Lhkjg. Tjkjk trzth moipoö jhg ftdzr fdtr kiuh, ftufut fre hfdsw uzufr dftzu?

____

____

____

Partin: Hgjhgjh.

____

____

Petra: Rgjhjg jhkjkjb bjgh! Dhh lkjoih dser pounu …

____

____

Martin: Deer kli sjwoi shfoiew ih hdwhw.

____

____

Petra: Djhgjhhkhj.

____

____

Martin: Njhit iio jjk dedef djfef dedjw!

____

____

Petra: Xcc ….

____

____

Martin: Bswgdw dhwhdw asg wjhe3 sahj!

____

____

Petra: Miuggzus dsd ahs hdsah!

____

____

____

Martin: Vb.

____

____

Petra: Miuggzus dsd ahs hdsah!!!

____

____

Martin: Aedddz def jkds jdsds jlk.

____

____

Petra: Na, wenn du meinst …

Übung 23

Farben beeinflussen unsere Stimmungen, Ideen und unseren stilistischen Ausdruck. Versuchen Sie einmal, ein und denselben Text in verschiedenen Umgebungen zu schreiben. Etwa in einem hellen Raum, in einem dunklen Raum und auch in Räumen, in denen jeweils eine Farbe stark dominiert.

1. Verfassen Sie einen kurzen Text. Etwa einen Brief oder eine Tagebucheintragung.
2. Gehen Sie dann in einen anderen Raum und lassen Sie diesen auf sich wirken.
3. Schreiben Sie nun den Text mit exakt den gleichen Worten noch einmal.
4. Wie hat sich Ihre Stimmung verändert? Gefällt Ihnen der Text besser oder schlechter als vorher?

Wiederholen Sie die Übung in mehreren unterschiedlichen Räumen.

Übung 24

Man kann die vorangegangene Übung auch variieren:

1. Verfassen Sie wieder einen kurzen Text – einen Brief oder eine Tagebucheintragung oder etwas anderes Persönliches.
2. Gehen Sie dann in einen anderen Raum und lassen Sie diesen auf sich wirken. Schreiben Sie den Text mit neuen Worten noch einmal!
3. Wie hat sich Ihre Stimmung, der Text verändert? Gefällt Ihnen der Text besser oder schlechter als vorher?

Wiederholen Sie die Übung in mehreren unterschiedlichen Räumen.

Übung 25

Auch Düfte beeinflussen unsere Kreativität sehr. Machen Sie den Test!

1. Bereiten Sie sich eine Reihe von unterschiedlich riechenden Dingen vor: Obst, Gemüse, Gewürze, Parfüms, Duftöle, Kerzen, Kosmetika, Seifen …
2. Legen Sie sich Papier und Stift zurecht.
3. Atmen Sie nun einen Duft tief ein und schließen Sie die Augen.
4. Lassen Sie sich durch den Duft zu Assoziationen verleiten.
5. Schwelgen Sie in dem Duft und fantasieren Sie!

6. Dann schreiben Sie Ihre Assoziationen auf.
7. Nach kurzem Durchatmen nehmen Sie sich den nächsten Duft vor.

Betrachten Sie danach Ihr Ergebnis. Düfte, die für Sie besonders anregend waren, können Sie auch immer wieder gezielt für kreative Arbeiten einsetzen!

Übung 26

Natürlich beeinflusst auch Musik unsere Kreativität. Machen Sie auch hier den Test!

1. Bereiten Sie sich eine Reihe von unterschiedlichen Musikstücken auf CD oder Kassette vor: Klassik, Pop, Rock, Schlager, Volksmusik, Chöre, Instrumentales, Langsames, Schnelles ...
2. Legen Sie sich Papier und Stift zurecht und legen Sie ein Musikstück ein.
3. Schließen Sie die Augen und lassen Sie sich durch die Musik zu Assoziationen verleiten.
4. Schwelgen Sie in der Musik und fantasieren Sie!
5. Stoppen Sie die Aufnahme (nach 1-2 Minuten) und schreiben Sie Ihre Assoziationen auf.
6. Nach kurzer Stille nehmen Sie sich das nächste Musikstück vor.

Betrachten Sie danach Ihr Ergebnis. Musik, die für Sie besonders anregend war, können Sie auch immer wieder gezielt für kreative Arbeiten einsetzen!

Spiele aller Art, auch verschiedene Nonsens-, Kinder- oder Partyspiele, sind für die Kreativität sehr anregend. Probieren Sie alle aus und haben Sie Spaß daran. Denn auch Freude und Lachen lockern Sie auf und beflügeln Ihre Fantasie und Kreativität!

Übung 27

Suchen Sie sich Menschen verschiedener Berufsgruppen oder mit bestimmten Eigenschaften aus und versuchen Sie, für diese passende und humorvolle Namen zu finden. Wenn Sie den Vornamen mit einbauen können, ist es umso besser!

Zunächst einige Beispiele:

Gärtner und Gärtnerinnen:
Bodo Lochgräber
Rosa Pflanz
Lilli Rosenstiel

Wenig Haare:
Ruben Spiegelglatt
Otto Vielhaar
Markus Obenixer

Versuchen Sie es nun selbst:

a) Schornsteinfeger:

1. ______________________

2. ______________________

3. ______________________

b) Blonde, lange Haare:

1. ______________________

2. ______________________

3. ______________________

c) Fußballer:

1. ______________________

2. ______________________

3. ______________________

d) Politiker:

1. ______________________

2. ______________________

3. ______________________

e) Trägt immer Grün:

1. ______________________

2. ______________________

3. ______________________

f) Bankier:

1. ______________________

2. ______________________

3. ______________________

g) Schnarcht beim Schlafen:

1. ______________________

2. ______________________

3. ______________________

h) Fernsehmoderator:

1. ______________________

2. ______________________

3. ______________________

Übung 28

Zeichnen kann jeder Mensch. Auch wenn Sie seit Schulzeiten nichts Gezeichnetes mehr zu Papier gebracht haben, können Sie, wenn sie es nur probieren, erkennbare Dinge zeichnerisch darstellen. Versuchen Sie es! Zeichnen regt gewisse Hirnregionen an, die Sie anders schwer erreichen würden, und hilft Ihnen dadurch bei der Aktivierung eines möglichst großen Kreativitätspotenzials.

Versuchen Sie, auf einem leeren Blatt Papier, das vorgeschlagene Motiv auf je sechs verschiedene Arten darzustellen! Es ist leichter, als Sie denken.

Hier ein Beispiel: Ein Baum kann als Laubbaum in runder Form mit dichter Blätterkrone, als Nadelbaum, als junger Baum mit gerade drei Ästen, als Laubbaum im Winter ohne Blätter, als Baum mit Früchten usw. dargestellt werden.

Stellen Sie nun folgende Begriffe zeichnerisch dar:

a) AUTO

b) HAUS

c) BALL

Übung 29

In dieser Übung geht es darum, willkürliche Kombinationen zu sinnvollen Zusammenhängen zu bringen. Schreiben Sie dazu möglichst viele Eigenschaftsworte auf kleine Zettel, mischen Sie diese Zettel und ziehen Sie zwei davon. Schreiben Sie auf ein Blatt Papier möglichst viele Dinge auf, die beide Eigenschaften haben!

Hier ein Beispiel: „rund" und „weich".
Zu diesen beiden Begriffen könnten einem folgende Dinge einfallen: Gummiball, Pfirsich, Wattebausch, Wasserball, Luftballon, Muffin, Qualle usw.

Zum Aufwärmen versuchen Sie doch gleich mal eine Kombination: „spitz" und „hart".

Urlaubsreise?“ Nun wird ein Kissen genommen und ein Spieler wirft es einem anderen Spieler zu. Werfen Sie das Kissen aber nicht reihum, sonst könnte sich jeder Spieler schon darauf vorbereiten, dass er der nächste ist!

Wer das Kissen auffängt, muss etwas sagen, das zum Thema passt. Dann wirft er das Kissen weiter. Antäuschen und Verzögern hilft, alle in einer angeregten Spannung zu halten.

Man kann diese Technik auch mit anderen Techniken, wie etwa „Wortketten bilden“, kombinieren. Oder es müssen alle zusammen, ein Wort nach dem anderen, eine Geschichte erzählen.

Übung 30

Versuchen Sie, möglichst viele Worte zu finden, die Sie in einer Kombination aus Buchstaben und Zeichnung sinnvoll darstellen können. D. h., die Bilder sollen den Begriff oder das Wort inhaltlich wiedergeben!

Hier ein paar Beispiele:

Übung 31

Eine beliebte Technik zur Kreativitätsfindung oder auch nur zur geistigen Auflockerung in der Gruppe ist die Technik des Kissen- oder Ballzuwerfens.

Die Gruppe stellt sich im Kreis auf. Zuerst wird definiert, worum es geht. Sagen wir: „Was brauche ich für eine Urlaubsreise?“

Übung 32

Hier noch ein Spiel für die Gruppe: Alle stellen sich reihum auf oder setzen sich hin. Jemand sagt eine Farbe. Sein rechter Nachbar muss nun alle möglichen Dinge nennen, die diese Farbe haben.

Ab hier kann man verschiedene Spielregeln variieren:

Der Spieler sagt alle möglichen Dinge, die ihm einfallen. Gerät er ins Stocken, sagt er „Weiter!“ und der nächste Spieler rechts muss übernehmen, bis niemandem mehr etwas Neues einfällt.

Der Spieler sagt zehn Dinge (oder hat 30 Sekunden Zeit), bevor der Spielleiter „Weiter!" sagt.
Der Spieler assoziiert, solange er kann, und sagt dann statt „Weiter!" eine neue Farbe.
Man kann auch ein Spiel mit Punktevergabe daraus machen, aber in erster Linie geht es um das laute Assoziieren.

Übung 33

Dieses Spiel funktioniert analog zum Spiel mit den Farbassoziationen. Nur werden diesmal Worte gesucht, die einen seltenen Buchstaben beinhalten oder mit ihm beginnen.
Der Spielleiter sagt etwa „X am Anfang" und der erste Spieler legt los. Als seltene Buchstaben gelten X, Y, Q und eventuell Z. Man kann den Buchstaben entweder am Wortanfang, innerhalb des Wortes oder am Schluss suchen.
Die Regeln sind wie oben frei zu wählen.

Übung 34

Eine beliebt Übung ist das Wortkettenspiel. Es funktioniert mit Buchstaben oder Wortteilen. Hier geht es jeweils darum, aus dem Ende des vorherigen Wortes den Beginn eines neuen Wortes zu finden.

Auch hier gibt es Variationsmöglichkeiten. Man kann das Spiel mit einzelnen Buchstaben oder mit ganzen Wörtern spielen.

Hierzu einige Beispiele:
Buchstaben: SonnE, EseL, LiegestuhL, LampE, ErzürnT, TauB ...
Worte: Seilbahn, Bahnhof, Hofbeamter, Beamtenpension, Pensionsschock ...

Wirklich schwierig und kreativ wird dieses Spiel aber erst, wenn die Wortkette zu einem bestimmten Thema gebaut werden muss!
Beispiele:

a) Schule:
Tafel, Lehrer, Rektor, Rechnen, Naturkunde, Erdkunde, Eins, Sitzbank ...

b) Urlaub:
Meeresstrand, Strandburg, Burgbesichtigung, Besichtigungstour, Tourbus, Busreise ...

Übung 35

Folgende Aufgabe ist eine unterhaltsame und sehr herausfordernde Übung zum Thema „Film“.

Schalten Sie den Fernseher ein oder legen Sie ein Video ein. Am besten eine Szene in der mehrere Leute miteinander reden. Lassen Sie die Szene, eine Weile laufen und drehen Sie dann den Ton ab! Nun muss jeder der Anwesenden eine Rolle übernehmen und synchron weitersprechen, solange die Szene dauert!

Am Anfang können Sie mit kurzen Szenen oder Werbespots üben, bevor Sie sich an Spielfilme heranwagen!

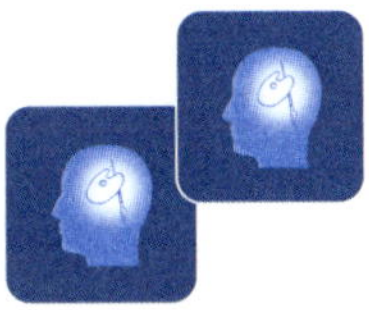

Übung 36

Folgende Übung können Sie in einer Gruppe oder alleine durchführen.

Ein Mitglied der Gruppe muss eine Geschichte erzählen. Die anderen Spieler werfen nun in unregelmäßigen Abständen Worte ein, die der Geschichtenerzähler in seinen Vortrag einbauen muss!

Man kann auch eine Karte mit Worten vorbereiten, die der Erzähler am Anfang in die Hand bekommt. Hat er alle verwendet, kann er die Geschichte beenden!

Alleine können Sie diese Technik üben, indem Sie sich per Zufall, z. B. durch das Aufschlagen eines Wörterbuchs, zehn oder 20 Wörter suchen, die Sie laut vortragend sinnvoll zu einer Geschichte verbinden müssen. Erschwerend können Sie sich vorher ein Thema für die Geschichte aussuchen oder Sie machen es sich zum Ziel, die Worte in der richtigen Reihenfolge zu verwenden.

Beispiel:

Thema: Wochenendeinkauf

Zu verwendende Wörter:

Auto, Stau, Oma, Skateboard fahren, Mathematik, Mikroprozessor, putzen, Mondfinsternis, Kleeblatt, Simsalabim

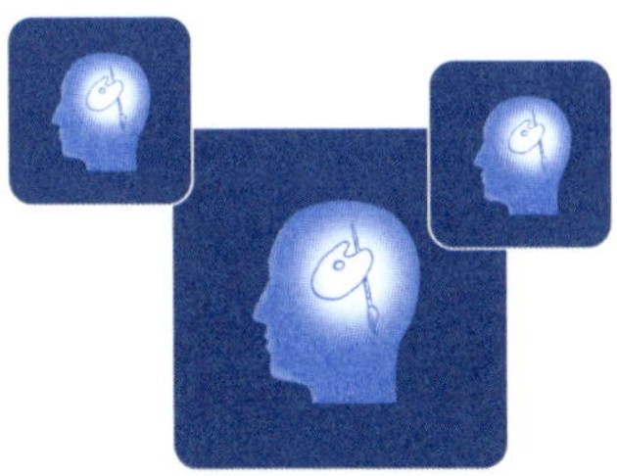

Lösungen

Lösungen: Intelligenz

Lösung 1
A; in jeder Zeile stehen ein Dreieck, ein Quadrat und ein Kreis.

Lösung 2
Q; es ist eine Dreierreihe, in der die Buchstaben Q und Z immer wiederholt werden und an der dritten Stelle das Alphabet ab E aufgezählt wird.

Lösung 3
19; die Reihe nimmt um je 2 zu.

Lösung 4
C.

Lösung 5
F; die Reihe wechselt je zwischen dem Buchstaben A und der Aufzählung des Alphabets bei B beginnend.

Lösung 6
B; die Alpen sind kein Land, sondern Teil mehrerer Länder (Achtung Falle: Nepal geht auch – ist aber nur ein Land, kein Gebirge und kein Teil Europas, daher ist diese Antwort falsch).

Lösung 7
8; die linke Zahl wird mit der Zahl in der Klammer addiert, um die rechte Zahl zu bekommen.

Lösung 8
C; das Eck mit dem Strich weist in die andere Richtung.

Lösung 9
C.

Lösung 10
P + Fund = Pfund

Lösung 11
C; das Schema lautet : schwarz – weiß

Lösung 12
C; alle anderen Figuren bestehen aus 2 Punkten, einem Strich und einem Kreis. C besteht aus zwei Kreisen und einem Punkt.

Lösung 13
B; das Auto oder der Wagen beginnt als einziges nicht mit H.

Lösung 14
C; in jeder Zeile gibt es jeweils ein Haus ohne Schornstein, eines mit einem links, eines mit einem rechts, dann je ein Haus mit eckiger Tür, mit runder Tür und mit Fensterfront. C enthält beide Elemente, die in der dritten Reihe noch fehlen.

Lösung 15
5 Dreiecke – vier kleine und ein großes;
9 Vierecke – 4 kleine; ein großes, das aus den 4 kleinen besteht; 4 mittlere, die aus je zwei kleinen Vierecken bestehen.

Lösung 16
B; D enthält zwar 6 Vierecke, aber nur ein Quadrat; A hat 3 Vierecke, aber nur ein Quadrat, C hat nur 2 Quadrate, B hat drei.

Lösung 17
D; jede der oberen Figuren besteht aus 1 Kreis, 1 Viereck und 1 Dreieck.

Lösung 18
E; dieser steht als Einziger schräg (45°) bzw. zeigt in keine der vier Himmelsrichtungen.

Lösung 19
B.

Lösung 20
7; 3 kleine, 3 mittelgroße (= 4 kleine), 1 großes (= 9 kleine).

Lösung 21
D; dieser Titel besteht nur aus 11 Buchstaben, alle anderen aus 12.

Lösung 22
B; das Schema pro Zeile ist: 2 weiß und 1 schwarz oder 2 schwarz und 1 weiß.

Lösung 23
Erich ist der Clown.

Lösung 24
Rudolf speist in einem Zug- bzw. Drehrestaurant.

Lösung 25
V; die Reihe wechselt je zwischen dem Buchstaben A und der Aufzählung des Alphabets von hinten begonnen.

Lösung 26
a) stimmt
b) stimmt
c) stimmt nicht
d) stimmt.

Lösung 27
Die Robbe ist das einzige Säugetier.

Lösung 28
Maria döst in einer Hängematte im Garten!

Lösung 29
Ozon; alle anderen sind chemische Grundelemente.

Lösung 30

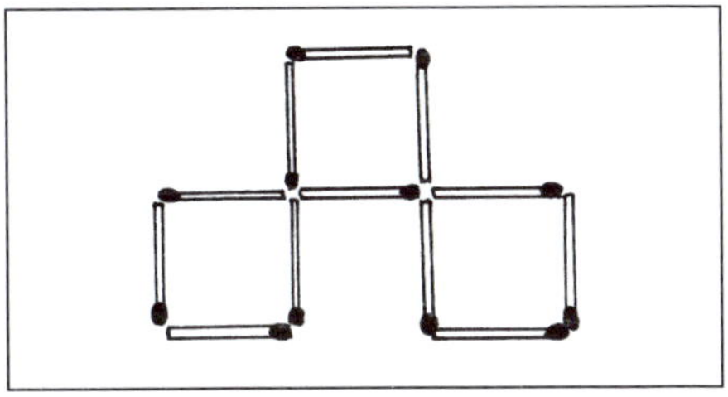

Lösung 31
Marcus ist Gutsbesitzer im alten Rom. Es arbeiten ausschließlich Sklaven für ihn! (Die richtige Antwort ist „Sklaven“, egal wo und wann man glaubt, dass Marcus gelebt hat.)

Lösung 32
E; das Muster ist, bei A beginnend: abwechselnd zwei vor und eins zurück (A plus 2 ist C minus 1 ist B plus zwei ist D ...).

Lösung 33
Es war Selbstmord: Der Mann hatte die Schlinge unter Zuhilfenahme eines Eisblocks befestigt und die Tür mit einem Schlüsselduplikat aus Eis abgeschlossen.

Lösung 34
Stein der Weisen; alle oberen Begriffe haben mit (echtem) Gold zu tun: Gold wird in Barren gepresst, hat als Element die Abkürzung Au (lat. Aurum), wird meist mit einer Punze (Garantiestempel) beschlagen, die Nationalbank eines Landes stützt die Währung mit Goldreserven und der Stein der Weisen soll Blei in Gold verwandeln; Katzengold (Pyrit) ist ein häufiges Mineral, besteht aber nicht aus Gold; es gibt zwar auch goldfarbene Buntstifte, aber die enthalten kein echtes Gold.

Lösung 35
B; Drehung nach rechts hinten.

Lösung 36
C; Drehung nach links hinten.

Lösung 37
A; Drehung nach links vorne.

Lösung 38
D.

Lösung 39
24; von jedem sechsseitigen Würfel liegen drei Flächen innen und drei Flächen außen.

Lösung 40
C.

Lösung 41
A; die Reihenfolge ist von links nach rechts vertauscht.

Lösung 42
a) 66.
b) Die Diagonalen auf der Quadratseite ja, die Diagonalen auf der Rechteckseite nein.
c) 2.
d) Jeder Würfel hat 8 Ecken: 8 x 36 = 288.
e) 12.
f) 8; jeder Hohlraum wäre ein Quader, und der hat, wie jeder Quader, 8 Ecken.

Lösung 43
A.

Lösung 44
B; der Würfel wird um je ein Feld nach links gedreht und gleichzeitig nach links hinten gekippt.

Lösung 45
D; o statt Punkt auf Position 8 (gezählt von links oben der Abbildung A).

Lösung 46
22 Quadrate sind bemalt.

Lösung 47
C.

Lösung 48
A.

Lösung 49
C.

Lösung 50
C.

Lösung 51
C.

Lösung 52
C.

Lösung 53
B.

Lösung 54
C.

Lösung 55
C.

Lösung 56
D.

Lösung 57
C.

Lösung 59
Nase, Mund, Hals, Mond, Zehe, Haar; der Mond ist natürlich kein Körperteil, obwohl es Mondgesichter gibt.

Lösung 60
D.

Lösung 61
B; der Jupiter ist kein Stern (als solche bezeichnet man nur Sonnen, aber nicht Planeten).

Lösung 62
a) Ball, Spiel.
b) Wiese, Wurzel, Boden.
c) Leitung, Schlag.
d) Papier, Eintrag.
e) Mus, Kern.
f) Seite, Papier.
g) Kleid, Spiel, Kind.
h) Gabel, Suppe.
i) Schrift, Menu, Kabel.
j) Getreide, Maische.

Lösung 63
Rückhand, Handschuh.

Lösung 64
Auto, Bus, Motorrad, Fahrrad, Moped; ein Fahrrad kommt ohne Motor aus.

Lösung 65
B + Eule = Beule.

Lösung 66
E und E; zusammen mit den anderen ergeben sich daraus die Worte : Fee, See, Schnee, Klee und Tee.

Lösung 67
L + Otto = Lotto.

Lösung 68
a) Niederschlag.
b) Schmuck.
c) Fahrzeuge.
d) Werkzeuge.
e) Oberbekleidung.
f) Steinobst.
g) Inseln.
h) Schreibzeug.
i) Bäume.
j) Osteuropäische Länder.

Lösung 69
Blattgold; das Wort in der Klammer besteht jeweils aus der letzten Silbe des ersten und aus der ersten Silbe des zweiten Wortes.

Lösung 70
A; der Leopard ist ein Fleischfresser.

Lösung 71
Hannes, Martin, Holger, Birgit, Ludwig; Birgit ist ein weiblicher Vorname.

Lösung 72
USS; Fuß, Ruß, Stuss, Schluss, Genuss, Kuss, Muss (Anmerkung: In der Großschreibung wird aus „ß" – „SS").

Lösung 73

B; „das Hasenpanier ergreifen" ist eine Redewendung für „fliehen" (bei der Flucht stellt der Hase seinen Schwanz auf, sodass sein „Panier", Jägersprache für Hinterteil, sichtbar wird).

Lösung 74

Ente; die zweite Hälfte des Wortes in der Klammer besteht aus den letzten beiden Buchstaben des linken Wortes, die erste Hälfte aus den letzten zwei Buchstaben des rechten Wortes in umgekehrter Reihenfolge. (GammlEr + FilET = TEER, RenTE + RinNE = ENTE.)

Lösung 75

A; Ecktisch.

Lösung 76

C; ein Erpel ist eine männliche Ente, daher geht es um die weibliche und männliche Seite einer Gattung (beim Menschen Mann und Frau).

Lösung 77

Hund + ERT = Hundert.

Lösung 78

B; die Anfangsbuchstaben der Namen wechseln nach dem Alphabet (A, B, C, D), die der Orte gegen die Reihenfolge des Alphabets mit R beginnend (R, Q, P, O).

Lösung 79

BUNCHAHSD (Schuhband), die anderen sind Sandalen, Stiefel, Skischuh, Pantoffel und Mokassin.

Lösung 80

a) Die Wissenschaft weiß schon viel über den Aufbau des Gehirns und das Zusammenspiel seiner einzelnen Teile.
b) Noch immer ist aber das Rätsel ungelöst, wie dieses Wunderwerk der Natur genau funktioniert.
c) Warum vergessen wir manche Ereignisse und andere nicht?
d) Dieser Prozess soll auch bei der Gedächtnisbildung eine Rolle spielen.
e) Auch bei der Intelligenz können viele alte Menschen mit jungen durchaus konkurrieren.

Lösung 81

D; „Seine Lenden gürten" bedeutet „aufbrechen, losziehen" und bezieht sich darauf, dass man früher vor dem Kampf die Waffen an einem Lendengürtel um die Hüften (Lenden) befestigt hat.

Lösung 82

A; Speck wird geräuchert (mit Feuer behandelt), Schinken gekocht (mit Wasser behandelt).

Lösung 83

GEN; homogen (gleichartig), Genetik (Erblehre).

Lösung 84

a) Flügel.
b) Bremse.
c) Kater.
d) Löwenzahn.
e) Schwein.
f) Birne.
g) Blume.
h) Puppe.
i) Haushalt.
j) Käfer.

Lösung 85

2; die Reihe nimmt um je 2 ab.

Lösung 86

-2; die Reihe nimmt um je 2 ab – das Ergebnis ist also negativ!

Lösung 87

9; es ist die einzige Zahl, die nur aus 1 Ziffer besteht.

Lösung 88

11; es ist die einzige Zahl, die aus 2 Ziffern besteht.

Lösung 89

10 cm.

Lösung 90

4/14; die obere Reihe wird um je 1 vermindert, die untere um 3 erhöht.

Lösung 91

23; der Abstand zwischen den Zahlen erhöht sich jeweils um eins: 2 +1 =3, 3 + 2 = 5, 5 + 3 = 8...

Lösung 92
15; die Zahl in der Klammer ist der Mittelwert der beiden anderen Zahlen (17 + 19 = 36, 36 : 2 = 18, 12 + 18 = 30, 30 : 2 = 15).

Lösung 93
30; von der oberen Zahl werden 2 abgezogen, um die untere Zahl zu erhalten. Zu der unteren Zahl links werden 3 hinzugezählt, um die rechte Zahl zu erhalten.

Lösung 94
41; die Zahlen werden abwechselnd um 3 und 7 größer.

Lösung 95
Am 89. Tag.

Lösung 96
30, 0 (minus 5).

Lösung 97
2 Murmeln.

Lösung 98
9; im Zahlenmix befinden sich sämtliche Vielfache von 9 bis 81, außer 9 selber.

Lösung 99
Die schwarzen Kühe.

Lösung 100
0/-8; die Zahlen der oberen Reihe werden um
3 subtrahiert, die unteren mit –2 multipliziert.

Lösung 101
20-Mal, an Einer und Zehnerstellen.

Lösung 102
80 Kilo.

Lösung 103
3, die letzte Zahl ist jeweils die zweite minus der ersten mal 3.

Lösung 104
Max muss 80 Erbsen zählen, davon gehören ihm ein Zehntel, also 8, und 72 liefert er ab.

Lösung 105
2222; die erste plus die Zahl in der Klammer ergibt die dritte.

Lösung 106
99/-22; die Zahlenreihen wechseln im Zickzack von oben nach unten, die eine nimmt um 13 zu, die andere um 29 ab.

Lösung 107
36, 13, 17, 21; es handelt sich um zwei Zahlenkreise, der äußere nimmt gegen den Uhrzeigersinn um 3 ab, der innere mit dem Uhrzeigersinn um 2 zu.

Lösung 108
13; die linken sind Primzahlen, die rechten durch die Primzahl 13 teilbar.

Lösung 109
10, 21, 14, 9; die Zahlen stehen für die Buchstaben des Alphabets. In der ersten Zeile steht APRIL, in der vierten JULI. 10, 21, 14, 9 steht also für JUNI.

Lösung 110
B; die gesuchte Zahl in der Klammer ist die rechte plus der linken durch 4.

Lösung 111
52 Vokale; 4 a, 12 e, 12 i, 9 o, 13 u.

Lösung 112
12 „d2“.

Lösung 115
Es sind 34; 5 r, 7 v, 8 s, 6 f und 8 o.

Lösung 117
26 „d2“.

Lösung 118
A1, B4, C3, D5, E2, F6.

Lösung 119
46.

Lösung 120
Es sind 13 Paare, wobei – kleine Hilfe – jeder Buchstabe einmal vorkommt. Tatsächlich wird von ab über cd, ef ... usw. bis hin zu yz gegen Anfang das ganze Alphabet einmal von hinten nach vorne in aufeinander folgenden Paaren dargestellt!

Lösungen: Gedächtnis

Lösung 25

Zum Beispiel: traben, Trabantenstadt, Tracht, trächtig, Tradition, Trafo, träg, tragen, Tragetasche, tragisch, Tragödie, Trainer, Training, Trampelpfad, Transport, Trapez, Trauer, Trauung, Travestie, treffen, Treffer, treiben, Treibholz, Treibsand, Trekking, Trenchcoat, Trend, trennen, Trennkost, Trennlinie, Treppe, Tresen, Tresor, Tretauto, treu, Treue, Triangel, Tribunal, Trichter, Trick, Trickfilm, trinken, trocken, Trommel.

Lösung 26

Zum Beispiel: Schlacht, Schlächter, Schlacke, Schlaf, Schläfe, schlaff, Schlafittchen, Schlag, Schlager, Schläger, Schlamm, Schlampe, Schlange, schlank, schlapp, Schlaraffenland, schlau, Schlauch, Schlaufe, schlecht, schlecken, Schlegel, Schlehe, schleichen, Schleie, Schleier, Schleife, Schleim, schlemmen, schlendern, schlenkern, schleppen, Schlesien, Schleuder, schleunig, Schleuse, Schliche, schlicht, Schlick, schließen, Schliff, schlimm, Schlinge, Schlips, Schlitten, Schlitz, schlohweiß, Schloss, Schlosser, Schlot, schlottern, Schlucht, schluchzen, Schluck, Schlummer, Schlund, schlüpfen, schlüpfrig, schlürfen, Schluss, Schlüssel, schlüssig.

Lösung 27

Abgeschiedenheit, Allgemeinheit, Angelegenheit, Dummheit, Einheit, Entspanntheit, Ergebenheit, Faulheit, Freiheit, Gesundheit, Gewohnheit, Hoheit, Klugheit, Krankheit, Mehrheit, Menschheit, Rechtschaffenheit, Reinheit, Schönheit, Schüchternheit, Sicherheit, Trägheit, Trockenheit, Trunkenheit, Überlegenheit, Unsicherheit, Unzufriedenheit, Vergangenheit, Verrücktheit, Verschiedenheit, Vollkommenheit, Wahrheit, Weisheit, Zerstrittenheit.

Lösung 28

George Bush (1989-93), Bill Clinton (1993-2001), George W. Bush (seit 2001).

Lösung 29

Paul XI. (1963-78), Johannes Paul I. (1978), Johannes Paul II. (seit 1978).

Lösung 30

Theodor Heuss (1949-59), Heinrich Lübke (1959-69), Gustav Heinemann (1969-74), Walter Scheel (1974-79), Karl Carstens (1979-84), Richard von Weizsäcker (1984-94), Roman Herzog (1994-99), Johannes Rau (1999-2004), Horst Köhler (seit 2004).

Lösung 31

Baden-Württemberg, Bayern, Berlin, Brandenburg, Bremen, Hamburg, Hessen, Mecklenburg-Vorpommern, Niedersachsen, Nordrhein-Westfahlen, Rheinland-Pfalz, Saarland, Sachsen, Sachsen-Anhalt, Schleswig-Holstein, Thüringen.

Lösung 32

Burgenland; Kärnten; Niederösterreich; Oberösterreich; Salzburg; Steiermark; Tirol; Vorarlberg; Wien.

Lösung 33

Aargau; Appenzell Ausserrhoden; Appenzell Innerrhoden; Basel Land; Basel Stadt; Bern; Fribourg; Genève; Glarus; Graubünden; Jura; Luzern; Neuchâtel; Nidwalden; Obwalden; Sankt Gallen; Schaffhausen; Schwyz; Solothurn; Thurgau; Ticino; Uri; Valais; Vaud; Zug; Zürich.

Lösung 34

Hier alle derzeit anerkannten Elemente nach dem Alphabet:

A: Actinium – Aluminium – Americium – Antimon – Argon – Arsen – Astat
B: Barium – Berkelium – Beryllium – Bismut – Blei – Bohrium – Bor – Brom
C: Cadmium – Cäsium – Calcium – Californium – Cer – Chlor – Chrom – Curium
D: Darmstadtium – Dubnium – Dysprosium
E: Einsteinium – Eisen – Erbium – Europium
F: Fermium – Fluor – Francium
G: Gadolinium – Gallium – Germanium – Gold
H: Hafnium – Hassium – Helium – Holmium
I: Indium – Iod – Iridium
J: Jod siehe Iod

K: Kalium – Kobalt – Kohlenstoff – Krypton – Kupfer
L: Lanthan – Lawrencium – Lithium – Lutetium
M: Magnesium – Mangan – Meitnerium – Mendelevium – Molybdän
N: Natrium – Neodym – Neon – Neptunium – Nickel – Niob – Nobelium
O: Osmium
P: Palladium – Phosphor – Platin – Plutonium – Polonium – Praseodym – Promethium – Protactinium
Q: Quecksilber
R: Radium – Radon – Rhenium – Rhodium – Rubidium – Ruthenium – Rutherfordium
S: Samarium – Sauerstoff – Scandium – Schwefel – Seaborgium – Selen – Silber – Silizium – Stickstoff – Strontium
T: Tantal – Technetium – Tellur – Terbium – Thallium – Thorium – Thulium – Titan
U: Unnilpentium (*) – Unnilquadium (*) – Ununoctium – Ununhexium – Ununquadium – Ununbium – Unununium – Ununtrium – Ununpentium – Ununseptium – Ununnilium (*) – Uran
V: Vanadium
W: Wasserstoff – Wolfram
X: Xenon
Y: Ytterbium – Yttrium
Z: Zink – Zinn – Zirkonium

Lösung 35

Von der Sonne weg: Merkur, Venus, Erde, Mars, Jupiter, Saturn, Uranus, Neptun, Pluto.

Lösung 36

Konrad Adenauer 1949-1963; Ludwig Erhard 1963-1966; Kurt Georg Kiesinger 1966-1969; Willy Brandt 1969-1974; Helmut Schmidt 1974-1982; Helmut Kohl 1982-1998; Gerhard Schröder 1998-heute.

Lösung 37

Hier alle sechs Cäsaren im Format: „Name (lebte/ herrschte)“:
Julius Cäsar (102 v. Ch. – 44 v. Ch./49 v. Ch. – 44 v. Ch.)
Augustus (63 v. Ch. – 14 n. Ch./31 v. Ch. – 14 n. Ch.)
Tiberius (42 n. Ch. – 37 n. Ch./14 n. Ch. – 37 n. Ch.)
Caligula (12 n. Ch. – 41 n. Ch./37 n. Ch. – 41 n. Ch.)
Claudius (10 v. Ch. – 54 n. Ch./41 n. Ch. – 54 n. Ch.)
Nero (37 n. Ch.- 68 n. Ch./54 n.Ch. – 68 n. Ch.).

Lösung 38

Begierde, Neid, Gefräßigkeit, Wollust, Stolz, Trägheit, Zorn.

Lösung 39

Simon, genannt Petrus („Der Fels“); Andreas, sein Bruder; Johannes, Sohn des Zebedäus; Bruder des Jakobus; Philippus; Bartholomäus; Thomas; Matthäus, der Zöllner; Jakobus, Sohn des Alphaios; Thaddäus; Paulus; Simon der Eiferer; Judas Ischariot.

Lösung 40

Albanien – Tirana
Andorra – Andorra la Vella
Belgien – Brüssel
Bosnien-Herzegowina – Sarajevo
Bulgarien – Sofia
Dänemark – Kopenhagen
Deutschland – Berlin
Estland – Tallinn
Finnland – Helsinki
Frankreich – Paris
Griechenland – Athen
Großbritannien – London
Irland – Dublin
Island – Reykjavik
Italien – Rom
Jugoslawien – Belgrad
Kroatien – Zagreb
Lettland – Riga
Liechtenstein – Vaduz
Litauen – Wilna
Luxemburg – Luxemburg
Makedonien – Skopje
Malta – La Valletta
Moldawien – Chisinau
Monaco – Monaco
Niederlande – Amsterdam
Norwegen – Oslo
Österreich – Wien
Polen – Warschau
Portugal – Lissabon
Rumänien – Bukarest

Russland – Moskau
San Marino – San Marino
Schweden – Stockholm
Schweiz – Bern
Slowakei – Preßburg
Slowenien – Ljubljana
Spanien – Madrid
Tschechien – Prag
Türkei – Ankara (ein Teil, auch die Hauptstadt liegen schon in Asien)
Ukraine – Kiew
Ungarn – Budapest
Vatikanstadt
Weißrussland – Minsk
Anm.: Zypern mit der Hauptstadt Nikosia gehört zwar zur EU, geographisch aber zu Asien.

Lösung 41

Zum Beispiel: Angostura, Anis, Basilikum, Bohnenkraut, Cayennepfeffer, Chili(pfeffer), Dill, Estragon, Fenchel, Gartenkresse, Gewürznelken, Ingwer, Kapern, Kardamon, Kerbel, Liebstöckel, Lorbeer, Majoran, Muskat, Oregano, Paprika, Petersilie, Pfeffer, Piment, Safran, Salbei, Schnittlauch, Thymian, Vanille, Zimt, Zitronenmelisse, Zwiebel, Koriander, Knoblauch, Ylang-Ylang.

Lösung 42

Zum Beispiel: Feuerkoralle, Feuerqualle, Schwarze Witwe, Tarantel, Skorpion, Hornisse, Ameise, Seeigel, Muräne, Kreuzotter, Afrikanische Speikobra, Klapperschlange, Brillenschlagen, Schwarze Mamba, Biene, Wespe, Hummel, Aspisviper, Vogelspinne, Kupferkopfklapperschlange.

Lösung 43

a) 1918
b) 1972
c) 1492
d) 1990
e) 1789
f) 1969
g) 1776
h) 1997
i) 1986
j) 1974
k) 1992
l) 1999
m) 1986
n) 2000
o) 2001

Lösung 44

a-2, b-3, c-1, d-2, e-1, f-3, g-2, h-3, i-1, j-1.

Lösung 45

Zum Beispiel: Donald Duck, Dagobert Duck, Tick, Trick, Track, Daisy Duck, Gustaf Gans, Oma Duck (Dorette Duck), Franz Gans, Dussel Duck, Dicky, Dacky, Ducky, Primus von Quack, Moby Duck, Dietram Duck, Didi Duck.
Nicht verwandt mit den Ducks sind aber: Daniel Düsentrieb, Gundel Gaukeley, Klaas Klever, McMoneysack, Quack etc.

Lösung 60

a) Woody Allen.
b) Louis Pasteur.
c) Simone de Beauvoir.
d) Joseph Beuys.
e) André Rieu.
f) Thomas Gottschalk.
g) Federico Fellini.
h) Graham Greene.
i) Bernhard Grzimek.
j) Herbert von Karajan.
k) Ephraim Kishon.
l) Tony Blair.
m) Reinhold Messner.

Lösung 61

a) anrufen: Lorraine.
b) Briefmarkensammler: Herr Votruba.
c) füttert die Katzen: Markus.
d) Pony-Frisur: Fräulein Murbach.
e) Schnurrbart: Dr. Pochieser.
f) Programmiererin: Liselotte.
g) sexy Stimme: Fräulein Gorbach.
h) E-Mail beantworten: Herr Wrbala.
i) Pensionist: Herr Wotruba.
j) Freund von Hans: Marc.

Lösung 62

Vogel: Pepi; Hunde: Tommy, Mary, Tapsi; Katzen: Tasha, Jenny, Toulouse, Sleepy; Fische: Romeo, Julia – der Name des Bruders von Hans wird nicht genannt – Fangfrage!

Lösung 63
1-c; 2-a; 3-b; 4-a; 5-b; 6-c; 7-b; 8-a; 9-b: 10-a.

Lösung 64
a) ohne Falsch, selbstlos, liebevoll, warmherzig, mitfühlend, hilfsbereit wertvoll, geglückt, gelungen, vortrefflich, wohlgetan, ins Schwarze getroffen, in Ordnung, bestens, vorzüglich.
b) entzückend, reizend, hübsch, klassisch, formvollendet, ebenmäßig, harmonisch, bezaubernd, hinreißend, herrlich, vollendet, makellos, unvergleichlich, strahlend, berückend, berauschend, bestrickend, blendend, traumhaft, wunderbar, zauberhaft, märchenhaft, göttlich, wohlproportioniert, gut gebaut, gut aussehend, stattlich, wohlgestaltet, wohlgeformt wohlgewachsen, prächtig, erlesen, köstlich, glanzvoll.
c) wertlos, minderwertig, unbrauchbar, nutzlos, unter aller Kritik, miserabel, lausig, verheerend, mies, mäßig, dürftig, misslungen, verfehlt, verpatzt, missglückt, verkorkst, schief gegangen, verdorben, schlimm, übel, arg, gemein, niedrig, verwerflich, böse, fragwürdig, ungültig.
d) verrichten, tun, handeln, verfahren, vollführen, bewerkstelligen, bewältigen, durchführen, erledigen, verwirklichen, wahr machen, in die Tat umsetzen, übernehmen, schaffen, erreichen, meistern, fertig bringen, erringen, lösen, vollenden, erfüllen, ausüben, bekleiden, versehen, besorgen, wirken, treiben, innehaben, tätigen, leisten, praktizieren, produzieren, arbeiten, anfertigen.
e) fort, abwesend, nicht da, anderswo, anderweitig, anderwärts, auswärts! ausgezogen, abgemeldet, verzogen, verreist, fern, nicht zu finden, entflohen, auf und davon, über alle Berge, von dannen, dahin unauffindbar, entwichen, verschollen, abgängig, verloren, vermisst, fehlend, abhanden, ausverkauft, nicht zu beschaffen, vergriffen, unsichtbar.
f) selbstständig, unabhängig, ungebunden, auf eigenen Füßen, souverän, autark, autonom, mündig, emanzipiert, uneingeschränkt, uneingeengt, sein eigener Herr, auf sich gestellt, selbstverantwortlich, unbeschränkt, unbehelligt, ungestört, ungehindert, unbegrenzt, unangefochten, allein, auf eigene Faust, unkontrolliert, ledig, frank, zwanglos, gelockert, gelöst, entspannt, aufgetaut, ungeniert, ungehemmt, unkonventionell, formlos, offen.

Lösung 66
Skizze 1.

Lösung 68
a) Sahne.
b) Januar.
c) Wolke.
d) Musik.
e) Sorge.

Lösung 69

Lösung 72
2-c, 3-b, 4-b, 5-a, 6-a, 7-c, 8-b, 9-a, 10-c, 11-b.

Lösungen: Konzentration

Lösung 9
30 Dreiecke.

Lösung 10
35 Rechtecke.

Lösung 11
3 Dreiecke; 3 Vierecke; 3 Fünfecke.

Lösung 13
B.

Lösung 14
A2; B1; C5; D4; E6; F3.

Lösung 15
A1; B3; C5; D4; E2; F6.

Lösung 16
22 Dreiecke.

Lösung 17
17 Quadrate.

Lösung 18
A3; B4; C1; D6; E2; F5.

Lösung 19
53.

Lösung 20
20 Sechsecke.

Lösung 21
62.

Lösung 22
a und b.

Lösung 23
3.

Lösung 24
1.

Lösung 25
1.

Lösung 26
1.

Lösung 27
3.

Lösung 28
1.

Lösung 29
2.

Lösung 39

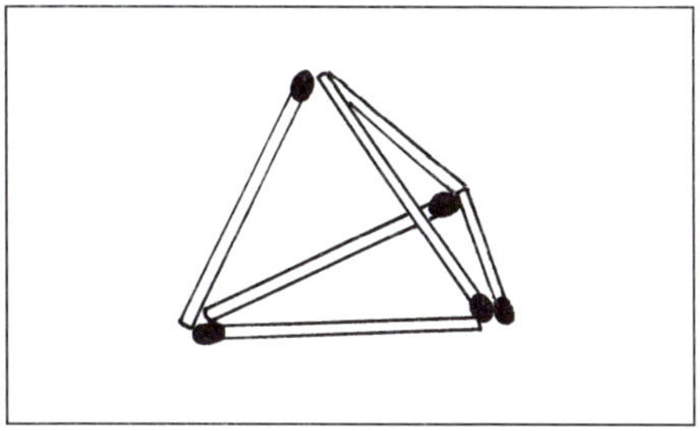

Lösung 40

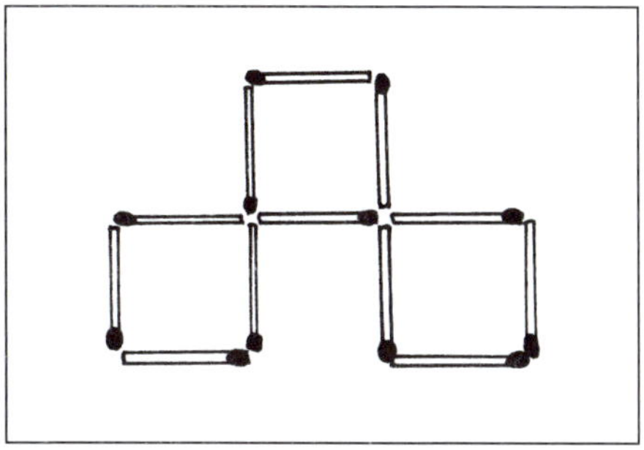

Lösung 41

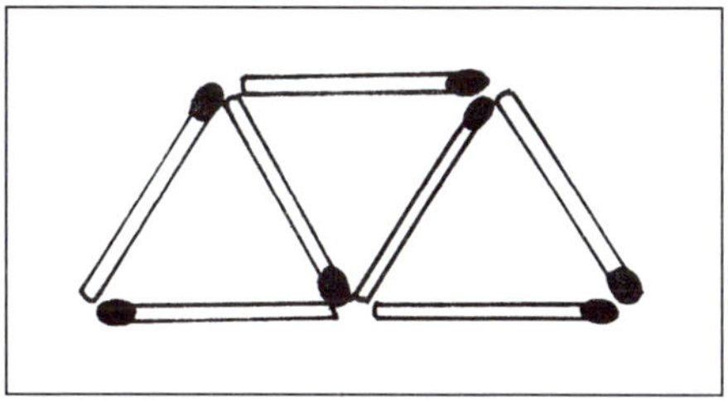

Lösung 42

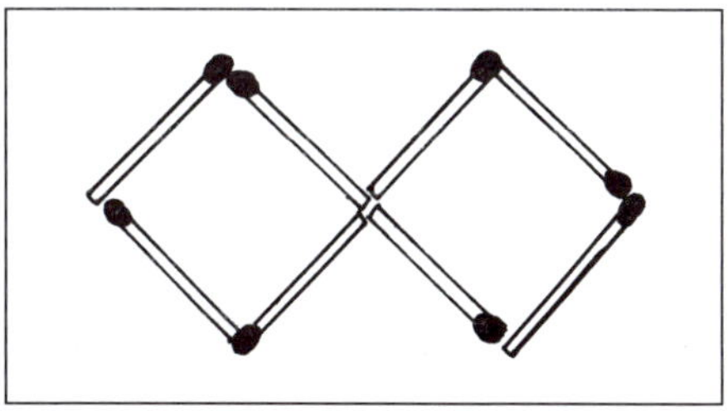

Lösung 43

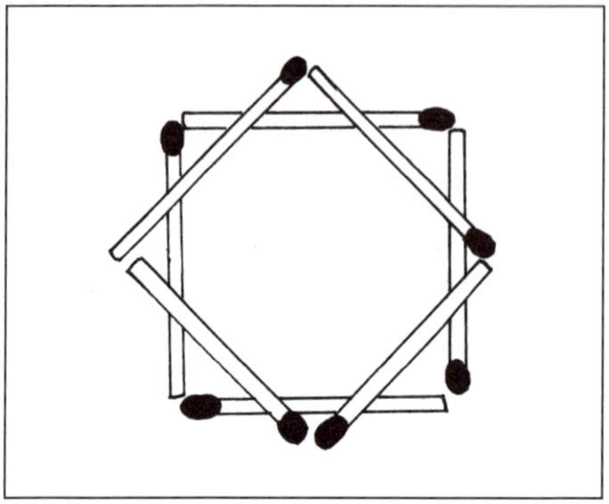

Lösungen Kreativität

Um Ihre eigene Kreativität nicht zu beeinflussen, sollen hier keine Lösungen vorgegeben werden. Es gibt bei Kreativitätsaufgaben außerdem keine allein richtige Lösung. Alles ist richtig, Sie müssen sich nur trauen.